Sprachführer
Französisch
visuell

Koval Verlag

INHALT

Kurze Sprachlehre 6

- 6 Satzaufbau
- 6 Artikel
- 6 Substantive
- 6 Adverb
- 6 Genitiv/Dativ
- 7 Pronomen
- 7 Adjektive
- 7 Hilfsverben und Modalverben
- 8 Verben
- 8 Verneinung
- 8 Aussprache

Schnellübersicht 9

- 9 Die 11 wichtigsten Wörter
- 9 Die 22 wichtigsten Redensarten
- 11 Die 33 wichtigsten Verben
- 11 Satzbaukasten
- 12 Alltagsdialoge
- 13 Steigerungen
- 13 Gegensätze
- 14 Wichtige Wörter
- 14 Fragen über Fragen
- 14 Dies und das

Allgemeines 15

- 15 **Zahlen**
- 15 Grundzahlen
- 15 Ordnungszahlen
- 15 Brüche und Mengen
- 16 **Maße und Gewichte**
- 16 Gewichte
- 16 Flüssigkeiten
- 16 Länge
- 16 Fläche
- 17 **Datum und Zeit**
- 18 Wochentage
- 18 Monate
- 18 Feiertage
- 18 Zeitangaben
- 18 Jahreszeiten
- 19 Uhrzeit
- 22 **Das Wetter**
- 24 **Buchstabieren**

Im Gespräch 25

- 25 **Erster Kontakt**
- 27 Was Sie hören
- 27 Lockere Begrüßung
- 27 Floskeln
- 28 Entschuldigung!
- 29 Vorstellung
- 29 Anrede
- 30 **Herkunft**
- 30 Woher kommen Sie?
- 32 Die liebe Verwandtschaft
- 32 Beschäftigung
- 33 Berufe
- 36 **Gefühle, Meinungen**
- 36 Wie geht's?
- 36 Kosenamen
- 37 Glückwunsch!
- 37 Begeisterung
- 37 Meinung
- 37 Empörung
- 38 Probleme
- 38 Schimpfwörter
- 38 **Verabredungen**
- 38 Erste Annäherung
- 40 Höflich, aber bestimmt
- 40 Unhöflich und sehr deutlich
- 40 Jetzt wird's ernst!
- 41 **Telefonieren**
- 43 **Briefe schreiben**
- 43 Ein persönlicher Brief
- 44 Ein Geschäftsbrief
- 45 Anrede
- 45 Grußformen
- 45 Wichtige Wörter
- 46 **Worüber man spricht**
- 46 Themen
- 46 Politik

Unterwegs 47

- 47 **An der Grenze**
- 48 Das dürfen Sie einführen
- 48 Der Zoll
- 49 **Mit dem Flugzeug**
- 49 Einen Flug buchen
- 51 Sicherheitskontrolle
- 52 Im Flugzeug
- 52 Ankunft
- 53 Wichtige Wörter
- 54 **Taxi**
- 55 **Mit Auto und Motorrad**
- 55 Ein Auto mieten
- 57 Das Auto
- 59 Das Motorrad
- 60 Unterwegs
- 60 Richtungsangaben
- 61 Hinweise, Verkehrsschilder
- 62 Parken
- 62 An der Tankstelle
- 64 Panne
- 66 In der Werkstatt
- 68 Verkehrsregeln, Verkehrsverstöße
- 69 Unfall
- 70 **Mit dem Fahrrad**
- 70 Das Fahrrad
- 71 Fahrradverleih
- 73 **Mit der Bahn**
- 73 Fahrkarte kaufen
- 74 Am Schalter
- 75 Auf dem Bahnsteig/Im Zug
- 75 Das hören Sie
- 77 **Mit dem Bus**
- 78 **Mit dem Schiff**
- 80 **In der Stadt**
- 80 Nach dem Weg fragen
- 81 Was Sie hören
- 81 Zu Fuß unterwegs
- 82 Wegangaben
- 83 Nahverkehr

Übernachtung 85

- 86 **Ein Zimmer suchen**
- 85 Wo kann man übernachten?
- 86 Schriftliche Anfrage
- 87 Reservieren per Telefon
- 88 **Im Hotel**
- 88 An der Rezeption
- 89 Das hören Sie
- 90 Anfragen und Wünsche
- 91 Das Hotelpersonal
- 91 Beschwerden
- 91 Abreise
- 92 Ausstattung und Lage
- 95 **Ferienwohnung**
- 95 Ferienwohnung reservieren
- 96 Ferienwohnung – praktisch
- 97 Einrichtung
- 98 Wichtige Wörter
- 99 **Jugendherberge**
- 100 **Campingplatz**
- 102 **Bauernhof**

Essen und Trinken 105

- 105 **Die Küche**
- 105 Wo einkehren?
- 106 Die Mahlzeiten
- 106 Essenszeiten
- 106 Was Sie hören
- 106 Was Sie oft brauchen
- 106 Schilder und Anschläge
- 107 **Im Restaurant**
- 108 Bestellen
- 109 Reservieren
- 110 Bezahlen
- 110 Loben
- 110 Beschwerden
- 111 Auf dem Tisch
- 111 Fehlt etwas?
- 112 **Die Speisekarte**
- 113 **Das Frühstück**
- 114 Getränke
- 114 Eier
- 115 Brot, Brötchen
- 115 Sonstiges
- 116 **Vorspeisen**
- 116 Vorspeisen
- 116 Suppen
- 116 Salate
- 116 Salatsaucen

trois **3**

116 Essig und Öl	127 **Käse**
117 **Aus Meer und See**	127 **Obst**
118 **Fleischgerichte**	130 **Nüsse**
118 Fleischarten	131 **Nachspeisen**
118 Steaks	131 **Kuchen**
119 Fleischstücke	132 **Imbiss**
119 Zubereitungsarten	133 **Getränke**
120 **Geflügel**	133 Was hätten Sie gerne?
120 **Wild**	133 Kaffee
121 **Beilagen**	133 Tee
121 Kartoffeln	134 Erfrischungsgetränke
121 Nudeln	134 Sonstiges
121 Reis	134 Bier
121 Brot	134 Spirituosen
122 **Gemüse**	135 Wein und Champagner
126 **Kräuter und Gewürze**	136 Wein-Anbaugebiete

Einkaufen 137

138 **Im Geschäft**	155 **Lederwaren**
137 Das Wichtigste	155 **Reinigung, Waschsalon**
137 Vergessen?!	156 **Schuhe**
139 Was Sie oft brauchen	157 **Im Sportgeschäft**
140 Was Sie hören oder lesen	159 **Haushaltswaren**
140 Im Kaufhaus	164 **Werkzeug**
141 Geschäfte	165 **Campingartikel**
142 Farben	166 **Buchhandlung**
142 Strukturen	166 **Schreibwaren**
143 Auf dem Markt	168 **Malartikel**
144 **Lebensmittel**	168 **Im Fotogeschäft**
146 Mengen	168 Was ist kaputt?
146 Verkaufsgespräche	169 Zubehör
147 **Drogerie, Kosmetik**	169 Filme
149 **Für Kinder und Säuglinge**	170 Filme entwickeln
150 **Tabakwaren**	171 **Video**
151 **Kleidung**	172 **Elektroartikel**
151 Was Sie hören	173 **HiFi**
151 Größen	173 **Computer**
152 Kleidungsstücke	176 **Beim Uhrmacher**
154 Nähen	174 **Beim Optiker**
154 Stoffe	177 **Friseur**

Strand, Sport, Natur 179

179 **Was ist los?**	186 **Wassersport**
182 **Mieten**	186 **Windsurfen**
182 **Kurse**	187 **Tauchen**
182 **Kreativ im Urlaub**	188 **Segeln**
182 **Am Strand**	190 **Fischen**
186 **Freibad und Hallenbad**	191 **Klettern**

4 quatre

191 **Wandern und Klettern**	193 **Natur**
192 Ausrüstung	194 **Wintersport**
192 Wichtige Wörter	194 **Sport als Zuschauer**

Kultur und Unterhaltung 195

195 **In der Touristeninformation**	199 **Veranstaltungen**
196 **Besichtigungen, Rundgänge**	199 Was gibt es?
196 Was gibt es?	199 Was Sie hören oder lesen
197 Kirchen und Klöster	199 Informationen
198 **Im Museum**	200 Theater, Konzert
198 Hinweise und Schilder	200 Karten kaufen
198 Wie ist es?	200 Disco, Nachtclub

Ämter und Verwaltung 201

201 **Ämter und Institutionen**	204 **Polizei**
201 **Post**	204 Hilfe! Diebe!
201 Die richtige Anschrift	205 Auf dem Polizeirevier
202 Am Postschalter	205 Was ist passiert?
202 Telegramm	206 Was wurde gestohlen?
202 Postlagernd	206 Wichtige Wörter
203 **Bank**	206 **Fundbüro**

Gesundheit 207

207 **Erste Hilfe**	212 Was der Arzt sagt
208 **Einnahmevorschriften**	212 Fachärzte
208 **Apotheke**	213 Krankheiten
209 **Beim Arzt**	214 Was haben Sie?
209 Der menschliche Körper	214 **Beim Frauenarzt**
211 Körperteile	215 **Beim Zahnarzt**
211 Beim Arzt	216 **Im Krankenhaus**

Geschäftsreise 217

217 **Am Empfang**	220 **Verträge**
217 **Am Konferenztisch**	220 **Messe**
219 **Firmenstruktur**	

Wörterbuch 221

221 **Deutsch – Französisch**
239 **Französisch – Deutsch**

Kurze Sprachlehre

Französisch ist sicher die am schwersten zu erlernende romanische Sprache. Deswegen soll auch die folgende kurze Anleitung nur etwas Basiswissen vermitteln.

Satzaufbau
Der Satzaufbau folgt der Satzkonstruktion wie sie (mehr oder weniger) für alle romanischen Sprachen gilt:

Artikel	Subjekt	Adjektiv	Verb	Adverb	Objekt
Der	Polizist	große	sprach	langsam	mit meinem Ehemann
Le	policier	de grande taille	parlait	doucement	avec mon mari

Artikel
Der bestimmte Artikel verändert sich in der Einzahl, Mehrzahl und für die Geschlechter. Vor einem Vokal und dem Konsonanten h (stummes h), mit Ausnahme des sogenannten aspirierten h, werden **le** und **la** zu **l'**:
  das Fenster – la fenêtre / die Fenster – les fenêtres
  der Hund – le chien / die Hunde – les chiens
  die Schule – l'école / die Schulen – les écoles

Analog dem bestimmten Artikel gibt es zwei Grundformen des unbestimmten Artikels **un** und **une**, deren Zuordnung entsprechend den bestimmten Artikeln erfolgt.

Substantive
Der Plural wird meistens durch Anhängen von **–s** gebildet, aber es gibt Ausnahmen, z.B.:
  cheval – chevaux (Pferd)
  château – châteaux (Schloß)

Adverb
Das Adverb wird häufig (nicht immer) durch die Endung **ment** angezeigt, die der weiblichen Form des Adjektivs folgt oder einfach an das Adjektiv angehängt wird:
  actif – activement
  aimable – aimablement
  suffisant – suffisamment
  doux (douce) - doucement

Natürlich gibt es auch von diesen Regeln Ausnahmen:
  bon – bien
  mauvais - mal

Genitiv/Dativ
Werden nach Geschlecht und Singular bzw. Plural durch die Präpositionen **de** und **à** gebildet:
  la maison de M. Rochard – Herrn Rochards Haus
  une bouteille de vin – eine Flasche Wein
  le rire des jeunes filles – das Gelächter der Mädchen

Auch die Präpositionen **de** und **se** werden vor Vokal und stummem h zu **d'** bzw. **s'** verkürzt, während die Konjunktion **si** (wenn, ob) nur vor **il** und **ils** zu **s'** verkürzt wird.

Pronomen

Es gibt eine Reihe von Pronomen (es folgt eine zusammenfassende und vereinfachende Darstellung).

Subjekt		Objekt		Possessiv 1	Possessiv 2
		betont	unbetont		
ich	je	à moi de moi	me	mon(ma) mes	le mien/les miens la mienne/les miennes
du, Sie	tu, vous	à toi/de toi à vous/de vous	te tes	ton(ta)	le tien/les tiens la tienne/les tiennes
er	lui	à lui de lui	lui	son(sa) ses	le sien/les siens la sienne/les siennes
sie	elle	à elle	lui	sa/ses	le sien/les siens la sienne/les siennes
wir	nous	à nous de nous	nous	notre votre	le nôtre/les nôtres la nôtre/les nôtres
ihr, Sie	vous	à vous de vous	vous	votre	le vôtre/les vôtres la vôtre/les vôtres
sie	eux elles	à eux à elles d'eux d'elles	les	leur/leurs	leur/leurs

Possessiv 1 steht vor Substantiven (ma voiture), Possessiv 2 allein (elle est la mienne).

Adjektive

Adjektive (meistens nachgestellt) ändern ihre Form nach Geschlecht und Zahl:
   un homme intéressant – ein interessanter Mann
   des hommes intéressants – interessante Männer
Die Steigerung erfolgt in der Regel durch „plus":
   grand – plus grand – le oder la plus grand(e)
Eine Ausnahme bilden Adjektive wie gut und schlecht:
   bon – meilleur – le/la meilleur(e)
Als Adverb:
   bien – mieux – le/la mieux
   mal – pire – le/la pis

Hilfsverben und Modalverben

être	avoir	faire
sein	haben	machen, tun
je suis	j'ai	je fais
tu es	tu as	tu fais
il/elle est	il/elle a	il/elle fait
nous sommes	nous avons	nous faisons
vous êtes	vous avez	vous faites
ils/elles sont	ils/elles ont	ils/elles font

Verben

Es gibt vier Grundkonjugationen. Darüber hinaus gibt es allerdings eine große Anzahl unregelmäßiger Verben, die aufzuführen den Rahmen dieser Kurzanleitung sprengen würde:

	trouver	punir	vendre	recevoir
	finden	bestrafen	verkaufen	empfangen
je	trouve	punis	vends	reçois
tu	trouves	punis	vends	reçois
il/elle	trouve	punit	vend	reçoit
nous	trouvons	punissons	vendons	recevons
vous	trouvez	punissez	vendez	recevez
ils/elles	trouvent	punissent	vendent	reçoivent

Verneinung

Die Verneinung wird mit **ne ... pas** gebildet, z.B. **je ne fume pas**.

Aussprache

Auf eine Lautschrift haben wir bewußt verzichtet. Erfahrungsgemäß führt das mühsame Radebrechen einer Lautschrift zu eher peinlichen Ergebnissen. Und überdies können Sie das meiste in diesem Buch ja ohnehin zeigen. Hier dennoch die wichtigsten Ausspracheregeln:

	Regel	Beispiel	Aussprache
c	vor e, i wie **ß** in **beißen**	ceder	ßedee
	sonst wie **k** in **kann**	cas	ka
ch	wie **sch** in **Schule**	chaud	schoo
g	vor e, i wie **sch** in **Genie**	jeune	schönn
	sonst wie **g** in **giftig**	galant	galan
qu	wie **k** in **Käse**	quatre	katre
r	wie **r** in **Rose**	mère	mär
	am Wortende verschwindet das r oft ganz	aimer	ämee
s	zwischen Vokalen wie in **Rose** (stimmhaftes **s**)	maison	mäson
	am Wortanfang stimmloses s wie **ß** in **Kuß**	sur	ßür
v	wie **w** in **Wein**	vin	we
z	wie **s** in **Rose**	zone	soon
au	Doppellaute	chaud	schoo
eu		peu	pö
ou		foux	fu
in	Nasallaute		
an			
en			
gn	ähnlich wie in Champagner	Allemagne	almanje

Schnellübersicht

Die 11 wichtigsten Wörter

Ja Oui
Nein Non
Bitte S'il vous plaît
Danke Merci
Entschuldigung! Pardon !
Keine Ursache. De rien
Auf Wiedersehen! Au revoir !
Wie geht's? Comment allez-vous ?/ Comment vas-tu ?
Danke, gut. Ça va merci.
Hilfe! Au secours !

Guten Tag! Bonjour !

Die 22 wichtigsten Redensarten

Ich heiße ...
Je m'appelle ...

Ich komme aus Deutschland/der Schweiz/Österreich.
J'habite en Allemagne/en Suisse/en Autriche.

Können Sie mir bitte helfen?
Pouvez-vous m'aider, s'il vous plaît ?

Wie bitte?
Comment ?

Was ist das?
Qu'est-ce que c'est ?

Wie viel kostet das?
Ça coûte combien ?

Sprechen Sie Deutsch?
Parlez-vous allemand ?

Ich verstehe Sie nicht.
Je ne vous comprends pas.

Ich spreche nur wenig Französisch.
Je parle un peu français.

Bitte sprechen Sie langsam.
Parlez lentement, s'il vous plaît.

Können Sie das bitte wiederholen?
Pouvez-vous répéter, s'il vous plaît ?

Können Sie das aufschreiben?
Pouvez-vous me l'écrire ?

Wie heißt das auf Französisch?
Comment dit-on en français ?

Bitte zeigen Sie mir das in diesem Buch.
Montrez-le-moi dans ce livre, s'il vous plaît.

Einen Augenblick.
Un instant.

Ich habe Hunger.
J'ai faim.

Ich habe Durst.
J'ai soif.

Lassen Sie mich in Ruhe!
Laissez-moi tranquille !

Verpiss dich!
Va te faire foutre !

Was würden Sie empfehlen?
Que me conseillez-vous ?

Wo sind die Toiletten?
Où sont les toilettes ?

Ich habe mich verlaufen.
Je me suis perdu(e).

Kennen Sie sich mit den verschiedenen Ansprechformen nicht so gut aus, können Sie es sich bei der Begrüßung einfach machen und nur „ça va ?" sagen.

Was Sie oft hören

Kann ich Ihnen helfen?
Puis-je vous aider ?

Mit Vergnügen.
Avec plaisir.

Keine Ursache.
De rien.

Das tut mir leid.
Je regrette.

Das macht nichts.
Ce n'est pas grave ; ne vous inquiétez pas.

Wir sind komplett besetzt.
On est complet. Tout est complet.

Woher kommen Sie?
D'où venez-vous ?

Schade!
Dommage !

Wenn Sie Ihr Bedauern über etwas ausdrücken wollen, können Sie auch sagen „je suis désolé(e)" oder „infiniment désolé(e)", dann tut ihnen etwas „echt leid".

Das Wichtigste — Schnellübersicht

Die 33 wichtigsten Verben

arbeiten travailler
bekommen recevoir
denken penser
empfehlen conseiller
erzählen raconter
essen manger
finden trouver
fragen demander
fühlen sentir
geben donner
gehen aller
glauben croire
haben avoir
hören entendre
kaufen acheter
kommen venir
können pouvoir
lassen laisser
lesen lire
mögen aimer/plaire
müssen devoir
nehmen prendre
riechen sentir
sagen dire
schmecken goûter
schreiben écrire
sehen voir
sprechen parler
suchen chercher
tun faire
verkaufen vendre
wissen savoir
zuhören écouter

Satzbaukasten

Auch ohne Sprachkenntnisse können Sie die wichtigsten Sätze leicht bilden. Der Satzbaukasten hilft Ihnen dabei. An die Stelle der unterstrichenen Wörter brauchen Sie nur die von Ihnen benötigten Wörter zu setzen. Es ist höflich, Fragen und Wünsche mit „Entschuldigung" einzuleiten.

Entschuldigung, haben Sie …
Excusez-moi, avez-vous …

Ich habe Hunger.
J'ai faim.

Ich hätte gerne eine Sonnenbrille.
Je voudrais des lunettes de soleil.

Ich möchte ein Doppelzimmer.
Je voudrais une chambre double.

Haben Sie Turnschuhe?
Avez-vous des baskets ?

Gibt es Orangen?
Avez-vous des oranges ?

Ich hätte lieber Bananen.
Je préfère des bananes.

Kann ich ein Mineralwasser haben?
Pouvez-vous m' apporter de l'eau minérale ?

Ich brauche ein Pflaster.
J'ai besoin d'un pansement.

Ich suche ein Hotel.
Je cherche un hôtel.

Können Sie mir sagen, wie spät es ist?
Quelle heure est-il, s'il vous plaît ?

Bringen Sie mir bitte eine Gabel?
Pouvez-vous m' apporter une fourchette, s'il vous plaît ?

hören entendre

Als Antwort zu „Danke schön" gibt es außer „de rien" noch die Formel „pas de quoi" oder „je vous en prie".

Alltagsdialoge

Hatschi!
Atchoum !
Gesundheit!
A vos/tes souhaits !

Einen schönen Tag noch!
Bonne journée !
Gleichfalls.
Vous de même.

Ich nehme das Tagesgericht.
Je voudrais le plat du jour.
Ich auch.
Moi aussi.

Ich fühle mich heute nicht gut.
Je ne me sens pas très bien aujourd'hui.
Gute Besserung!
Bon rétablissement !

Viel Spaß!
Amusez-vous bien !
Ihnen auch!
Vous de même !

Im Französischen wird die Verneinung normalerweise mit „ne ... pas" gebildet: „Je ne fume pas" – ich rauche nicht.

DAS WICHTIGSTE

SCHNELLÜBERSICHT

Steigerungen

alt, älter, am ältesten
vieux, plus vieux, le plus vieux

gut, besser, am besten
bon, meilleur, le meilleur

heiß, heißer, am heißesten
chaud, plus chaud, le plus chaud

hoch, höher, am höchsten
haut, plus haut, le plus haut

jung, jünger, am jüngsten
jeune, plus jeune, le plus jeune

kalt, kälter, am kältesten
froid, plus froid, le plus froid

kurz, kürzer, am kürzesten
court, plus court, le plus court

lang, länger, am längsten
long, plus long, le plus long

langsam, langsamer, am langsamsten
lent, plus lent, le plus lent

schlecht, schlechter, am schlechtesten
mauvais, plus mauvais, le plus mauvais

schnell, schneller, am schnellsten
rapide, plus rapide, le plus rapide

schön, schöner, am schönsten
beau, plus beau, le plus beau

tief, tiefer, am tiefsten
profond, plus profond, le plus profond

weit, weiter, am weitesten
distant, plus distant, le plus distant

Gegensätze

alles - nichts
tout – rien

alt - jung
vieux – jeune

alt - neu
vieux – nouveau

draußen - drinnen
dehors – dedans

früh - spät
tôt – tard

groß - klein
grand – petit

gut - schlecht
gentil – méchant

richtig - falsch
juste – faux

schnell - langsam
rapide – lent

schön - hässlich
beau – laid

stark - schwach
fort – faible

teuer - billig
cher – bon marché

viel - wenig
beaucoup – peu

voll - leer
plein – vide

warm - kalt
chaud – froid

Die Steigerung wird im Französischen in der Regel mit „plus" und „le/la/les plus" gebildet; eine Ausnahme ist z.B. „gut" (bon – meilleur – le/la/les meilleur(es).

treize

Wichtige Wörter

alle tout-tous/toutes-toutes
als quand/que
andere d'autres
auf sur
aus dehors/de
bei chez
dann puis
das celui/celle
deshalb c'est pourquoi/c'est la raison pour laquelle
diese ces
durch à travers
ein un/une
einige certains/certaines
für pour
gleich même/pareil
ihr son/sa/ses
in dans/en
jedes chacun/chacune
jetzt maintenant
mit avec
noch encore

nur seulement
obwohl même si
oder ou, ou bien
ohne sans
sehr très
solche ce(s)/cette (ces)
und et
von de
vor avant/devant

weil parce que
wenig peu
wenn si
wie comme

Fragen über Fragen

wieder de nouveau
wann? quand ?
was? quoi/comment ?
warum? pourquoi ?
wer? qui ?
wo? où ?
wie? comment ?
wie viel? combien ?
wie viele? combien de ?
wie weit? à combien de km/m ?
wie lang? combien de temps ?

Dies und das

dort là
dies da celui-ci
jenes dort celui-là
hier ici

Die Frage „wie weit?" ist im Französischen nicht so einfach zu formulieren; fragen Sie z.B. nach dem Bahnhof, können Sie sagen „est-ce que la gare est loin d'ici ?"

Allgemeines

Grundzahlen

0 zéro
1 un
2 deux
3 trois
4 quatre
5 cinq
6 six
7 sept
8 huit
9 neuf
10 dix
20 vingt
30 trente
40 quarante
50 cinquante
60 soixante
70 soixante-dix
80 quatre-vingt
90 quatre-vingt-dix
100 cent
1.000 mille
10.000 dix mille
100.000 cent mille
1.000.000 un million
1.000.000.000 un milliard

Ordnungszahlen

erste premier
zweite deuxième
dritte troisième
vierte quatrième
fünfte cinquième
sechste sixième
siebte septième
achte huitième
neunte neuvième
zehnte dixième
zwanzigste vingtième
dreißigste trentième

Brüche und Mengen

1/8 un huitième
1/4 un quart
1/2 un demi
3/4 trois quarts
einmal une fois
zweimal deux fois
dreimal trois fois
halb demi
Hälfte la moitié
das Doppelte le double
ein bisschen un peu de
ein Paar une paire
ein Dutzend une douzaine
genug assez
zuviel trop
viele beaucoup de
mehr plus

Die Seitenzahlen in diesem Buch sind ausgeschrieben. Damit finden Sie auf Anhieb die Zahl, die Sie brauchen.

Masse und Gewichte

Gewichte

Gramm le gramme
Pfund le demi-kilo/la livre
Kilo le kilo
Tonne la tonne
Unze l'once (f.)

Flüssigkeiten

Liter le litre
ein viertel Liter le quart de litre
ein halber Liter le demi-litre

Länge

Millimeter le millimètre
Zentimeter le centimètre
Meter le mètre
Kilometer le kilomètre
Zoll le pouce
Fuß le pied
Yard le yard
Meile le mile

Fläche

Quadratmeter le mètre carré
Quadratkilometer le kilomètre carré

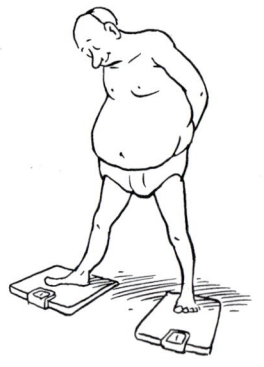

Eigentlich heißt das „Pfund" „la livre", doch auch in Frankreich sind heute alle Preisauszeichnungen etc. auf ½ Kilo (demi-kilo) umgestellt.

Datum und Zeit

Wann kommen Sie an?
Quand arrivez-vous ?

Wir kommen am 15. Juli.
Nous arrivons le 15 juillet.

Also in 14 Tagen.
C'est-à-dire dans 15 jours.

Den wievielten haben wir heute?
On est le combien aujourd'hui ?

Heute ist der 1. Juli.
Aujourd'hui, c'est le 1er juillet.

Um wie viel Uhr müssen wir da sein?
A quelle heure devons-nous être là ?

Um 15 Uhr.
A trois heures.

Wie lange bleiben Sie?
Combien de temps restez-vous ?

Wir bleiben bis 12. August.
Nous restons jusqu'au 12 août.

Im Französischen sind 2 Wochen bzw. 14 Tage „15 (quinze) jours". Eine Woche besteht aus „8 (huit) jours".

Wochentage

Montag le lundi
Dienstag le mardi
Mittwoch le mercredi
Donnerstag le jeudi
Freitag le vendredi
Samstag le samedi
Sonntag le dimanche

Monate

Januar janvier
Februar février
März mars
April avril
Mai mai
Juni juin
Juli juillet
August août
September septembre
Oktober octobre
November novembre
Dezember décembre

Feiertage

Neujahr le Nouvel An
Karfreitag le Vendredi Saint
Ostern Pâques
Pfingsten la Pentecôte
Weihnachten Noël
Silvester la Saint-Sylvestre
Frohe Ostern! Joyeuses Pâques !
Frohe Weihnachten! Joyeux Noël !
Ein gutes Neues Jahr! Bonne année !

Zeitangaben

abends le soir
Das ist zu früh. c'est trop tôt
Das ist zu spät. c'est trop tard
früher autrefois
gestern hier
heute aujourd'hui
in vierzehn Tagen dans quinze jours
Jahr l'année/l'an
jetzt maintenant
mittags à midi
Mitternacht à minuit
Monat le mois
morgen demain
nachher après
nachmittags dans l'après-midi
nachts la nuit
Sonnenaufgang l'aube
Sonnenuntergang le crépuscule/le coucher de soleil
später plus tard
stündlich toutes les heures
Tag le jour
täglich quotidien/quotidiennement
tagsüber durant la journée
übermorgen après demain
vorgestern avant hier
vorher avant
vormittags le matin
Wochenende le week-end

Jahreszeiten

Frühling le printemps
Sommer l'été
Herbst l'automne
Winter l'hiver
Hauptsaison la pleine saison
Nebensaison l'hors saison

Der 6. Januar, also das Fest der Heiligen Drei Könige, ist in ganz Frankreich Feiertag und heißt „l'Épiphanie".

Datum und Zeit — Allgemeines

Uhrzeit

Können Sie mir sagen, wie spät es ist?
Quelle heure est-il, s'il vous plaît ?

Zehn Minuten nach drei Uhr.
Il est trois heures dix.

Geht Ihre Uhr richtig?
Votre montre est à l'heure ?

Natürlich.
Bien sûr.

Meine Uhr geht nach.
Ma montre retarde.

Es tut mir leid, ich habe mich verspätet.
Excusez-moi, je suis en retard.

Für „täglich" kann man auch „chaque jour" (wörtlich „jeden Tag") oder „tous les jours" sagen.

dix-neuf **19**

ALLGEMEINES — DATUM UND ZEIT

zwei Uhr
deux heures

fünf nach zwei
deux heures cinq

zwei Uhr zehn
deux heures dix

Viertel nach zwei
deux heures et quart

halb drei
deux heures et demie

fünf nach halb drei
deux heures trente-cinq
trois heures moins vingt-cinq

Geht die Uhr vor und nicht nach, heißt es „la montre avance".

Datum und Zeit

Allgemeines

zwanzig vor vier
trois heures quarante
quatre heures moins vingt

viertel vor vier
trois heures quarante-cinq
quatre heures moins le quart

fünf vor drei
deux heures cinquante-cinq
trois heures moins cinq

Können Sie mir bitte die Uhrzeit sagen?
Quelle heure est-il, s'il vous plaît ?

Stunde
l'heure

Minute
la minute

Sekunde
la seconde

in zehn Minuten
en/dans dix minutes

in einer Stunde
en/dans une heure

in einer halben Stunde
en/dans une demi-heure

12 Uhr mittags
midi

Heißt es für Mittag „midi", sagt man zu Mitternacht „minuit".

Das Wetter

Orageux

La situation reste orageuse avec une dépression située au large de la Bretagne. Un flux de sud-ouest continue de véhiculer de l'air chaud sur la France.

Bretagne, Pays de Loire, Basse-Normandie: Après une matinée partagée entre nuages et éclaircies, l'après-midi se déroule sous un ciel parfois plus menaçant avec un risque d'orage ponctuel. Les températures s'inscrivent entre 21 et 25 degrés.

Nord-Picardie, Ile-de-France, Centre, Haute-Normandie, Ardennes: Quelques foyers orageux s'évacuent vers la Belgique en début de matinée, laissant place à l'arrière à un ciel variable, parfois brumeux. L'après-midi, des orages éclatent de nouveau par endroits. Il fera de 23 à 27 degrés.

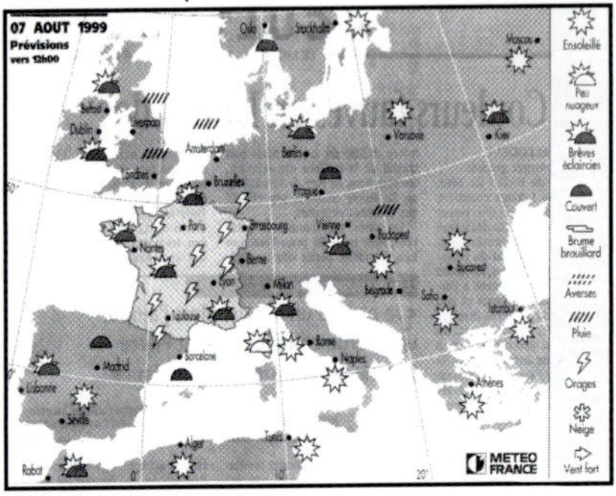

Gewittrig

Die Situation bleibt gewittrig, mit einer Tiefdruckzone über der Bretagne. Eine Südwestströmung führt weiter warme Luft nach Frankreich.

Bretagne, Loire, Basse-Normandie. Nach einem Morgen zwischen Wolken und Aufheiterungen entwickelt sich am Nachmittag eine stärkere Bewölkung mit dem Risiko örtlicher Gewitter. Die Temperaturen bewegen sich zwischen 21 und 25 Grad.

Nord-Picardie, Ile-de-France, Mitte, Haute-Normandie, Ardennen. Eine Gewitterfront zieht am Morgen nach Belgien ab und hinterläßt einen veränderlich bewölkten, manchmal mit Dunstschleiern durchzogenen Himmel. Am Nachmittag erneut gebietsweise Gewitter möglich. Die Temperaturen liegen zwischen 23 und 27 Grad.

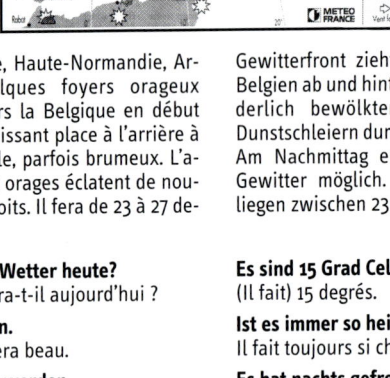

Wie wird das Wetter heute?
Quel temps fera-t-il aujourd'hui ?

Es bleibt schön.
Le temps restera beau.

Es wird schön werden.
Il fera beau.

Es soll regnen.
La météo a annoncé de la pluie.

Wie lange regnet es schon?
Depuis combien de temps pleut-il ?

Wie lange wird es noch regnen?
La pluie durera encore combien de temps ?

Wie viel Grad haben wir heute?
Quelle est la température aujourd'hui ?

Es sind 15 Grad Celsius.
(Il fait) 15 degrés.

Ist es immer so heiß?
Il fait toujours si chaud ?

Es hat nachts gefroren.
La nuit, il a gelé.

Die Straßen sind ...
Les routes sont ...
    nass
    mouillées
    glatt
    verglacées
    schneebedeckt
    recouvertes de neige
    trocken
    sèches

Die Wetterangaben, wie „es ist heiß", „kalt" etc. bildet der Franzose mit dem Verb „faire" für „machen, tun", also „il fait chaud", „il fait froid" etc.

Wetter

Allgemeines

Aufheiterung l'éclaircie
Blitz l'éclair
Donner le tonnerre
Eis le verglas
Frost le gel
gebietsweise régional
Gewitter l'orage
Glatteis le verglas
Graupel la neige fondue
Hagel la grêle
Hitze la chaleur
Hoch la haute pression
Höchstwerte les valeurs maximum
Hochwasser la marée haute
Luft l'air
Luftfeuchtigkeit l'humidité
mäßig warm tempéré
Nebel le brouillard
Nieselregen la pluie fine
Ozon l'ozone
Pfütze la flaque
Pulverschnee la neige poudreuse
Regen la pluie
Schauer l'ondée
Schnee la neige
Schneeketten les chaînes à neige
Sonne le soleil
Sturm l'orage
Taifun le typhon
Tauwetter le dégel
Tief la basse pression
Tiefstwerte les valeurs minimum
Überschwemmung l'inondation
wenig Änderung assez stable
Wind le vent
Wirbelsturm la tornade
Wolken les nuages

Der „éclair" ist nicht nur der „Blitz" sondern auch das beliebte Gebäck, das als „Liebesknochen" bekannt ist.

Allgemeines — Wetter

Nicht vergessen!

Gummistiefel les bottes en caoutchouc

Es ist ... Le temps est ...
- **bewölkt** nuageux
- **diesig** maussade
- **heiß** il fait très chaud
- **kalt** il fait froid
- **neblig** il y a du brouillard
- **schwül** il fait lourd
- **sonnig** il y a du soleil
- **stürmisch** il y a de l'orage dans l'air
- **trocken** le temps est sec
- **warm** il fait chaud
- **wechselhaft** le temps est instable
- **windig** il vente/il y a du vent

Regenschirm le parapluie

Es ... Il ...
- **regnet** pleut
- **schneit** neige

Sonnenbrille les lunettes de soleil

Sonnenschirm le parasol

Buchstabieren

A Antoine	**J** Julien	**S** Sabine
B Béatrice	**K** K	**T** Théodore
C Carole	**L** Luc	**U** Ulysse
D Denise	**M** Martine	**V** Victor
E Emile	**N** Nadine	**W** W
F Ferdinand	**O** Oscar	**X** X
G Gustave	**P** Paule	**Y** Y
H Hubert	**Q** Quintilien	**Z** Zoë
I Isabelle	**R** Richard	

Das Wort „glace" ist eine wahre Falle, es kann heißen „Eis", „Speiseeis", „Spiegel" und „Wagenfenster" (einer Kutsche zum Beispiel).

Im Gespräch

Erster Kontakt

In seinem Roman „Zärtlich ist die Nacht" sagt F. Scott Fitzgerald an einer Stelle: In Paris wollen alle Napoleon sein. Wenn er damit auf ein Gefühl der geistigen Überlegenheit anspielt, das viele Franzosen gegenüber Ausländern zeigen, gleich, aus welchem Land sie kommen, so liegt er damit nicht ganz verkehrt.

Die Franzosen verfügen über ein starkes Selbstbewußtsein. Sie sind sich immer bewußt, Teil der „grande nation" zu sein, die den „esprit" (die geistreiche Lebensart) in die europäische Kultur eingeführt hat.

Vielleicht haben sie auch deswegen eine gewisse Abneigung gegen das Erlernen fremder Sprachen entwickelt, obwohl sie manchmal auch nur so tun, als würden sie Sie nicht verstehen, weil sie von Ihnen erwarten, dass Sie Französisch sprechen. Können Sie dies unter Beweis stellen, ist das erste Eis schon gebrochen.

Die normale Grußformel ist tagsüber „bonjour" und abends „bonsoir". Ihr folgt entweder das formelle „comment allez-vous?" (wie geht es Ihnen?) oder das vertraulichere „comment ça va?" (wie geht's) oder auch einfach nur „ça va?" Wenn man sich verabschiedet, sagt man im allgemeinen „au revoir", was wörtlich unserem „auf Wiedersehen" entspricht, oder „à bientôt", bis bald.

Auch für Frankreich gilt, dass Höflichkeit dem Fremden gut ansteht. Sie sollten sich deswegen lieber einmal zuviel als zuwenig bedanken. Man sagt entweder „merci" oder „merci beaucoup", gefolgt von der Anrede „monsieur" oder „madame".

Sollte Ihr französischer Bekannter Sie zum Beispiel seiner Frau vorstellen, entspricht unserem „angenehm" ein „enchanté". Apropos Einladungen. Die Franzosen sind eher zurückhaltend, wenn es um die Vertiefung einer Urlaubsbekanntschaft geht. Einladungen nach Hause sind deshalb schon als starker Sympathiebeweis zu werten.

Hallo!
Salut !

Guten Morgen.
Bonjour.

Guten Tag.
Bonjour.

Guten Abend.
Bonsoir.

Gute Nacht.
Bonne nuit.

Wie geht's?
Comment allez-vous ?

Gut, vielen Dank.
Ça va merci.

Wie heißen Sie?
Comment vous appelez-vous ?

Auf Wiedersehen.
Au revoir.

Wie bitte?
Comment ?

Sprechen Sie Deutsch?
Parlez-vous allemand ?

Ich habe Sie nicht verstanden.
Je n'ai pas compris.

Ich spreche leider nur sehr wenig Französisch.
Je parle un peu français.

Können Sie das bitte wiederholen?
Pouvez-vous répéter, s'il vous plaît ?

Können Sie das bitte aufschreiben?
Pouvez-vous me l'écrire, s'il vous plaît ?

„Salut" (Hallo), ist schon eine vertrauliche Form der Begrüßung. So begrüßt man Freunde oder Bekannte, aber niemanden, dem man zum erstenmal begegnet.

| IM GESPRÄCH | ERSTER KONTAKT |

Hallo!
Salut !

Guten Tag!
Bonjour !

Wie geht's?
Comment allez-vous ?

Danke, gut.
Ça va merci.

Schön, Sie zu treffen
Je suis heureux
(heureuse) de faire
votre connaissance.

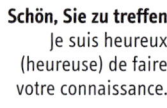  

Ganz meinerseits.
Moi aussi.

Auf Wiedersehen!
Au revoir !

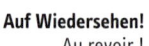  

**War nett, Sie getroffen
zu haben.**
Ça m'a fait plaisir de
vous rencontrer.

Wenn man sich verabschiedet und dabei zum Ausdruck bringen will, dass man sich bald wiederzusehen beabsichtigt, kann man auch „à bientôt" sagen.

Erster Kontakt

Im Gespräch

Was Sie hören

D'où venez-vous ?
Woher kommen Sie?

Vous êtes ici depuis combien de temps ?
Wie lange sind Sie schon hier?

Ça vous plaît ?
Gefällt es Ihnen?

C'est la première fois que vous venez ici ?
Sind Sie zum ersten Mal hier?

Combien de temps restez-vous ici ?
Wie lange bleiben Sie?

Puis-je vous présenter ?
Darf ich vorstellen?

Lockere Begrüßung

Wie läuft's?
Comment ça va ?

Was gibt's?
Qu'est-ce qu' il y a ?

Hallo da!
Salut à tous !

Hallo Leute!
Salut à tous !

Hallo Kumpel!
Salut mon vieux!

Schön, dich zu sehen!
Je suis content (contente) de te voir !

Was gibt's Neues?
Quoi de neuf ?

Mir geht's klasse.
Très bien !

Es geht so.
Comme ci, comme ça

Einen schönen Tag noch!
Bonne journée !

Bis bald!
A plus tard !

Mach's gut!
Bonne continuation !

Tschüß.
Salut !

Floskeln

Oh, wirklich?
Oh, vraiment ?

Das ist richtig.
C'est juste.

Das ist interessant.
C'est intéressant.

Das ist mir neu.
C'est nouveau pour moi.

Ich stimme zu.
Je suis d'accord.

Ich stimme nicht zu.
Je ne suis pas d'accord.

Das gefällt mir.
Ça me plait.

Das wäre nett.
Ce serait sympa.

Prima!
Très bien !

Könnte sein.
C'est possible.

Vielleicht.
Peut-être.

Wahrscheinlich.
C'est probable.

Ich weiß nicht.
Je ne sais pas...

Einen Moment, bitte.
Un instant, s'il vous plaît.

Gestatten Sie?
Vous permettez ?

Viel Glück!
Bonne chance !

Viel Spaß!
Amusez-vous bien !

Alles Gute!
Meilleurs vœux !

Herzlich willkommen!
Bienvenue !

Leider habe ich keine Zeit.
Je regrette, je n'ai pas le temps.

Ich muss kurz wegtreten.
Excusez-moi, je dois aller aux toilettes.

„Mach's gut" lässt sich, abhängig vom Gesprächsinhalt, auch mit „bonne chance" (im Sinne von „viel Glück") ausdrücken.

IM GESPRÄCH — ENTSCHULDIGUNG

Entschuldigung!

Entschuldigung, wie viel kosten diese Schuhe?
Pardon, combien coûtent ces chaussures ?

Tut mir leid, ich gehöre nicht zum Personal.
Je regrette, je ne fais pas partie du personnel.

Entschuldigen Sie bitte!
Oh, pardon !

Keine Ursache!
De rien !

Um eine kurze Zustimmung wie mit dem Kürzel „ok" auszudrücken, gebraucht der Franzose „d'accord" oder „entendu".

VORSTELLUNG   IM GESPRÄCH

Vorstellung

Ich heiße ...
Je m'appelle ...

Wie heißen Sie?
Comment vous appelez-vous ?

Wie alt sind Sie?
Quel âge avez-vous ?

Ich bin 25 Jahre alt.
J'ai 25 ans.

Sind Sie verheiratet?
Etes-vous marié(e) ?

Ich bin ledig.
Je suis célibataire.

Haben Sie Kinder?
Avez-vous des enfants ?

Was machen Sie beruflich?
Quel est votre métier ?

Wohin reisen Sie?
Où allez-vous ?

Wie lange werden Sie bleiben?
Combien de temps restez-vous ?

Ich bin auf einer ...
Je suis ici en ...
   Geschäftsreise
   voyage d'affaires
   Urlaubsreise
   vacances
   Ich reise weiter nach ...
   Je continue vers ...

Ich möchte folgende Städte besuchen.
Je voudrais visiter les villes suivantes.

Ich übernachte ...
Je loge ...
   im Hotel
   à l'hôtel
   bei Freunden
   chez des amis

Es war sehr nett, Sie kennengelernt zu haben.
Ça m'a fait plaisir de vous rencontrer !

Darf ich vorstellen?
Puis-je vous présenter ?

Anrede

	Einzahl	Abkürzung	Mehrzahl	Abkürzung
Herr	monsieur	M.	messieurs	MM.
Frau	madame	Mme	mesdames	Mme
Fräulein	mademoiselle	Mlle	mesdemoiselles	Mlles
meine Damen und Herren			messieurs	MM.

Die Anrede „Monsieur" oder „Madame" erleichtert vieles. Machen Sie im Deutschen jemanden mit „Hallo, Sie da" auf sich aufmerksam, klingt das sehr unhöflich.

| IM GESPRÄCH | HERKUNFT |

Woher kommen Sie?

Woher kommen Sie?
D'où venez-vous ?

Ich komme aus Deutschland.
J'habite en Allemagne.

Ich komme aus der Schweiz.
J'habite en Suisse.

Ich komme aus Österreich.
J'habite en Autriche.

Die Namen der Kontinente und Länder stehen mit dem bestimmten Artikel: la France, le Portugal etc. Ausnahme: Israël.

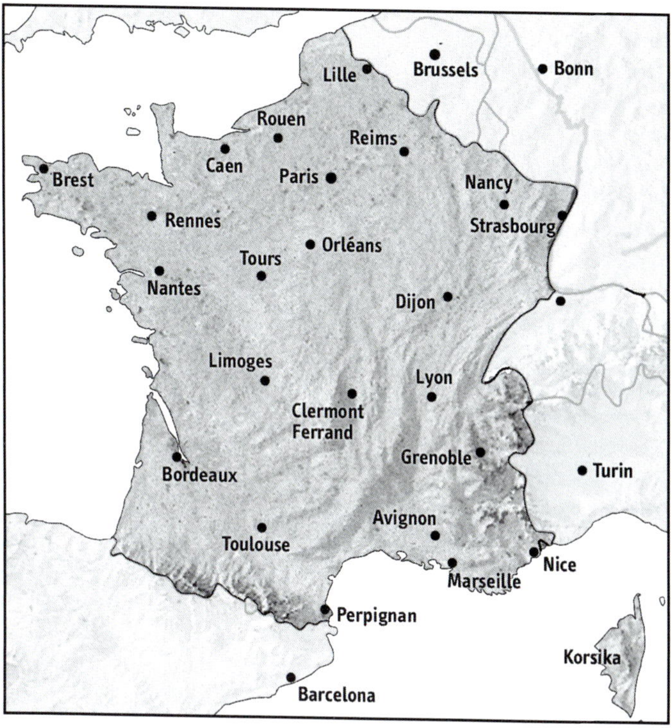

HERKUNFT — IM GESPRÄCH

Aufgrund seiner geographischen Form nennen die Franzosen ihr Land „Hexagone" (Sechseck).

Die liebe Verwandtschaft

Ehemann le mari/l'époux
Ehefrau la femme/l'épouse
Freund l'ami
Bekannter la connaissance
Verlobte la fiancée
Verlobter le fiancé
Tochter la fille
Sohn le fils
Bruder le frère
Schwester la sœur
Vater le père
Mutter la mère
Großvater le grand-père
Großmutter la grand-mère
Schwiegersohn le gendre
Schwiegertochter la belle-fille
Schwiegervater le beau-père
Schwiegermutter la belle-mère
Onkel l'oncle
Tante la tante
Enkel le petit-fils/la petite-fille
Cousine la cousine
Cousin le cousin
Neffe le neveu
Nichte la nièce

Beschäftigung

Was machen Sie beruflich?
Quel est votre métier ?

Ich arbeite in einer Fabrik.
Je travaille dans une usine.

Ich arbeite bei der Firma XYZ.
Je travaille chez XYZ.

Ich bin im Einzelhandel tätig.
Je travaille dans le commerce au détail.

Ich gehe noch zur Schule.
Je suis encore à l'école.

Was studieren Sie?
Quelles études faites-vous ?

Ich studiere Architektur.
J'étudie l'architecture.

Ich bin Beamter.
Je suis fonctionnaire.

Zwar kennt auch das Französische für Fabrik das Wort „fabrique", man spricht aber häufiger von „usine", weil das auch die Bedeutung von „Betrieb" hat.

BERUFE

IM GESPRÄCH

Berufe

Arzt le docteur

Bauarbeiter l'employé du bâtiment

Koch le cuisinier

Maler le peintre en bâtiment

Maurer le maçon

Schornsteinfeger le ramoneur

Abteilungsleiter le chef de département/de service
Altenpfleger l'aide soignant pour personnes âgées
Angestellter l'employé(e)
Anwalt l'avocat
Arbeiter le travailleur
arbeitslos le chômeur
Architekt l'architecte
Architektur l'architecture
Armee l'armée
Arzthelferin la secrétaire médicale
Auszubildender l'apprenti(e)
Automechaniker le mécanicien
Autor l'auteur
Bäcker le boulanger
Beamter le fonctionnaire
Betriebswirt l'économiste
Biologe le biologiste
Buchhalter le comptable
Buchhändler le libraire
Chemie la chimie

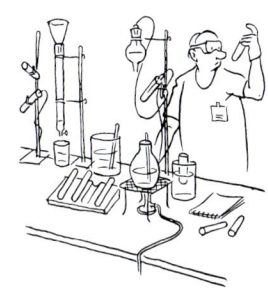

Chemiker le chimiste
Dachdecker le couvreur
Dekorateur le décorateur
Drogist le droguiste

Häufig wird im Französischen für Drogist und Apotheker das gleiche Wort benutzt: „pharmacien". Für Drogist gibt es allerdings auch die Übersetzung „droguiste".

Berufe

EDV-Fachmann l'expert EDP
Einzelhandel le commerce au détail
Elektriker l'électricien
Erzieher/in l'instituteur/trice
Facharbeiter le travailleur spécialisé
Fotograf le photographe
Freiberufler j'exerce une profession libérale
Friseur le coiffeur
Führungsebene le niveau de la direction
Gärtner le jardinier
Gastwirt l'hôtelier
Germanistik le germaniste
Glaser le vitrier
Handwerker l'artisan
Hausfrau la femme au foyer

Jurist le licencié en droit
Juwelier le bijoutier
Kaufmann le commerçant
Kellner le garçon de café ou de restaurant
Kraftfahrzeugmechaniker le mécanicien
Krankenschwester l'infirmière
Künstler l'artiste

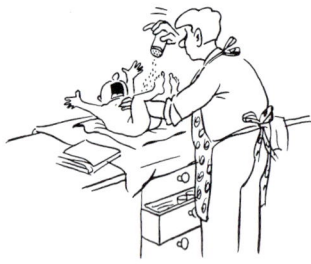

Hausmann l'homme au foyer
Hebamme la sage-femme
Heilpraktiker le médecin en médecines douces
Hochschule l'université
Industrie l'industrie
Ingenieur l'ingénieur
Installateur le plombier
Journalist le journaliste
Jura le droit

Landwirt l'agriculteur
Lehrer l'enseignant
Makler le courtier
Manager le manager
Mechaniker le mécanicien
Medizin la médecine
Meister le chef
Metzger le boucher/le charcutier
Musiker le musicien
Notar le notaire
Öffentlicher Dienst le service public
Optiker l'opticien

Spricht man von einer „guten Hausfrau", heißt es „bonne ménagère".

Berufe

Pfarrer le prêtre
Pharmazie la pharmacie
Philosophie la philosophie
Physik la physique
Polizist le policier
Präsident le président
Produktion la production
Professor le professeur
Programmierer le programmateur
Psychologe le psychologue

Richter le juge
Schauspieler l'acteur
Schlosser le forgeron
Schneider le couturier
Schreiner le menuisier
Schriftsteller l'écrivain
Schuhmacher le cordonnier
Schüler l'écolier
Steuerberater le conseiller fiscal
Student l'étudiant
Taxifahrer le chauffeur de taxi
Tierarzt le vétérinaire
Uhrmacher l'horloger
Umschulung le reclassement professionnel
Unternehmer l'entrepreneur
Verkäufer le vendeur
Verwaltung l'administration
Wissenschaftler le scientifique
Zahnarzt le dentiste
Zahntechniker le mécanicien-dentiste
Zimmermann le charpentier

Psychologie la psychologie
Rechtsanwalt l'avocat
Rentner le retraité

Der Einzelhandel heißt „commerce au détail", der Großhandel „commerce en gros". Auch im Deutschen gibt es noch diesen Wortstamm: „Ich kaufe en gros".

IM GESPRÄCH — GEFÜHLE, MEINUNGEN

Wie geht's?

Wie geht's?
Comment allez-vous ?

So lala.
Comme ci, comme ça.

müde
fatigué(e)

krank
malade

sauer
contrarié(e)

genervt
stressé(e)

Mir ist kalt.
J'ai froid.

Mir ist warm.
J'ai chaud.

Ich mache mir Sorgen.
Je suis inquiet/inquiète.

Klasse.
Très bien.

Ich fühle mich großartig.
Je suis en pleine forme.

Ein echtes Hochgefühl.
Je me sens euphorique.

Ich bin verliebt.
Je suis amoureux/amoureuse.

Ich fühle mich nicht so gut.
Je ne me sens pas très bien.

Ich bin ...
Je suis ...
   deprimiert
   déprimé(e)
   frustriert
   frustré(e)

Kosenamen

Schatz
trésor

Liebling
chéri/chérie

Um eine Hochstimmung auszudrücken, merken Sie sich die Eselsbrücke zwischen „euphorisch" und „euphorique".

GEFÜHLE, MEINUNGEN

Glückwunsch!

Alles Gute!
Meilleurs vœux !

Viel Erfolg!
Bonne chance !

Viel Glück!
Bonne chance !

Gute Besserung!
Meilleurs vœux !

Herzlichen Glückwunsch
Félicitations
   zum Geburtstag
   pour votre anniversaire
   zur Beförderung
   pour la promotion
   zur Geburt des Sohnes/der Tochter
   pour la naissance de votre fils/fille
   zur Verlobung
   pour les fiançailles
   zur Hochzeit
   pour un mariage heureux
   zur silbernen Hochzeit
   pour les noces d'argent
   zur goldenen Hochzeit
   pour les noces d'or

Meinung

Was ist Ihre Meinung?
Qu'en pensez-vous ?

Ich bin ganz Ihrer Meinung.
Je suis d'accord avec vous.

Ich bin anderer Meinung.
Je ne suis pas d'accord avec vous.

Meiner Meinung nach …
D'après moi …
   sollten wir zurückkehren.
   il faut revenir en arrière.
   sollten wir umkehren.
   il faut revenir en arrière.
   sollten wir heimfahren.
   il faut rentrer chez nous.
   ist das falsch.
   ce n'est pas juste.
   ist das richtig.
   c'est juste.

Begeisterung

erstaunlich
splendide

phantastisch
fantastique

herrlich
magnifique

prima
excellent/remarquable

toll
génial

großartig
formidable

Empörung

Das ist unverschämt!
Quel culot !

Quatsch!
C'est n'importe quoi !

Lassen Sie das!
Laissez tomber !

Lassen Sie mich in Ruhe!
Laissez-moi tranquille !

Unterstehen Sie sich!
Gare à vous !

So eine Frechheit!
Quelle impertinence !

Schweinerei!
Quelle grossièreté !

„Das ist doch allerhand!" heißt: „Ça, c'est raide tout de même !"

Probleme

Bitte helfen Sie mir!
Aidez-moi, s'il vous plaît !

Ich sehe schlecht.
Je ne vois plus rien.

Ich höre schlecht
Je n'entends plus très bien.

Ich fühle mich schlecht.
Je me sens mal.

Mir ist schwindlig.
J'ai des vertiges.

Bitte rufen Sie einen Arzt.
Appelez un docteur, s'il vous plaît.

Schimpfwörter

Hornochse!
Imbécile !

Scheiße!
Merde !

Idiot!
Idiot !

Schwachkopf!
Abruti !

Trottel
Idiot !

Doofe Ziege
Vieille mégère !

Erste Annäherung

Darf ich mich zu Ihnen setzen?
Puis-je m'asseoir ici ?

Reisen Sie allein?
Vous voyagez tout(e) seul(e) ?

Sind Sie verheiratet?
Etes-vous marié(e) ?

Haben Sie einen Freund?
Etes-vous avec un(e) ami(e) ?

Ich finde Sie sehr sympathisch.
Vous êtes vraiment sympathique, vous savez ?

Du bist echt süß.
Tu es vraiment un trésor.

Haben Sie heute abend schon etwas vor?
Avez-vous déjà quelque chose de prévu pour ce soir ?

Wollen wir gemeinsam etwas unternehmen?
Voulez-vous qu'on sorte ensemble ?

Wollen wir heute abend zusammen ausgehen?
Voulez-vous sortir avec moi ce soir ?

Darf ich Sie zum Essen einladen?
Puis-je vous inviter à déjeuner/dîner ?

Wann treffen wir uns?
On se donne rendez-vous à quelle heure ?

Um 8 Uhr vor dem Kino.
A huit heures devant le cinéma.

Ich kann Sie abholen.
Je passe vous prendre.

Ich freue mich darauf.
D'accord.

Vielen Dank für den schönen Abend.
Merci pour l'agréable soirée.

Ich würde mich sehr freuen, wenn wir uns wiedersehen könnten.
J'aimerais vous revoir.

Darf ich Sie nach Hause bringen?
Puis-je vous accompagner chez vous ?

Um auszudrücken, dass er „genervt" ist, bedient sich der Franzose des Ausdrucks „stressé(e)". Darauf kommen Sie leicht, wenn Sie an „gestresst" denken.

Verabredungen — Im Gespräch

Verabredung

Darf ich mich zu Ihnen setzen?
Puis-je m'asseoir ici ?

Warum nicht?
Bien sûr !

Möchten Sie etwas trinken?
Voulez-vous boire quelque chose ?

Gerne, gute Idee.
Oui, volontiers.

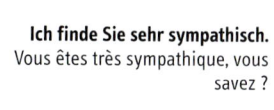

Ich finde Sie sehr sympathisch.
Vous êtes très sympathique, vous savez ?

Haben Sie heute abend schon etwas vor?
Avez-vous déjà quelque chose de prévu pour ce soir ?

Ich bin mit meinem Mann verabredet.
Oui, j'ai rendez-vous avec mon mari.

Ein direktes Wort für „Bekannter" gibt es nicht, nur Umschreibungen wie „gens de connaissance". Man benutzt eher „ami(e)" ohne tiefergehende Bedeutung.

Höflich, aber bestimmt

Ich warte auf ...
J'attends ...
- **meinen Mann.**
  mon mari.
- **meine Frau.**
  ma femme.
- **meinen Freund.**
  mon compagnon/mon ami.
- **meine Freundin**
  ma compagne/mon amie.

Es war nett, Sie kennenzulernen, aber leider muss ich jetzt gehen.
Ça m'a fait plaisir de vous rencontrer mais maintenant je dois partir.

Ich habe leider keine Zeit.
Je regrette, je n'ai pas le temps.

Ich habe schon etwas anderes vor.
Je regrette, j'ai déjà autre chose de prévu.

Lassen Sie mich bitte in Ruhe!
Je vous en prie, laissez-moi tranquille !

Bitte geh jetzt.
Allez-vous en maintenant, s'il vous plaît.

Du bist aufdringlich.
Vous êtes un casse-pieds.

Unhöflich und sehr deutlich

Lassen Sie das!
Laissez-moi tranquille !

Hör sofort auf!
Arrêtez tout de suite !

Hau ab!
Allez-vous-en !

Verpiss dich!
Débarrassez le plancher !

Hände weg!
Bas les pattes !

Ich rufe die Polizei!
Attention je vais appeler la police !

Diese Person wird zudringlich.
Au secours ! Il est en train de m'importuner !

Diese Person bedroht mich.
Au secours ! Il m'a menacé !

Jetzt wird's ernst!

Ich habe mich in dich verliebt.
Je suis tombé(e) amoureux (amoureuse) de toi.

Ich möchte mit dir schlafen.
J'ai envie de faire l'amour avec toi.

Zu dir oder zu mir?
On va chez toi ou chez moi ?

Aber nur mit Kondom!
Oui, mais seulement si tu as un préservatif !

Sollten Sie „bis über die Ohren verliebt sein", dann sind Sie „éperdument amoureux (amoureuse)".

TELEFONIEREN — IM GESPRÄCH

Am Telefon

Guten Tag. Hier ist der Koval Verlag. Kann ich Ihnen helfen?
Bonjour. C'est la maison d'édition Koval. Que puis-je faire pour vous ?

Ich möchte mit Herrn Dupond sprechen.
Je voudrais parler à M. Dupond.

Wer ist am Apparat?
C'est de la part de qui ?

Mein Name ist Hans Meier.
Je m'appelle Hans Meier.

Einen Augenblick, ich verbinde Sie.
Attendez un instant, s'il vous plaît.

Es ist leider besetzt. Möchten Sie warten?
Il est occupé. Pouvez-vous attendre ?

Ich rufe später nochmals an.
Non, je rappellerai plus tard.

In Frankreich meldet man sich am Telefon nicht mit Namen, sonder nur mit „allô" (Hallo).

Telefonieren

Ist Claude da?
Est-ce que Claude est là, s'il vous plaît ?

Am Apparat.
C'est moi.

Mit wem spreche ich?
Qui est à l'appareil ?

Können Sie mich mit Herrn Dupond verbinden?
Pouvez-vous me passer M. Dupond ?

Bleiben Sie bitte am Apparat.
Bien sûr, ne quittez pas.

Es meldet sich niemand.
Personne ne répond.

Er spricht gerade.
Il est en ligne.

Kann ich eine Nachricht hinterlassen?
Est-ce que je peux laisser un message ?

Können Sie die Telefonnummer bitte langsam wiederholen?
Pouvez-vous répéter lentement le numéro de téléphone, s'il vous plaît ?

Entschuldigung, ich habe mich verwählt.
Pardon, je me suis trompé(e) de numéro.

Ich habe Ihren Namen leider nicht verstanden.
Pardon, je n'ai pas compris votre nom.

Kann ich Sie zurückrufen?
Est-ce que je peux vous rappeler ?

Vielen Dank für Ihren Anruf.
Merci d'avoir appelé.

Kein Anschluss unter dieser Nummer.
Le numéro que vous avez composé n'est pas attribué.

Handy le portable

Hörer le combiné

Amtszeichen la tonalité libre
Anruf l'appel téléphonique
Anrufbeantworter le répondeur automatique
Auskunft les informations
Besetztzeichen la tonalité occupée
Branchenverzeichnis les pages jaunes
Durchwahl le numéro direct/de poste
Einheit l'unité
Ferngespräch la communication extra urbaine
Gebühr le tarif
Kartentelefon le téléphone à carte
Leitung la ligne
Münztelefon le téléphone à pièces
Notruf l'appel d'urgence
Ortsgespräch la communication urbaine
R-Gespräch l'appel en PCV
Telefonbuch l'annuaire
Telefonkarte la carte téléphonique
Telefonzelle la cabine téléphonique
Vermittlung la centrale
Vorwahl l'indicatif

Für „Am Apparat" können Sie auch „à l'appareil" sagen.

BRIEFE SCHREIBEN — IM GESPRÄCH

Ein persönlicher Brief

Leblanc Pierre
10 avenue des Ecoles
83600 Fréjus
France

6. Juni 2001

Lieber Hans,

vielen Dank für deinen Brief und deine freundliche Einladung.
Wie besprochen, werden wir am kommenden Donnerstag gegen 18 Uhr bei euch sein. Wir freuen uns schon sehr darauf!

Mit besten Grüßen
Deine
Maria

Leblanc Pierre
10 avenue des Ecoles
83600 Fréjus
France

6 juin 2001

Cher Pierre,
Je te remercie pour la lettre où tu nous invites gentiment.
Comme convenu, nous arriverons chez toi jeudi prochain vers 18 heures. Il nous tarde de te voir !

Grosses bises,
Marie

Nach der Anrede folgt in französischen Briefen ein Komma, danach geht es jedoch groß weiter.

quarante-trois

Ein Geschäftsbrief

```
Ihr Schreiben vom 4. Juni 2001
Nizza, den 9. Juni 2001

Sehr geehrter Herr Schmitt,

vielen Dank für Ihren Brief.
Wir bestätigen unsere Verabredung für kommenden
Donnerstag gegen 18 Uhr. Beiliegend finden Sie
einige Unterlagen zur Vorbereitung unseres
Gesprächs.
Sollten Sie noch Fragen haben, rufen Sie mich
bitte jederzeit an.

Mit freundlichen Grüßen
Marie Pelevoizin
Geschäftsführerin
```

```
Réf. : Votre lettre du 4 juillet 2001
Nice, le 9 juillet 2001

Monsieur,

Je tiens à vous remercier pour votre lettre.
Je confirme notre entrevue pour jeudi prochain à
18 heures. Je joins à la présente certains
documents qui vous permettront de préparer notre
rencontre.
Si vous avez des questions à me poser, vous
pouvez me contacter par téléphone à tout moment.

Salutations distinguées
Administratrice
Marie Pelevoizin
```

In Geschäftsbriefen wird der Empfänger in der Anrede nur mit „Monsieur" (bzw. „Madame") angesprochen, auch wenn der Name bekannt ist.

BRIEFE SCHREIBEN — **IM GESPRÄCH**

Anrede

Sehr geehrte Frau Leblanc ...
Mme Leblanc ...

Sehr geehrter Herr Leblanc ...
M. Leblanc ...

Liebe Frau Leblanc ...
Chère Mme Leblanc ...

Sehr geehrte Damen und Herren ...
Messieurs ...

Grußformen

Sehr förmlich:
Monsieur/Madame

Weniger förmlich:
Cher.../Chère...

Persönlich:
Cher .../Chère ...
Mon cher. ../Ma chère ...
Très cher .../Très chère ..

Flapsig:
Salut

Wichtige Wörter

Absender
l'expéditeur

Adresse
l'adresse

Anlage
la pièce jointe

Anrede
le titre

Anschrift
l'adresse

Bezug
la référence

Briefkopf
l'en-tête

Briefumschlag
l'enveloppe

Datum
la date

Einschreiben
la lettre recommandée

Empfänger
le destinataire

Grußformel
la formule de salutations

Postfach
la boîte postale

Postleitzahl
le code postal

Briefmarke
le timbre

Nur in persönlichen Schreiben spricht man den Empfänger direkt an: „Monsieur Spoerry", Madame Desaulles" etc.

Themen

Ballett le ballet
Fernsehen la télévision
Film le film
Jazz le jazz
Kino le cinéma
Konzert le concert
Kultur la culture
Literatur la littérature
Musik la musique
Nachrichten les nouvelles
Oper l'opéra
Politik la politique
Presse la presse
Radio la radio
Religion la religion
Sport le sport
Theater le théâtre
Wirtschaft l'économie
Zeitschrift la revue/le magazine
Zeitung le journal

Politik

In Frankreich gab es vor der aktuellen Fünften Republik noch vier Republiken und zwei Kaiserreiche. Die erste Republik mündete in das erste Kaiserreich unter Napoleon I. Es folgte nach einem monarchistischen Zwischenspiel das zweite Kaiserreich unter Napoleon III.

Nach dem Krieg gegen Preußen 1870/1871 wurde die 3. Republik aus der Taufe gehoben. Ihr folgte nach Ende des Zweiten Weltkriegs die 4. Republik, die durch die 5. Republik unter Charles de Gaulle abgelöst wurde.

Frankreich lässt sich am ehesten als Präsidialrepublik beschreiben, in der die Verfassung dem bisher auf sieben, in Zukunft auf fünf Jahre direkt vom Volk gewählten Staatspräsidenten eine starke Stellung einräumt.

Das gesetzgebende Organ des Landes ist die Nationalversammlung, die Assemblée Nationale.

Die Regierung wird von einem Premierminister geführt, dessen Zusammenleben (die sogenannte „cohabitation") mit dem Staatspräsidenten sich immer dann als besonders schwierig erweist, wenn dieser einer anderen Partei angehört.

Bundespräsident le Président fédéral
Bundeskanzler le Chancelier
Bundestag la Chambre des députés
Bundesrat le Conseil fédéral
Abgeordneter le député
Abstimmung le vote
Asylsuchender le demandeur d'asile politique
Bürgerinitiative le comité municipal
Demokratie la démocratie
Einwanderung l'immigration
Koalition la coalition
Königreich la monarchie
Parlament le parlement
Regierung le gouvernement
Steuern les impôts
Verfassung la constitution
Wahlen les élections

Das Wahlrecht wurde im September 2000 per Referendum geändert, mit der nächsten Präsidentschaftswahl im Jahre 2002 tritt es in Kraft.

Unterwegs

An der Grenze

Ihren Pass!
Votre passeport, s'il vous plaît !

Ihr Pass ist abgelaufen
Votre passeport est périmé.

Wie lange bleiben Sie?
Combien de temps restez-vous ici ?

Wie viel Geld haben Sie bei sich?
Combien d'argent avez-vous ?

Haben Sie etwas zu verzollen?
Avez-vous quelque chose à déclarer ?

Bitte öffnen Sie Ihren Koffer.
Ouvrez votre valise, s'il vous plaît.

Können Sie eine Rechnung vorlegen?
Avez-vous une facture à me montrer ?

Das müssen Sie verzollen.
Il faut déclarer ceci.

Innerhalb der Europäischen Union gibt es keine Grenzkontrollen mehr. Stichproben sind dennoch möglich. Führen Sie deshalb immer Personalausweis oder Paß und die grüne Versicherungskarte für Ihr Auto mit sich.

Reisen Sie mit dem Flugzeug an, müssen Sie auf jeden Fall durch die Grenz- und Zollkontrolle. Achten Sie auf die Schalter, die für EU-Staatsangehörige ausgewiesen sind.

Sie können durchgehen.
Vous pouvez passer.

Wenn Ihr Reisepass abgelaufen ist, kann es sein, dass dafür auch das Wort „expiré" (für Fristablauf) verwendet wird.

quarante-sept **47**

Das dürfen Sie einführen

Innerhalb der EU dürfen Sie Waren zum eigenen Verbrauch prinzipiell unbegrenzt mitführen. Überschreiten Sie folgende Mengen, müssen Sie bei Stichproben glaubhaft machen können, dass Sie damit wirklich nur private Zwecke verfolgen:

Alkoholische Getränke
20 l Spirituosen unter 22 Vol.-%
10 l Spirituosen über 22 Vol.-%
90 l Wein (davon maximal 60 l Schaumwein)
110 l Bier

Tabak
800 Zigaretten
400 Zigarillos
200 Zigarren
1 kg Tabak

Kaffe, Tee
unbegrenzt

Parfüm
unbegrenzt

Der Zoll

Ich habe nichts zu verzollen.
Je n'ai rien à déclarer.

Das sind Geschenke.
Ce sont des cadeaux.

Das sind persönliche Gegenstände.
Ce sont des objets personnels.

Ich möchte Waren im Wert von …. verzollen.
Je dois déclarer des marchandises pour une valeur de …

Ausreise
la sortie

Einreise
l'entrée

Ausfuhr
l'exportation

Einfuhr
l'importation

anmeldepflichtige Waren
les marchandises à déclarer

Zoll
la douane

Zollerklärung
la déclaration douanière

Zollbestimmungen
les réglementations douanières

Zollkontrolle
le contrôle douanier

zollfrei
exempt du droit de douane

zollpflichtig
passible du droit de douane

Wahrscheinlich „möchten" Sie gar keine Waren verzollen, da ist das Französische ehrlicher, es heißt „je dois" (ich muss – notgedrungen).

Mit dem Flugzeug

UNTERWEGS

Einen Flug buchen

Ich möchte einen Flug nach München buchen.
Je voudrais réserver un vol pour Munich.

Für wann?
Pour quel jour ?

Nächsten Dienstag.
Mardi prochain.

Einfach?
Un aller seulement ?

Hin und zurück.
Un aller retour.

Der Flug geht um 15.40 Uhr.
Il y a un avion vers 15h40.

Geht es auch früher?
Il n'y a pas de vol plus tôt ?

Tut mir leid, dieser Flug ist ausgebucht.
Je regrette, le vol précédent est complet.

Für „verzollen" sagt der Franzose „déclarer", was eigentlich „deklarieren" oder „erklären" heißt.

quarante-neuf

Einen Flug buchen

Wo ist der Schalter der Lufthansa?
Où se trouve le guichet de la Lufthansa ?

Wann ist der nächste Flug nach München?
Quand décolle le prochain vol pour Munich ?

Sind noch Plätze frei?
Y a-t-il encore des places libres ?

Was kostet der Flug?
Combien coûte le billet ?

Ich möchte meinen Flug nach München bestätigen.
Je voudrais confirmer mon vol pour Munich.

Gibt es einen Anschlussflug?
Est-ce que je dois prendre un vol de correspondance ?

Meine Flugnummer lautet ...
Mon numéro de vol est ...

Wie viel Gepäck kann ich mitnehmen?
Combien de bagages puis-je emmener ?

Kann ich dies als Handgepäck mitnehmen?
Est-ce que je peux le prendre comme bagage à main ?

Kostet dies einen Aufpreis?
Est-ce qu'un supplément est prévu pour cela ?

Ich möchte meinen Flug nach München umbuchen.
Je voudrais changer la réservation de mon vol pour Munich.

Wann muss ich am Flughafen sein?
A quelle heure dois-je arriver à l'aéroport ?

Wie lange dauert der Flug?
Combien de temps dure le vol ?

Gibt es eine Zwischenlandung?
Est-ce qu'une escale est prévue ?

Haben Sie auch günstigere Angebote?
Y a-t-il des offres plus intéressantes?

Bezahlen Kinder den vollen Preis?
Est-ce que les enfants paient le billet plein tarif ?

Falls der Flug überbucht ist, wäre ich bereit, den nächsten Flug zu nehmen.
Si le vol est complet, je suis prêt(e) à prendre le vol suivant.

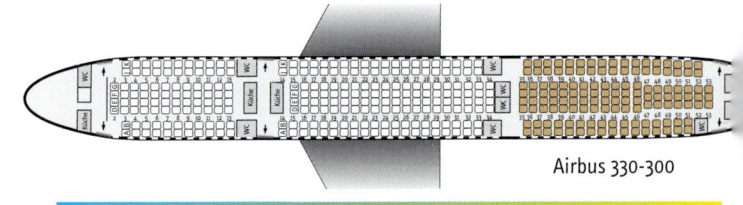

Airbus 330-300

Wenn man es eilig hat, sagt man „je suis pressé(e)"; vielleicht kennen Sie auch aus dem Deutschen den (regionalen) Ausdruck „es pressiert".

MIT DEM FLUGZEUG — UNTERWEGS

Sicherheitskontrolle

Letzter Aufruf für den Flug LH465 nach München.
Dernier appel du vol LH465 pour Munich.

Entschuldigung, mein Flug geht in wenigen Minuten. Würden Sie mich bitte durchlassen?
Excusez-moi, mon vol part dans quelques minutes. Pouvez-vous me laisser passer ?

Ich habe es selbst eilig.
Moi aussi je suis pressé(e).

Legen Sie alle Gegenstände in diesen Behälter.
Mettez tous les objets dans cette boîte.

Öffnen Sie Ihre Tasche.
Ouvrez votre sac.

Schalten Sie Ihren Notebook an.
Allumez votre notebook.

Passagier Meier, gebucht nach München, wird dringend zum Flugsteig 12 gebeten.
Le passager Meier, du vol pour Munich, est prié de se rendre d'urgence à la porte d'embarquement n°12.

Wenn Sie Ihr Notebook einschalten, zünden Sie es eigentlich an – so die wörtliche Übersetzung von „allumer" („allumer une cigarette", eine Zigarette anzünden).

Im Flugzeug

Bitte das Rauchen einstellen.
Vous êtes prié d'éteindre votre cigarette.

Bitte anschnallen!
Attachez vos ceintures de sécurité !

Wo kann ich dieses ablegen?
Où est-ce que je peux mettre ceci ?

Könnte ich bitte etwas zum Trinken bekommen?
Pouvez-vous m'apporter à boire, s'il vous plaît ?

Können Sie mir bitte Kaffee nachschenken?
Pouvez-vous me verser encore un peu de café ?

Können Sie mir bitte eine Decke bringen?
Pouvez-vous m'apporter une couverture, s'il vous plaît ?

Haben Sie Spielzeug für meine Kinder?
Est-ce que vous avez des jouets pour mes enfants ?

Können Sie die Babynahrung aufwärmen?
Est-ce que vous pouvez chauffer le lait pour le petit, s'il vous plaît ?

Haben Sie auch vegetarisches Essen?
Y a-t-il des aliments végétariens ?

Könnten Sie mir ein Mittel gegen Übelkeit geben?
Pouvez-vous me donner un cachet pour le mal au cœur ?

Was ist unsere Flughöhe?
On vole à quelle altitude ?

Werden wir pünktlich ankommen?
Est-ce que nous arriverons à l'heure ?

Ab wann kann ich mein Notebook benutzen?
A partir de quel moment puis-je utiliser mon notebook ?

Ankunft

Wann geht mein Anschlussflug?
Quand est-ce que part mon vol de correspondance ?

Ich habe meinen Flug verpasst.
J'ai manqué mon vol.

Ich finde mein Gepäck nicht.
Je n'arrive pas à trouver mes bagages.

Mein Gepäck ist verlorengegangen.
On a perdu mes bagages.

Mein Koffer ist beschädigt worden.
Ma valise a été endommagée.

„Aliments" sind generell Nahrungsmittel. Speisen im Sinne von Mahlzeiten heißen „repas".

Mit dem Flugzeug — Unterwegs

Wichtige Wörter

Koffer la valise

Reisetasche le sac de voyage

Rucksack le sac à dos

Flugnummer le numéro du vol
Flugplan l'horaire du vol
Flugschein le billet d'avion
Flugsteig la porte d'embarquement
Gangplatz la place près du couloir
Gepäck le bagage
Gepäckausgabe la remise des bagages
Gepäckwagen le chariot porte-bagages
Gurt la ceinture

Abflug le décollage
Abflugzeit l'heure de décollage
Ankunftszeit l'heure d'arrivée
Anschlussflug le vol de correspondance
Besatzung l'équipage
Bordkarte le ticket d'embarquement
Einreiseformular le formulaire d'entrée

Fensterplatz la place à côté de la fenêtre

Handgepäck le bagage à main
Landung l'atterrissage
Nichtraucher le non-fumeur
Passagier le passager
Raucher le fumeur
Rückflug le vol de retour
Schalter le guichet
Schwimmweste le gilet de sauvetage
Sicherheitskontrolle le contrôle de sécurité
Treffpunkt le point de rencontre
Übergepäck le bagage en excédent
Verspätung le retard
Zwischenlandung l'escale

„On a perdu mes bagages" heißt eigentlich „man hat mein Gepäck verloren", der Franzose gebraucht in diesem Fall eine eher unpersönliche Form.

cinquante-trois 53

Taxi

Wo ist der nächste Taxistand?
Où se trouve la prochaine station de taxi ?

Taxi, bitte!
Taxi !

Ich möchte für 10 Uhr ein Taxi bestellen.
Je voudrais réserver un taxi pour 10 heures.

Können Sie bitte sofort ein Taxi schicken?
Pouvez-vous envoyer immédiatement un taxi, s'il vous plaît ?

Bitte fahren Sie mich …
Emmenez-moi …
  zum Hotel …
  à l'hôtel …
  zu dieser Straße …
  dans cette rue …
  in die Innenstadt.
  dans le centre ville.
  zum Flughafen.
  à l'aéroport.
  zum Bahnhof.
  à la gare.

Was kostet die Fahrt ungefähr?
Combien coûte le trajet, plus ou moins ?

Nehmen Sie den kürzesten/schnellsten Weg.
Prenez la route la plus courte/la plus rapide.

Fahren Sie hier bitte geradeaus
Continuez tout droit

Biegen Sie hier nach rechts/links ab.
Tournez ici à droite/gauche.

Halten Sie hier bitte an.
Arrêtez-vous ici.

Halten Sie an der nächsten Straßenkreuzung
Arrêtez-vous au prochain croisement.

Warten Sie hier bitte auf mich.
Attendez-moi ici.

Was schulde ich Ihnen?
Je vous dois combien ?

Wir haben einen anderen Betrag vereinbart.
Ce n'est pas le montant convenu !

Das erscheint mir zuviel!
C'est un peu trop cher !

Ich hätte gerne eine Quittung.
Je voudrais un reçu, s'il vous plaît.

Stimmt so!
Gardez le reste !

Das ist für Sie.
C'est pour vous.

Sie können das Wechselgeld behalten.
Vous pouvez garder le reste.

Könnten Sie bitte unser Gepäck in den Kofferraum heben?
Est-ce que vous pouvez mettre nos bagages dans le coffre, s'il vous plaît ?

Könnten Sie mir bitte beim Einsteigen behilflich sein?
Pouvez-vous m'aider à monter, s'il vous plaît ?

Kennen Sie ein preiswertes Hotel in der Nähe?
Est-ce que vous connaissez un hôtel bon marché près d'ici ?

Für „sofort" ist ein häufig gebrauchter Ausdruck „tout de suite / immédiatement".

Mit Auto und Motorrad — Unterwegs

Ein Auto mieten

Ich möchte ein Auto für eine Woche mieten.
Je voudrais louer une voiture pour une semaine.

Welche Preisklasse hätten Sie gerne?
Quelle est la catégorie qui vous intéresse ?

Einen Mittelklassewagen.
Une voiture de petite cylindrée.

Mal sehen, was wir haben. Das kostet 500 Francs pro Woche.
Voyons les prix, ça coûte 500 F par semaine.

Kann ich Ihren Führerschein sehen?
Pouvez-vous me montrer votre permis de conduire ?

Bitte unterschreiben Sie hier.
Signez ici, s'il vous plaît.

Der „Führerschein" wird oft nur als „permis" bezeichnet, z. B. „seinen Führerschein machen" heißt „passer son permis".

Autovermietung

Haben Sie Wochenendraten?
Est-ce que vous avez des tarifs week-end ?

Haben Sie besondere Angebote?
Y a-t-il des offres spéciales ?

Haben Sie auch günstigere Angebote?
Y a-t-il des offres plus avantageuses ?

Kann ich das Fahrzeug auch anderswo zurückgeben?
Est-ce que je peux rendre le véhicule dans une autre agence ?

Um welche Uhrzeit muss ich das Fahrzeug zurückgeben?
A quelle heure dois-je rendre le véhicule ?

Ist die Kilometerzahl unbegrenzt?
Est-ce que le kilométrage est illimité ?

Muss ich eine Kaution hinterlegen?
Est-ce que je dois laisser une caution ?

Ist das Auto vollgetankt?
Le réservoir est-il plein ?

Muss ich das Auto auch vollgetankt zurückgeben?
Est-ce que je dois rendre la voiture avec le plein ?

Könnten Sie mir die verschiedenen Versicherungen erklären?
Pouvez-vous m'expliquer les différentes assurances existantes ?

Ich möchte eine Vollkaskoversicherung.
Je voudrais une assurance tous risques.

Wie groß ist die Selbstbeteiligung?
Quel est le montant de la franchise ?

Darf mein Partner das Auto auch fahren?
Est-ce que mon partenaire peut conduire la voiture ?

Hat das Fahrzeug ...
Est-ce que le véhicule est équipé ...
  Klimaanlage?
  de la climatisation?
  Servolenkung?
  de la direction assistée ?
  ABS?
  de l'ABS ? 
  Wegfahrsperre?
  de l'immobilisateur ?

Haben Sie eine Straßenkarte?
Est-ce que vous avez une carte routière ?

Wie komme ich am schnellsten durch die Stadt?
Par où dois-je passer pour traverser rapidement la ville ?

Kann ich die Innenstadt umfahren?
Est-il possible d'éviter le centre ?

Wie komme ich am besten ins Stadtzentrum?
Par où dois-je passer pour arriver au centre ville ?

Normalerweise heißt die „Tür" im Französischen „porte", doch beim Auto spricht man von „portière".

MIT AUTO UND MOTORRAD — UNTERWEGS

Das Auto

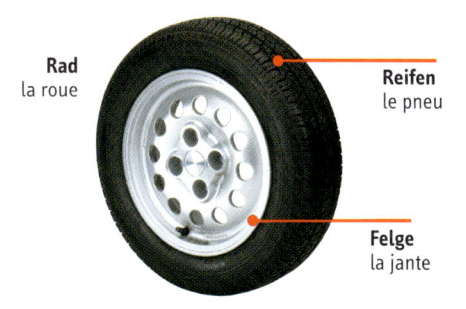

Windschutzscheibe
le pare-brise

Motorhaube
le capot

Tür
la portière

Außenspiegel
le rétroviseur extérieur

Blinker
les feux clignotants

Stoßstange
le pare-chocs

Scheinwerfer
le phare

Kotflügel
l'aile

Türgriff
la poignée de la portière

Schloss
la serrure

Rad
la roue

Reifen
le pneu

Felge
la jante

Da der „Außenspiegel" zugleich auch ein „Rückspiegel" ist, heißt er folgerichtig „rétroviseur".

cinquante-sept **57**

UNTERWEGS — MIT AUTO UND MOTORRAD

Das Auto

Lenkrad
le volant

Schalthebel
le levier de vitesse

Auspuff
le pot d'échappement
Bremse
le frein
Drehzahlmesser
le compte-tours
Gaspedal
l'accélérateur
Handbremse
le frein à main
Handschuhfach
la boîte à gants
Heck
la partie arrière
Heckscheibe
la lunette arrière
Kofferraum
le coffre
Kupplung
l'embrayage
Motor
le moteur

Rückspiegel
le rétroviseur
Scheibenwischer
l'essuie-glace
Sicherheitsgurt
la ceinture de sécurité
Tachometer
le compteur de vitesse
Tankanzeige
le témoin du carburant
Warnblinkanlage
les feux de détresse/warnings

Das normale Wort für „Kupplung" ist „accouplement" oder „attelage", die Schaltkupplung des Autos jedoch wird als „embrayage" bezeichnet.

Das Motorrad

Auspuff le pot d'échappement
Blinklicht les feux clignotants
Bremslicht les feux de stop
Bremsseil le câble des freins
Motor le moteur
Rücklicht les feux de recul
Scheinwerfer le phare
Tank le réservoir
Trommelbremse le frein à tambour
Vergaser le carburateur

Das Motorrad, eigentlich „la motocyclette", wird auch kurz „moto" genannt.

Unterwegs

Entschuldigung, wie komme ich nach ...
Excusez-moi, pour aller à ...

Können Sie mir das auf der Karte zeigen?
Pouvez-vous m'indiquer l'endroit sur la carte ?

Können Sie mir auf der Karte zeigen, wo ich bin?
Pouvez-vous m'indiquer sur la carte l'endroit où je me trouve ?

Wie weit ist es nach ...?
A combien de kilomètres se trouve ... ?

Wo ist die nächste Tankstelle?
Où se trouve la prochaine station service ?

Wo ist die nächste Werkstatt?
Où se trouve le prochain garage ?

Ampel
le feu

Autobahn
l'autoroute

Bundesstraße
la route nationale

Kreuzung
le croisement

Landstraße
la route départementale

Ist das die Straße nach ...?
C'est la bonne route pour ... ?

Richtungsangaben

Sie sind hier falsch.
Vous n'êtes pas sur la bonne route.

Sie müssen zurückfahren.
Vous devez faire demi-tour.

Immer geradeaus.
Continuez toujours tout droit.

Fahren Sie bis zur ersten Kreuzung.
Allez jusqu'au premier croisement.

An der nächsten Ecke rechts abbiegen.
Puis tournez à droite au prochain tournant.

Folgen Sie den Schildern.
Suivez les panneaux de signalisation.

Bei der Ampel links abbiegen.
Tournez à gauche au feu.

Achtung! Es gibt böse Zungen, die behaupten, die Franzosen stehen mit der Regel „Rechts hat Vorfahrt" auf Kriegsfuß.

60 soixante

Hinweise, Verkehrsschilder

Achtung! Attention !
Ausfahrt Sortie
Ausfahrt freihalten Interdiction de stationner
Baustelle Travaux en cours
Einbahnstraße Sens unique
Einmündung Issue
Einordnen Placez-vous sur une seule voie
Einspuriger Verkehr Route pouvant être parcourue sur une seule voie
Ende des Parkverbots Fin d'interdiction de stationner
Fahrbahnverengung Chaussée rétrécie
Fußgängerüberweg Passage piéton
Fußgängerzone Zone piétonne
Gefahr Danger
Gefährliche Kurve Virage dangereux
Gefälle Descente
Geschwindigkeitsbegrenzung Limitation de vitesse
Haarnadelkurve Virage à 180 degrés
Halten verboten Arrêt interdit
Keine Einfahrt Accès interdit
Kreisverkehr Rond-point
Kreuzung Croisement
Kriechspur Voie pour véhicules lents
Langsam fahren Ralentir
Langsamer fahren Ralentir ultérieurement
Parken verboten Interdiction de stationner
Parkhaus Garage
Parkplatz Parking
Parkscheinautomat Distributeur automatique du ticket de parking
Radarkontrolle Contrôle radar
Radweg Piste cyclable
Rechts fahren Conduisez à droite
Rechts hat Vorfahrt Priorité à droite
Rechtsabbiegen verboten Interdiction de tourner à droite
Rollsplitt Pierraille
Rutschgefahr Chaussée glissante
Sackgasse Voie sans issue
Scheinwerfer einschalten Allumez vos phares
Schleudergefahr Chaussée glissante
Schnellstraße Voie rapide
Schulbushaltestelle Arrêt ramassage scolaire
Stau Embouteillage
Straßenarbeiten Travaux en cours
Straßengebühr Péage
Tiefgarage Parking sous-terrain
Überholen verboten Interdiction de dépasser
Umgehungsstraße Rocade
Umleitung Déviation
Verkehrsampel Feu
Vorfahrt beachten Priorité
Vorfahrt gewähren Céder le passage
Vorsicht! Attention !
Wenden verboten Interdiction de faire demi-tour
Zahlstelle Péage

Auch die Autobahngebühr heißt „péage".

Parken

Kann ich hier parken?
Est-ce que je peux me garer ici ?

Wie lange darf ich hier parken?
Pendant combien de temps puis-je rester garé ?

Wo gibt es ...
Pouvez-vous m'indiquer ...
  einen Parkplatz?
  un parking ?
  eine Tiefgarage?
  un parking sous-terrain ?
  ein Parkhaus?
  un garage ?

Wie hoch ist die Parkgebühr ...
Le parking coûte combien ...
  pro Stunde?
  à l'heure ?
  pro Tag?
  par jour ?

Ist der Parkplatz bewacht?
Est-ce que le parking est surveillé ?

Wie lange hat das Parkhaus geöffnet?
Pendant combien de temps le garage reste-t-il ouvert ?

Hat das Parkhaus die ganze Nacht geöffnet?
Est-ce que le garage est ouvert la nuit ?

Wo ist die Kasse?
Où se trouve la caisse ?

Wo ist der Parkscheinautomat?
Où se trouve le distributeur automatique de ticket de parking ?

Können Sie mir Geld wechseln?
Pouvez-vous me donner de la monnaie ?

Ich habe meinen Parkschein verloren.
J'ai perdu mon ticket.

Parkuhr
le parcomètre

An der Tankstelle

Zapfsäule
la station service

Benzinkanister
le bidon d'essence

Benzin
l'essence

Öl
l'huile

Superbenzin
l'essence Super

Normalbenzin
l'essence normale

bleifrei
sans plomb

Diesel
le Diesel

Bremsflüssigkeit
le liquide des freins

Die Tankstelle ließe sich auch mit „station d'essence" bezeichnen (ist aber wenig gebräuchlich); der Tankstellenwart heißt übrigens „pompiste".

Tanken

Oktanzahl
In Deutschland haben die Benzinsorten folgende Oktanzahlen:
Normal: 91
Super: 95
Super Plus: 98

Wo ist die nächste Tankstelle?
Où se trouve la prochaine station service ?

Volltanken bitte.
Le plein, s'il vous plaît ?

Tanken Sie bitte für 100 Francs.
Je voudrais 100 F d'essence/gasoil.

Ich brauche einen Liter Öl.
Je voudrais un litre d'huile.

Prüfen Sie bitte ...
S'il vous plaît, pouvez-vous contrôler ...
den Ölstand
le niveau de l'huile ?
den Reifendruck
la pression des pneus ?
das Kühlwasser
l'eau de refroidissement ?

Bitte füllen Sie die Waschanlage auf.
Est-ce que vous pouvez me remplir le réservoir à eau ?

Können Sie einen Ölwechsel machen?
Pouvez-vous faire la vidange ?

Würden Sie bitte die Windschutzscheibe reinigen?
Pouvez-vous me nettoyer le pare-brise ?

Kann ich den Wagen waschen lassen?
Pouvez-vous me laver la voiture ?

Was bin ich Ihnen schuldig?
Je vous dois combien ?

Haben Sie eine Straßenkarte?
Avez-vous une carte/routière ?

Wo sind die Toiletten?
Où se trouvent les toilettes ?

„Vollgetankt" ist im Französischen „plein", „voll tanken" heißt „faire le plein".

UNTERWEGS — MIT AUTO UND MOTORRAD

Panne

Können Sie mir helfen? Ich habe eine Panne.
Pouvez-vous m'aider ? Ma voiture est en panne.

Was ist los?
Qu'est-ce qui s'est passé ?

Der Motor springt nicht an.
Le moteur ne démarre pas.

Lassen Sie mich mal nachsehen.
Voyons un peu.

Ich fürchte, Sie müssen in die Werkstatt.
Il va falloir aller au garage.

Können Sie mich abschleppen?
Pouvez-vous me remorquer ?

Steuern Sie die nächste Werkstatt an, begeben Sie sich zur „garage". Wie im Deutschen kann „garage" aber auch die Garage sein.

soixante-quatre

Mit Auto und Motorrad — Unterwegs

Ich habe eine Panne.
Ma voiture est en panne.

Ich habe Probleme ...
J'ai des problèmes avec ...
- **mit der Batterie.**
  la batterie.
- **mit der Lenkung.**
  la direction.
- **beim Starten.**
  le démarrage.
- **mit der Lichtanlage.**
  les feux
- **beim Bremsen.**
  les freins
- **mit der Schaltung.**
  la boîte de vitesse.

Ich habe einen platten Reifen.
J'ai une roue crevée.

Er springt nicht an.
La voiture ne démarre pas.

Der Motor stottert.
Le moteur tourne par secousses.

Ich habe kein Benzin mehr.
Il n'y a plus d'essence dans le réservoir.

Wissen Sie eine Reparaturwerkstatt in der Nähe?
Est-ce qu'il y a un garage près d'ici ?

Können Sie mich bis zur nächsten Tankstelle mitnehmen?
Pouvez-vous m'emmener à la prochaine station service ?

Können Sie mich abschleppen?
Pouvez-vous me remorquer ?

Können Sie mich anschieben?
Pouvez-vous pousser ma voiture ?

Können Sie es reparieren?
Pouvez-vous le réparer ?

Kann ich mit dem Auto weiterfahren?
Est-ce que je peux continuer en voiture ?

Wann ist es fertig?
Quand sera-t-elle prête ?

Kann ich von hier telefonieren?
Est-ce que je peux téléphoner ?

Verbinden Sie mich bitte mit meiner Autovermietung.
Pouvez-vous me mettre en contact avec mon agence de location de voitures ?

Benzinkanister
le bidon d'essence

Warndreieck
le triangle

Werkzeug
les outils

Abschleppdienst le service de remorquage

Abschleppseil le câble de remorquage

Pannenhilfe l'assistance mécanique

Starthilfekabel le chargeur de câble à batterie

Wagenheber le cric

Warnblinkanlage les feux de détresse

Das Wort „crever", das benutzt wird, um einen „Platten" anzuzeigen, bedeutet eigentlich platzen, aber auch verrecken, krepieren.

In der Werkstatt

Die Bremsen sind defekt.
Les freins sont défectueux

Mein Auto verliert Öl.
Ma voiture perd de l'huile.

Die Kontrolllampe leuchtet.
Le témoin est allumé.

Wechseln Sie bitte die Zündkerzen.
Pouvez-vous me changer les bougies ?

Können Sie die Batterie aufladen?
Pouvez-vous charger la batterie ?

Können Sie den Reifen flicken?
Pouvez-vous réparer la roue crevée ?

Können Sie mal nachsehen?
Pouvez-vous jeter un coup d'œil ?

Können Sie es reparieren?
Pouvez-vous le réparer ?

Mit dem Motor stimmt etwas nicht.
Le moteur ne tourne pas rond.

Wie lange wird es dauern?
Vous en avez pour combien de temps ?

Was wird es kosten?
Combien coûte la réparation ?

Anlasser
le démarreur

Bremsbelag
la garniture de frein

Bremsen
les freins

Bremsflüssigkeit
le liquide du frein

Bremslicht
les feux stop

Dichtung
la garniture

Einspritzpumpe
l'injecteur

Ersatzrad
la roue de secours

Ersatzreifen
la roue de secours

Ersatzteile
les pièces de rechange

Fehlzündung
l'allumage défectueux

Getriebe
la boîte de vitesse

Glühbirne
l'ampoule

Heizung
le chauffage

Hinterachse
l'essieu arrière

Hupe
le klaxon

Kabel
le câble

Keilriemen
la courroie trapézoïdale

Klimaanlage
la climatisation

Kühler
le radiateur

Kühlwasser
l'eau de refroidissement

Kurzschluss
le court-circuit

Lichthupe heißt „avertisseur lumineux" oder „appel de phares".

Mit Auto und Motorrad — Unterwegs

Batterie
la batterie

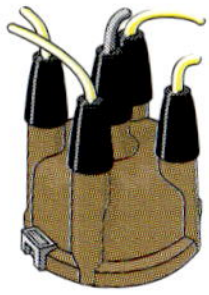

Verteiler
le distributeur

Kolben
le piston

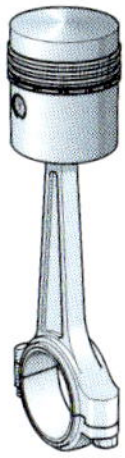

Wasserpumpe
la pompe à eau

Stoßdämpfer
le pare-chocs

Zündkerze
la bougie

Lenkung
la direction

Lichthupe
le clignotant

Lichtmaschine
la dynamo

Motor
le moteur

Ölfilter
le filtre à huile

Rücklicht
le feu arrière

Sicherung
le fusible

Sitz
le siège

Ventil
la soupape

Vergaser
le carburateur

Vorderachse
l'essieu avant

Zündung
l'allumage

Zylinderkopf
la culasse de cylindres

Schiebedach
le toit ouvrant

„Auto" kann im Französischen ebenfalls „auto" von „automobile" heißen, häufiger wird der Begriff „voiture" benutzt.

Verkehrsregeln, Verkehrsverstöße

In der Europäischen Union sind, wie so viele Dinge, auch die Verkehrsregeln „harmonisiert", wie es im amtlichen Sprachgebrauch heißt.

Trotzdem hat sich auch Frankreich, wie jedes andere Land, seine Eigenheiten bewahrt. Verkehrsregeln, auf die Sie besonders achten sollten: Gelbe Streifen am Fahrbahnrand kennzeichnen ein Parkverbot. Bei Regen oder Schnee und in Tunnels ist Abblendlicht vorgeschrieben. Der Kreisverkehr (häufig anzutreffen) hat Vorfahrt. Telefonieren während der Fahrt ist nur mit Freisprecheinrichtung erlaubt.

Promillegrenze: 0,5

Tempolimit
 innerorts: 50
 außerorts: 90
 Schnellstraßen: 110
 Autobahnen: 130

Anschnallpflicht: ja

In Frankreich wird man bei Verkehrsverstößen schnell zur Kasse gebeten. Insbesondere bei Touristen macht die Verkehrspolizei nicht viel Federlesen. Die aktuellen Tarife (Quelle ADAC):

Alkohol am Steuer: bis 9.000 DM

20 km/h zu schnell: ab 180 DM

Rotlichtverstoß: ab 180 DM

Überholverstoß: ab 180 DM

Parkverstoß: 25–70 DM

Notruf
Polizei: 17
Unfallrettung: 17
mit Mobilfunk: 112

Sie sind zu schnell gefahren.
Vous avez dépassé la limite de vitesse.

Sie sind bei Rot über die Ampel.
Vous avez brûlé le feu rouge.

Sie haben die Vorfahrt nicht beachtet.
Vous n'avez pas respecté la priorité.

Sie dürfen hier nicht parken.
Vous vous êtes garé à un endroit interdit.

Hier ist Überholverbot.
Ici, il y a interdiction de dépasser.

Sie haben zu viel getrunken.
Conduite en état d'ivresse.

Autos sind in Frankreich immer weiblich: „une Renault", „une Peugeot" (von „une voiture").

Unfall

Es ist ein Unfall passiert.
Il y a un accident.

Ich hatte einen Unfall.
J'ai eu un accident.

Es gibt Verletzte.
Il y a des blessés .

Haben Sie Verbandszeug?
Avez-vous des bandages ?

Bitte rufen Sie ...
S'il vous plaît, appelez ...
   die Polizei.
   la police.
   einen Krankenwagen.
   une ambulance.
   den Abschleppdienst.
   le service de remorquage.

Mein Name ist ...
Je m'appelle...

Ich bin Tourist.
Je suis un touriste.

Wie ist Ihre Name und Ihre Anschrift?
Quel est votre nom et votre adresse ?

Bitte geben Sie mir Ihre Versicherungsnummer.
Donnez-moi le numéro de votre police d'assurance.

Ich brauche Zeugen.
J'ai besoin de témoins.

Ich habe Zeugen.
J'ai des témoins

Es war meine Schuld.
C'est de ma faute.

Es war Ihre Schuld.
C'est de votre faute.

Ich hatte Vorfahrt.
J'avais la priorité.

Sie sind zu dicht aufgefahren.
Vous n'avez pas gardé vos distances.

Sie haben plötzlich gebremst.
Vous avez freiné tout à coup.

Bitte informieren Sie meine Familie. Die Nummer ist ...
Pourriez vous informer ma famille ?
Voici leur numéro de téléphone : ...

Benötigen Sie schnelle Hilfe, rufen Sie „au secours", ist es nicht so dringend, sagen Sie „j'ai besoin d'aide".

| UNTERWEGS | MIT DEM FAHRRAD |

Das Fahrrad

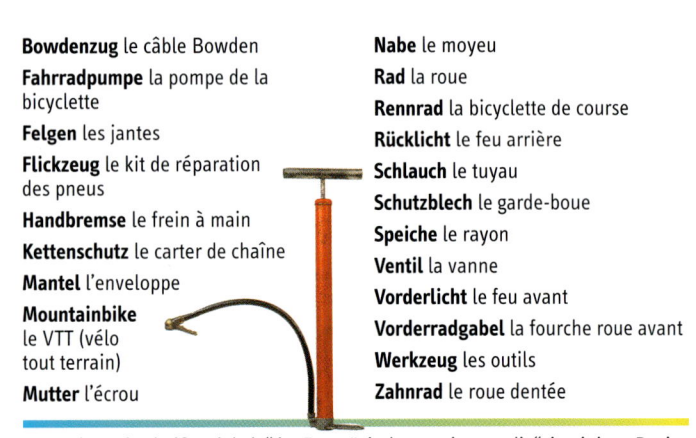

Sattel la selle

Lenker le guidon

Satteltaschen le sac porte-outils

Kette la chaîne

Pedal la pédale

Reifen le pneu

Gangschaltung le dérailleur

Reflektor le réflecteur

Bowdenzug le câble Bowden
Fahrradpumpe la pompe de la bicyclette
Felgen les jantes
Flickzeug le kit de réparation des pneus
Handbremse le frein à main
Kettenschutz le carter de chaîne
Mantel l'enveloppe
Mountainbike le VTT (vélo tout terrain)
Mutter l'écrou
Nabe le moyeu
Rad la roue
Rennrad la bicyclette de course
Rücklicht le feu arrière
Schlauch le tuyau
Schutzblech le garde-boue
Speiche le rayon
Ventil la vanne
Vorderlicht le feu avant
Vorderradgabel la fourche roue avant
Werkzeug les outils
Zahnrad le roue dentée

Normalerweise heißt „siebzig" im Französischen „soixante-dix", in einigen Regionen Frankreichs, in der Schweiz und in Belgien sagt man jedoch „septante".

70 soixante-dix

Mit dem Fahrrad — Unterwegs

Fahrradverleih

Ich möchte ein Fahrrad ausleihen.
Je voudrais louer une bicyclette.

Gerne. Wir haben eine Riesenauswahl.
Bien sûr, nous avons un vaste choix.

Ich hätte gern etwas Sportlicheres.
Je voudrais une bicyclette sportive.

Wie wäre es damit?
Celle-ci vous convient ?

Wie viel Gänge hat das Fahrrad?
Combien de vitesses a-t-elle ?

21.
Vingt et une.

Für Fahrrad gibt es die Begriffe „la bicyclette" oder „le vélo".

Fahrradverleih

Wie viel kostet ein Fahrrad am Tag?
Combien coûte une bicyclette par jour ?

Das ist mir zu teuer.
C'est trop cher.

Muss ich eine Kaution hinterlegen?
Est-ce que je dois laisser une caution ?

Haben Sie auch besondere Angebote für mehrere Tage?
Est-ce que vous avez aussi des offres spéciales pour une location de plusieurs jours ?

Verleihen Sie auch ...
Est-ce que vous louez aussi ...
  Satteltaschen?
  des sacs porte-outils ?
  Regenschutz?
  une protection anti-pluie ?
  Kindersitze?
  des sièges pour enfants ?
  Kinderfahrräder?
  des bicyclettes pour enfants ?
  Reparatursets?
  un kit de réparation ?
  Helme?
  des casques ?

Können Sie uns eine schöne Route von ... nach ... nennen?
Est-ce que vous connaissez un bel itinéraire de ...à ... ?

Können Sie mir eine bequemere Strecke nennen?
Connaissez-vous un itinéraire plus pratique ?

Haben Sie Informationsmaterial für Touren in der Gegend?
Est-ce que vous avez du matériel d'information sur les promenades touristiques de la région ?

Ist diese Route stark von Autos befahren?
Est-ce qu'il y a beaucoup de circulation sur ce trajet ?

Wir haben Kinder dabei.
J'ai des enfants avec moi.

Ist diese Tour für Kinder geeignet?
Est-ce que ce trajet est approprié aux enfants ?

Ich habe einen Platten.
J'ai crevé.

Können Sie mir Ihr Flickzeug ausleihen?
Est-ce que vous pouvez me prêter votre kit de réparation ?

Ich bin gestürzt.
Je suis tombé(e).

Haben Sie Verbandsmaterial?
Avez-vous des bandages ?

„Faire du vélo" heißt Fahrrad fahren.

Mit der Bahn

Unterwegs

Fahrkarte kaufen

Eine Fahrkarte nach Paris, bitte.
Un billet pour Paris, s'il vous plaît.

Einfach oder hin und zurück?
Aller seulement ou aller retour ?

Nur die Hinfahrt bitte.
Seulement aller.

Wann fährt der nächste Zug?
Quand est-ce que part le prochain train ?

Um 10.28 Uhr auf Gleis 3.
A 10h28 sur le quai n°3.

„Un aller simple" ist eine einfache Fahrt (Hinfahrt).

soixante-treize **73**

Unterwegs — Mit der Bahn

Am Schalter

Ich hätte gerne einen Fahrplan.
Pouvez-vous me donner les horaires ?

Ich möchte gerne mit dem Zug von ... nach ... reisen.
Je voudrais un billet pour le train de ...à ...

Wann fährt der nächste Zug?
Quand est-ce que part le prochain train ?

Was kostet die Hin- und Rückfahrt?
Combien coûte le voyage aller retour ?

Gibt es spezielle Touristenangebote?
Est-ce qu'il a des offres spéciales pour les touristes ?

Gibt es Ermäßigung für ...
Est-ce qu'il y a une réduction pour les ...
  Kinder?
  enfants ?
  Schüler?
  écoliers ?
  Studenten?
  étudiants ?
  Rentner?
  retraités ?
  Familien?
  familles ?

Ich hätte gerne...
Je voudrais ...
  einen Platz im Schlafwagen.
  une place dans un wagon-lit.
  ein Schlafabteil für ... Personen.
  un compartiment pour ... personnes.
  einen Liegesitz.
  une couchette.
  einen Platz in der 1. Klasse.
  un billet en première classe.

Muss ich einen Platz reservieren?
Est-ce que je dois réserver une place ?

Ich möchte einen Fensterplatz reservieren.
Je voudrais une place à côté de la fenêtre.

Ist das ein durchgehender Zug?
Est-ce que le train est direct ?

Hält der Zug in Lyon?
Est-ce que le train s'arrête à Lyon ?

Hat der Zug einen Speisewagen?
Est-ce que le train a un wagon-restaurant ?

Muss ich umsteigen?
Est-ce que je dois changer de train ?

Von welchem Gleis fährt der Zug ab?
Le train part de quel quai ?

Wo kann ich mein Gepäck aufgeben?
Où puis-je laisser mes bagages ?

Kann ich mein Fahrrad mitnehmen?
Est-ce que je peux emmener ma bicyclette ?

Was kostet das?
Ça coûte combien ?

Hinweise

Eau non potable Kein Trinkwasser

Occupé Besetzt

Libre Frei

Frein de secours Notbremse

Sortie Ausgang

Toilettes Toiletten

Da kein Trinkwasser „eau non potable" ist, heißt Trinkwasser folglich „eau potable".

Auf dem Bahnsteig/Im Zug

Fährt der Zug nach Paris von diesem Bahnsteig ab?
Est-ce que le train pour Paris part de ce quai ?

Wo fährt der Zug nach Paris ab?
D'où part le train pour Paris ?

Ist dies der Zug nach Paris?
C'est le train pour Paris ?

Fährt der Zug über Paris?
Est-ce que le train passe par Paris ?

Hat der Zug aus Paris Verspätung?
Est-ce que le train en provenance de Paris a du retard ?

Wie viel Verspätung?
Combien a-t-il de retard ?

Verzeihung, ist dieser Platz noch frei?
Excusez-moi, la place est libre ?

Das ist mein Platz. Ich habe reserviert.
C'est ma place, je l'ai réservée.

Kann ich das Fenster ...
Est-ce que je peux...
   aufmachen?
   ouvrir la fenêtre ?
   schließen?
   fermer la fenêtre ?

Gibt es ein Raucherabteil?
Est-ce qu'il y a un compartiment pour fumeurs ?

Wo sind wir?
Où sommes-nous ?

Wie lange halten wir hier?
Pendant combien de temps restons-nous arrêtés ici ?

Kommen wir pünktlich an?
Est-ce que nous arriverons à l'heure ?

Erreiche ich meinen Anschlusszug noch?
Est-ce que j'ai encore le temps pour prendre la correspondance ?

Von welchem Gleis fährt mein Anschlusszug?
Sur quel quai part ma correspondance ?

Wo ist der Speisewagen?
Où se trouve le wagon-restaurant ?

Wo kann ich etwas zum Trinken kaufen?
Où puis-je acheter à boire ?

Wo sind die Toiletten?
Où sont les toilettes ?

Das hören Sie

Le train pour Paris entre en gare sur le quai n°3. Der Zug nach Paris fährt auf Gleis 3 ein.

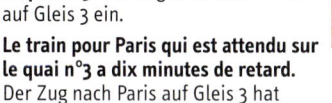

Le train pour Paris qui est attendu sur le quai n°3 a dix minutes de retard. Der Zug nach Paris auf Gleis 3 hat zehn Minuten Verspätung.

Montez, s'il vous plaît ! Bitte einsteigen!

Est-ce qu'on vous a déjà demandé votre billet ? Ist noch jemand zugestiegen?

Votre billet s'il vous plaît. Die Fahrkarten, bitte.

Vous devez payer la différence pour le supplément. Sie müssen nachlösen.

Dans quelques minutes nous serons à Paris. In wenigen Minuten erreichen wir Paris.

„Bon voyage" (gute Reise) wünscht man Zugreisenden, „bonne route" (gute Fahrt) Autofahrern.

Wichtige Wörter

Abfahrt le départ
Abteil le compartiment
Aufenthalt l'arrêt
Auskunft les informations
Autoreisezug la navette
Bahnhof la gare
Bahnsteig le quai
D-Zug le rapide
Eilzug le train direct
Eisenbahn le chemin de fer
Endstation le terminus
Ermäßigung la réduction
Fahrkarte le billet
Fahrkartenschalter le guichet
Fahrplan l'horaire
Familienkarte le billet pour famille
Fensterplatz la place à côté de la fenêtre
Fundbüro le bureau des objets trouvés
Gang le couloir
Gepäck les bagages
Gepäckablage le compartiment pour bagages
Gepäckaufbewahrung le dépôt de bagages

Gleis le quai
Gruppenkarte le billet de groupe
Liegewagen le wagon avec couchettes
Lokomotive la locomotive
Nahverkehr l'omnibus
Notbremse le frein de secours
Platzkarte le billet
Reservierung la réservation
Rückfahrkarte le billet aller retour
Schaffner le guichetier
Schlafwagen le wagon-lit

Schließfach la petite armoire
Speisewagen le wagon-restaurant
Vorortzug le train suburbain
Wagennummer le numéro du wagon
Wartesaal la salle d'attente
Waschraum les lavabos
Zeitungsstand le kiosque
Zuschlag le supplément

Gepäckträger le porteur

Man sagt „voyager en train/en voiture/en bus" (im Zug/Auto/Bus reisen).

Unterwegs mit dem Bus

Ich möchte in dieser Region zwei Wochen mit dem Bus reisen.
Je voudrais visiter cette zone en autobus pendant deux semaines.

Haben Sie besondere Angebote dafür?
Avez-vous des offres spéciales ?

Geben Sie Preisnachlass für ...
Est-ce qu'il y a une réduction pour les ...
- **Studenten?**
  étudiants ?
- **Schüler?**
  écoliers ?
- **Rentner?**
  retraités ?
- **Behinderte?**
  handicapés ?
- **Gruppen?**
  groupes ?
- **Familien?**
  familles ?

Ist es günstiger, wenn ich Hin- und Rückfahrt gleich zusammen löse?
Est-ce c'est plus interessant de payer l'aller retour ?

Ist es möglich, Plätze zu reservieren?
Est-ce qu'on peut réserver des places ?

Auf welchem Bussteig fährt der Bus ab?
D'où part l'autobus ?

Werden die Passagiere aufgerufen?
Est-ce que les passagers sont appelés avec le haut-parleur ?

Hat der Bus ...
Est-ce que l'autobus est équipé de ...
- **eine Klimaanlage?**
  l'air climatisé ?
- **Liegesitze?**
  couchettes ?
- **ein Toilette?**
  toilettes ?

Wann muss ich am Busbahnhof sein?
A quelle heure dois-je arriver à la gare routière?

Muss ich umsteigen?
Est-ce que je dois changer d'autobus ?

Wo/wann ist der nächste Halt?
Le prochain arrêt est dans combien de temps ?

Wie lange dauert die Fahrt?
Combien de temps dure le voyage ?

Wohin fährt dieser Bus?
Où va cet autobus ?

Für „bus" kann man auch das Wort „car" benutzen. Das hat nichts mit dem englischen Auto (car) zu tun.

Unterwegs mit dem Schiff

Ich hätte gerne einen Fahrplan.
Pouvez-vous me donner les horaires ?

Wann geht das nächste Schiff nach Korsika?
Quand est-ce que part le prochain bateau pour la Corse ?

Ich hätte gerne eine Fahrkarte nach Korsika.
Je voudrais un billet pour la Corse.

Was kostet die Fahrt?
Combien coûte le voyage ?

Gibt es spezielle Touristenangebote?
Est-ce qu'il y a des offres spéciales pour les touristes ?

Gilt die Karte auch für die Rückfahrt?
Est-ce que le billet est valable pour le retour ?

Ich möchte mein Auto mitnehmen.
Je voudrais emmener ma voiture.

Was kostet das?
Ça coûte combien ?

Wann müssen wir an Bord gehen?
Quand devons-nous nous embarquer ?

Wie lange dauert die Überfahrt?
Combien de temps dure la traversée ?

In welchen Häfen legen wir an?
Dans quels ports y a-t-il des escales ?

Ich möchte eine Karte für die Rundfahrt um 11 Uhr.
Je voudrais un billet pour le bateau de 11 heures.

An Bord

Ich suche Kabine Nr. 12.
Je cherche la cabine n°12.

Kann ich eine andere Kabine haben?
Est-ce que je peux avoir une autre cabine ?

Kann ich eine Außenkabine haben?
Est-ce que je peux avoir une cabine externe ?

Wie viel kostet das mehr?
Quel est le montant du supplément ?

Wo ist mein Gepäck?
Où sont mes bagages ?

Wo ist der Speisesaal?
Où se trouve la salle à manger ?

Wann wird das Essen serviert?
A quelle heure les repas sont-ils servis ?

Wann laufen wir aus?
Quand sortons-nous du port ?

Wie lange haben wir Aufenthalt?
Combien de temps restons-nous ici ?

Kann ich von Bord gehen?
Peut-on descendre du bateau ?

Wann muss ich zurück sein?
A quelle heure faut-il revenir ?

Mir ist schlecht.
J'ai mal au cœur/j'ai envie de vomir.

Haben Sie ein Mittel gegen Seekrankheit?
Avez-vous un cachet contre le mal de mer ?

„Le bastingage" (die Reling) sucht man, wenn man „le mal de mer" hat (seekrank ist).

Mit dem Schiff — Unterwegs

Deckstuhl la chaise sur le pont

Leuchtturm le phare

Rettungsring la bouée de secours

Schwimmweste le gilet de secours

Innenkabine la cabine interne
Yacht le yacht
Kabine la cabine
Kai le quai
Kajüte la cabine
Kapitän le capitaine
Kreuzfahrt la croisière
Küste la côte
Landausflug l'excursion à terre
Landesteg la passerelle
Liegesitz la couchette
Luftkissenboot l'aéroglisseur
Mannschaft l'équipage
Matrose le marin
Motorboot le bateau à moteur
Orkan l'ouragan
Rettungsboot le bateau de sauvetage
Ruderboot la barque à rames
Rundfahrt le tour
Seegang la houle

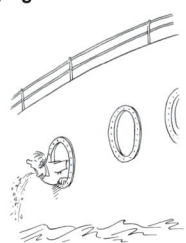

Anker l'ancre
Anlegeplatz l'embarcadère
Außenkabine la cabine externe
Autofähre le ferry-boat
backbord à bâbord
Bug l'avant
Dampfer le navire à vapeur
Deck le pont
Einzelkabine la cabine individuelle
Fähre le ferry-boat
Fahrkarte le billet
Festland le continent
Flussfahrt l'excursion sur le fleuve
Frachtschiff le navire marchand
Hafen le port
Hafenrundfahrt le tour du port
Heck l'arrière

seekrank le mal de mer
Segel la voile
Segelboot le bateau à voile
steuerbord à tribord
Steward le steward
Sturm la tempête
Tragflächenboot l'hydroptère
Welle la vague
Zweibettkabine la double cabine

„Monter un bateau à quelqu'un" heißt umgangssprachlich „jemandem einen Bären aufbinden".

soixante-dix-neuf

UNTERWEGS — IN DER STADT

Nach dem Weg fragen

Entschuldigung, wie komme ich zum Arc de Triomphe?
Excusez-moi, par où dois-je passer pour arriver à l'Arc de Triomphe ?

Geradeaus, die zweite Straße links, dann die dritte rechts.
Continuez tout droit, tournez dans la deuxième rue à gauche puis à droite dans la troisième.

Die dritte links?
La troisième à gauche ?

Nein, die zweite links, da ist eine Tankstelle, dann kommt ein Supermarkt und danach eine Ampel.
Non, la deuxième à gauche, il y a une station service, ensuite vous passez devant le supermarché et vous arrivez au feu.

Also bei der Tankstelle links?
Alors, je tourne à gauche après la station service ?

Nein, die ist davor. Erst bei der Ampel.
Non, vous devez arriver au feu !

Vielleicht zehn Minuten.
Il faut compter dix minutes.

Ist es weit?
C'est loin ?

Aha, vielen Dank. Ich werd's schon finden.
OK, merci. Je pense que je vais trouver.

Bei 80 fängt der Franzose zu rechnen an und sagt „quatre-vingt" (4 x 20).

IN DER STADT

UNTERWEGS

Was Sie hören

Je regrette, je ne sais pas.
Tut mir leid, das weiß ich nicht.

Je ne suis pas d'ici.
Ich bin nicht von hier.

C'est loin.
Es ist weit.

Ce n'est pas loin.
Es ist nicht weit.

Traversez la rue.
Überqueren Sie die Straße.

Vous ne pouvez pas vous tromper.
Sie können es nicht verfehlen.

Demandez encore une fois.
Fragen Sie noch einmal nach.

Zu Fuß unterwegs

Entschuldigung, können Sie mir helfen?
Pardon, pouvez-vous m'aider ?

Ich suche die Rue de Gaulle.
Je cherche la Rue De Gaulle.

Können Sie mir das auf dem Stadtplan zeigen?
Pouvez-vous me l'indiquer sur la carte ?

Wie weit ist es zum Eiffelturm?
A quelle distance se trouve la Tour Eiffel ?

Kann ich einen Bus nehmen?
Est-ce que je peux y aller en autobus ?

Wo sind die nächsten Toiletten?
Est-ce qu'il y a des toilettes dans les environs ?

Ampel
le feu

Brücke
le pont

Fußgängerzone
la zone piétonne

Gasse
la ruelle

Gebäude
l'édifice/le bâtiment

Hausnummer
le numéro de la rue

Innenstadt
le centre ville

Kreuzung
le croisement

Park
le parc

Platz
la place

Straße
la route

In ihrer kompletten Bezeichnung heißt die „Ampel" im Französischen „le feux de signalisation".

quatre-vingt-un **81**

UNTERWEGS — IN DER STADT

Wegangaben

links
à gauche

rechts
à droite

geradeaus
tout droit

die erste links
la première à gauche

die zweite rechts
la deuxième à droite

davor
avant

dahinter
derrière

danach
après

Verkehrsschilder nennt unser französischer Nachbar „panneaux de signalisation".

Nahverkehr

Wo ist die nächste ...
Où se trouve ...
   U-Bahn-Station?
   la prochaine station de métro ?
   Bushaltestelle?
   le prochain arrêt de bus ?
   Straßenbahnhaltestelle?
   le prochain arrêt du tramway ?

Wann fährt der nächste Bus?
Quand est-ce que part le prochain autobus ?

Wann fährt die letzte U-Bahn?
Quand est-ce que part le dernier métro ?

Wo kann ich eine Fahrkarte kaufen?
Où est-ce qu'on achète les billets ?

Können Sie mir helfen? Ich komme mit dem Automaten nicht zurecht.
Pouvez-vous m'aider ? Je n'arrive pas à utiliser le distributeur automatique.

Was bedeutet diese Taste?
A quoi sert ce bouton ?

Ich möchte nach ... Welche Fahrkarte muss ich lösen?
Je voudrais aller à ... Quel billet dois-je acheter ?

Können Sie dies in Kleingeld wechseln?
Pouvez-vous me faire de la monnaie ?

Wie viel kostet eine Fahrt?
Combien coûte un voyage ?

Wie viel kostet die Hin- und Rückfahrt?
Combien coûte le voyage aller retour ?

Haben Sie auch ...
Est-ce que vous avez aussi ...
   Mehrfahrtenkarten?
   des billets pour plusieurs voyages ?
   Tageskarten?
   des billets journaliers ?
   Wochenkarten?
   des billets hebdomadaires ?
   Monatskarten?
   des billets mensuels ?
   Touristenkarten?
   des billets pour touristes ?

Wie lange gilt diese Fahrkarte?
Combien de temps ce billet est-il valable ?

Kann ich mit dieser Fahrkarte beliebig oft fahren?
Est-ce que ce billet est valable pour un nombre illimité de voyages ?

Darf ich damit die Fahrt unterbrechen
Est-ce que ce billet n'est valable que pour un voyage ?

Gilt diese Fahrkarte auch für die Rückfahrt?
Est-ce que ce billet est valable pour le retour ?

Gilt diese Fahrkarte auch für den Bus/die U-Bahn?
Est-ce que ce billet est aussi valable pour l'autobus/le métro ?

Welche Linie fährt nach ...?
Quelle est la ligne pour ... ?

Welche Richtung muss ich nehmen?
Quelle direction dois-je prendre ?

Wo muss ich umsteigen?
A quel arrêt dois-je changer de bus/tramway ?

Wie heißt die nächste Station?
Quelle est la prochaine station ?

In Paris ist und bleibt die „métro" die beste Art, sich fortzubewegen. So nebenbei sehen Sie auch alte Jugendstil-Stationen.

NAHVERKEHR

Wie viele Haltestellen sind es?
Combien y a-t-il d'arrêts en tout ?

Können Sie mir bitte Bescheid sagen, wenn wir die Haltestelle erreichen?
Pouvez-vous m'avertir quand on arrive à mon arrêt, s'il vous plaît ?

Was muss ich tun, wenn ich aussteigen will?
Qu'est-ce que je dois faire pour descendre ?

Ich habe nicht gewusst, dass die Fahrkarte hier nicht gültig ist.
Je ne savais pas que le billet n'était pas valable sur ce moyen de transport.

Ich habe die Fahrkarte verloren.
J'ai perdu mon billet.

Ich habe etwas im Bus vergessen.
J'ai oublié quelque chose dans l'autobus.

Können Sie mir sagen, wo Fundstücke aufbewahrt werden?
Pouvez-vous m'indiquer où se trouve le bureau des objets trouvés ?

U-Bahn
le métro

Bus
l'autobus/le bus

Straßenbahn
le tramway

Endstation
le terminus

Fahrer
le conducteur

Fahrkarte
le billet

Fahrkartenautomat
le distributeur automatique de billets

Fahrplan
l'horaire

Haltestelle
l'arrêt

Kontrolleur
le contrôleur

Schaffner
le guichetier

Tageskarte
le billet journalier

Wochenkarte
le billet hebdomadaire

Zeitkarte
l'abonnement

Sind Sie viel unterwegs, machen Sie womöglich „le tour du monde" (eine Weltreise).

Übernachtung

Wo kann man übernachten?

Frankreich zieht jedes Jahr Millionen von Touristen aus aller Welt an, entsprechend gut ausgebildet ist seine touristische Infrastruktur

Neben den Hotels der verschiedenen Kategorien gibt es noch eine Reihe weiterer Übernachtungsmöglichkeiten.

Da sind zum Beispiel die „Relais et Chateaux" (Unterkünfte in Schlössern und ehemaligen Relaisstationen aus der Zeit der Postkutsche), die „Auberges de Jeunesse" (Jugendherbergen), Privatquartiere und die große Anzahl Campingplätze.

Bauernhof
la ferme

Bungalow
le bungalow

Campingplatz
le camping

CVJF
l'Union chrétienne de jeunes femmes

CVJM
l'Union chrétienne de jeunes gens

Ferienhaus
la maison de vacances

Ferienwohnung
l'appartement (pour les vacances)

Hotel
l'hôtel

Jugendherberge
l'auberge de jeunesse

Motel
le motel

Privatzimmer
la chambre chez l'habitant

Einzelzimmer
la chambre individuelle

Doppelzimmer
la chambre pour deux personnes

Suite
la suite

Frühstück
le petit déjeuner

Halbpension
la demi-pension

Vollpension
la pension complète

Nur Zimmer
uniquement des chambres

Schilder, Hinweise

Chambres à louer
Zimmer frei

Complet
Alles belegt

Offre spéciale
Besonderes Angebot

In Südfrankreich heißt der „Bauernhof" auch „le mas".

Zimmersuche

Gibt es hier ein gutes Hotel?
Est-ce que vous connaissez un bon hôtel dans les environs ?

Wie ist das Hotel?
Comment est-il (l'hôtel) ?

Ich suche nach einem Zimmer für ...
Je voudrais une chambre pour ...
   eine Nacht.
   une nuit.
   drei Tage.
   trois nuits.
   eine Woche.
   une semaine.

Haben Sie noch Zimmer frei?
Avez-vous des chambres libres ?

Was kostet es?
Combien coûtent les chambres ?

Gibt es eine Kinderermäßigung?
Est-ce qu'il y a une réduction pour les enfants ?

Das ist mir zu teuer.
C'est un peu trop cher.

Haben Sie etwas Billigeres?
Est-ce qu'il y a quelque chose de plus abordable ?

Haben Sie eine Liste von Privatquartieren?
Avez-vous une liste d'appartements privés ?

Wo finde ich noch ein freies Zimmer in der näheren Umgebung?
Où puis-je trouver des chambres libres dans les environs ?

Wie ist die Adresse?
Quelle est l'adresse ?

Können Sie die Adresse bitte aufschreiben?
Pouvez-vous m'écrire l'adresse ici ?

Wie finde ich das?
Par où faut-il passer ?

Ist es weit?
Est-ce que c'est loin ?

Schriftliche Anfrage

Sehr geehrte Damen und Herren,

wir möchten von 7. bis 15. August ein Zimmer für zwei Personen mit Dusche oder Bad reservieren, möglichst mit Meerblick und Balkon.

Bitte nennen Sie uns die Preise für ein Doppelzimmer, wahlweise auch mit Frühstück, Halbpension und Vollpension.

Mit freundlichen Grüßen

Messieurs,

Nous voudrions réserver une chambre pour deux personnes du 7 au 15 août avec douche ou baignoire, si possible avec vue sur mer et un balcon. Nous vous prions de bien vouloir nous fournir la liste des prix pour une chambre pour deux personnes, éventuellement avec le petit déjeuner, la demi-pension et la pension complète.

Salutations distinguées

Eine sehr günstige Form der Unterbringung ist auch in Frankreich die Jugendherberge „l'auberge de jeunesse".

Ein Zimmer suchen

Übernachtung

Reservieren per Telefon

Bitte die Zimmerreservierung.
Pouvez-vous me passer le bureau de réservation, s'il vous plaît ?

Einen Augenblick, ich verbinde.
Un instant, s'il vous plaît.

Grand Hotel, Zimmerreservierung. Kann ich Ihnen helfen?
Grand Hôtel, réservation des chambres. Que puis-je faire pour vous ?

Ich hätte gerne ein Zimmer für heute Nacht.
Je voudrais une chambre pour cette nuit.

Gegen 17 Uhr.
Vers 17 heures.

Wann werden Sie ankommen?
Vous arriverez à quelle heure ?

Wir reservieren Ihnen das Zimmer bis 18 Uhr. Wenn Sie später kommen, rufen Sie bitte an.
Nous pouvons vous garder la chambre jusqu'à 18 heures. Si vous arrivez plus tard, vous devez téléphoner.

„Descendre à l'hôtel" bedeutet „im Hotel absteigen".

quatre-vingt-sept **87**

ÜBERNACHTUNG — IM HOTEL

An der Rezeption

Guten Tag, ich hätte gern ein Zimmer für eine Nacht.
Bonjour, je voudrais une chambre pour une nuit.

Wir haben ein Doppelzimmer für 400 Francs.
Nous avons une chambre pour deux personnes à 400 F.

Sehr schön. Kann ich mit Kreditkarte bezahlen?
Très bien. Est-ce que je peux payer avec ma carte de crédit ?

Natürlich.
Bien sûr.

Kann ich mir das Zimmer ansehen?
Pouvez-vous me montrer la chambre ?

Kein Problem.
Oui, bien sûr.

Gut, ich nehme es.
D'accord, je la prends.

Hier sind die Schlüssel. Ihre Zimmernummer ist 212 im zweiten Stock.
Voici la clé. Votre chambre est au n° 212 au deuxième étage.

Bei der Zimmerreservierung landen Sie an der auch in Deutschland bekannten „réception".

quatre-vingt-huit

Im Hotel — Übernachtung

Ich habe ein Zimmer reserviert.
J'ai réservé une chambre.

Kann ich das Zimmer ansehen?
Est-ce que je peux voir la chambre ?

Ich nehme das Zimmer.
Je la prends.

Das Zimmer gefällt mir nicht.
Cette chambre ne me plaît pas.

Das Zimmer ist …
La chambre est …
   zu klein.
   trop petite.
   zu laut.
   trop bruyante.
   zu dunkel.
   trop sombre.

Kann ich ein anderes Zimmer bekommen?
Pouvez-vous me donner une autre chambre ?

Haben Sie etwas …
Est-ce que vous avez une chambre …
   Ruhigeres?
   plus calme ?
   Größeres?
   plus grande ?
   Billgeres?
   moins chère ?
   mit Balkon?
   avec un balcon ?

Haben Sie Nichtraucherzimmer?
Est-ce que vous avez des chambres pour non-fumeurs ?

Haben Sie auch Zimmer mit drei Betten?
Est-ce que vous avez des chambres avec trois lits ?

Können Sie ein drittes Bett dazustellen?
Est-il possible d'ajouter un troisième lit ?

Gibt es einen Fahrstuhl?
Est-ce qu'il y a un ascenseur ?

Ist das Frühstück inbegriffen?
Est-ce que le petit déjeuner est compris ?

Wo kann ich mein Auto abstellen?
Où puis-je garer ma voiture ?

Haben Sie eine Garage?
Est-ce que vous avez un garage ?

Ich bleibe für zwei Nächte.
Je reste ici deux nuits.

Ich weiß noch nicht, wie lange wir bleiben werden.
Nous n'avons pas encore décidé combien de temps nous resterons ici.

Können wir in der Nähe noch etwas zu essen bekommen?
Est-ce qu'il y a des restaurants encore ouverts dans les environs ?

Bitte bringen Sie das Gepäck auf das Zimmer.
Pouvez-vous porter les valises dans ma chambre, s'il vous plaît ?

Das hören Sie

Nous sommes complet./Tout est complet.
Wir sind belegt.

Quel est votre nom, s'il vous plaît ?
Auf welchen Namen?

Combien de temps voulez-vous rester ?
Wie lange möchten Sie bleiben?

Remplissez ce formulaire, s'il vous plaît.
Füllen Sie bitte den Anmeldeschein aus.

Pouvez-vous me montrer votre passeport, s'il vous plaît ?
Kann Ihren Pass sehen?

Signez ici.
Bitte unterschreiben Sie hier.

Das „Doppelzimmer" heißt auch „chambre à deux lits". Für „Doppelbett" gibt es außerdem die Bezeichnung „lit à deux personnes", „lits jumeaux" (Zwillingsbett).

| ÜBERNACHTUNG | IM HOTEL |

Anfragen und Wünsche

Ich möchte um eine Nacht verlängern.
Je voudrais réserver encore pour une nuit.

Den Schlüssel für Zimmer 212, bitte.
Pouvez-vous me donner la clé de la chambre 212, s'il vous plaît ?

Ich habe mich aus meinem Zimmer ausgesperrt.
J'ai laissé les clés dans ma chambre.

Ich habe meinen Schlüssel verloren.
J'ai perdu les clés.

Können Sie das in Ihren Safe tun?
Est-ce que vous pouvez mettre ceci dans le coffre-fort ?

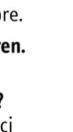

Ist Post für mich da?
Y a-t-il du courrier pour moi ?

Ich erwarte einen Anruf.
J'attends un coup de fil.

Bitte richten Sie aus, dass ich …
Pouvez-vous répondre que …
   mich zurückmelden werde.
   je rappellerai ?
   am Abend zurück bin.
   je serai là dans la soirée ?

Ich möchte eine Nachricht für Herrn Leblanc hinterlassen.
Je voudrais laisser un message pour M. Leblanc.

Wann gibt es Frühstück?
A quelle heure servez-vous le petit déjeuner ?

Wo kann man frühstücken?
Où servez-vous le petit déjeuner ?

Ist das Hotel die ganze Nacht geöffnet?
Est-ce que l'hôtel est ouvert toute la nuit ?

Wann muss ich das Zimmer räumen?
A quelle heure dois-je quitter la chambre ?

Können Sie mich um 8 Uhr wecken?
Pouvez-vous me réveiller à 8 heures ?

Bringen Sie mir bitte ein Handtuch?
Pouvez-vous m'apporter une serviette de bain, s'il vous plaît ?

Kann ich eine zusätzliche Decke haben?
Pouvez-vous me donner une autre couverture, s'il vous plaît ?

Können Sie mir eine Schreibmaschine besorgen?
Pouvez-vous me procurer une machine à écrire, s'il vous plaît ?

Kann ich bei Ihnen ein Fax versenden?
Est-ce que je peux utiliser votre fax ?

DO NOT DISTURB!

Mathematik auf Französisch : 90 = 4 x 20 + 10 („quatre-vingt-dix").

Im Hotel — Übernachtung

Das Hotelpersonal

Direktor
le directeur

Empfangschef
la personne chargée de l'accueil

Hausbursche
le groom

Portier
le portier

Zimmermädchen
le personnel de service

Zimmerservice
le service en chambre

Beschwerden

Der Schlüssel passt nicht.
La clé ne fonctionne pas.

Die Tür lässt sich nicht öffnen.
Je n'arrive pas à ouvrir la porte.

Das Zimmer ist nicht gemacht worden.
La chambre n'a pas été faite.

Das Bad ist schmutzig.
La salle de bain est sale.

Ich habe keine Handtücher.
Il n'y a pas de serviette de bain.

Das Fenster lässt sich nicht öffnen/schließen.
Je n'arrive pas à ouvrir/fermer la fenêtre.

Abreise

Wir reisen morgen früh ab.
Nous partons demain matin.

Wir fahren jetzt ab.
Nous partons maintenant.

Ich hätte gerne die Rechnung.
Je voudrais mon compte, s'il vous plaît.

Kann ich mit Kreditkarte zahlen?
Est-ce que je peux payer avec ma carte de crédit ?

Ich bezahle bar.
Je paie comptant.

Sie haben sich verrechnet.
Votre calcul n'est pas exact.

Kann ich mein Gepäck bei Ihnen für den Tag deponieren?
Est-ce que je peux laisser mes bagages ici pour aujourd'hui ?

Können Sie mir ein Taxi rufen?
Pouvez-vous m'appeler un taxi ?

Es hat uns gut gefallen.
Nous sommes satisfaits.

Bitte holen Sie mein Gepäck.
Est-ce que vous pouvez prendre mes bagages, s'il vous plaît ?

Die „Rechnung" im Hotel heißt im Französischen „le compte", im Restaurant dagegen „l'addition".

| ÜBERNACHTUNG | IM HOTEL |

Ausstattung und Lage

Adapter
l'adaptateur

Kinderbett
le lit pour enfants

Aschenbecher
le cendrier

Koffer
la valise

Kopfkissen
l'oreiller

Bügeleisen
le fer à repasser

Fernseher
la télévision

Kühlschrank
le frigidaire/frigo

Glühbirne
l'ampoule

Nähzeug
le nécessaire de couture

Handtuch
la serviette

Schloss
la serrure

Kamm
le peigne

Schlüssel
la clé

„Hors saison" heißt eigentlich „außerhalb der Saison". Es gibt noch ein weiteres Wort dafür, und zwar „arrière-saison".

92   quatre-vingt-douze

Im Hotel — Übernachtung

Telefon le téléphone

Toilette les toilettes

Wecker le réveil

Zahnbürste la brosse à dents

Bett le lit
Bettdecke la couverture
Bettlaken le drap
Briefpapier le papier à lettre
Doppelbett le lit à deux places
Dusche la douche
Einzelbett le lit à une place
Eiswürfel le glaçon
Elektrizität l'électricité
Etage l'étage
Fenster la fenêtre
Föhn le sèche-cheveux
Frühstück le petit déjeuner
Gepäck les bagages
Halbpension la demi-pension
Hauptsaison la pleine saison
Heizdecke la couverture chauffante
Heizung le radiateur
kaltes Wasser l'eau froide
Kinderbetreuung l'encadrement pour les enfants

Anmeldung l'enregistrement
Aufzug l'ascenseur
Bad la salle de bain
Bademantel le peignoir
Badetuch la serviette de bain

Kleiderbügel le portemanteau/le cintre
Kleiderschrank le vestiaire
Klimaanlage la climatisation
Lampe la lampe
Matratze le matelas
Meerblick la vue sur la mer
Minibar le mini-bar
Nachsaison hors saison

Badewanne la baignoire
Balkon le balcon

Einige Nomen, die im Deutschen im Singular stehen, werden im Französischen nur im Plural gebildet: „les toilettes" (Toilette), „les alentours" (Umgebung) etc.

Ausstattung und Lage

Nachttisch la table de chevet
Nebensaison hors saison
Papierkorb la corbeille
Radio la radio
Rechnung le compte
Reservierung la réservation
Restaurant le restaurant
Rezeption la réception
Rolladen le volet
ruhig tranquille
Safe le coffre-fort
Schrank l'armoire
Schreibtisch le bureau

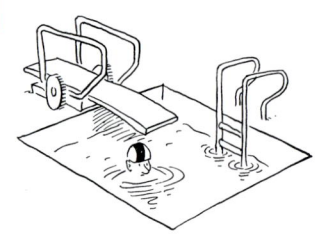

Toilettenpapier le papier-toilette
Tür la porte
Ventilator le ventilateur
Verlängerungsschnur la rallonge
Vollpension la pension complète
Vorhang le rideau
Vorsaison hors saison
warmes Wasser l'eau chaude
Waschbecken le lavabo
Wasser l'eau
Wertsachen les objets de valeur
Zahnpasta le dentifrice
Zimmer la chambre
Zimmernummer le numéro de chambre
zur Straße sur la rue

Schwimmbad la piscine
Seife le savon
Sessel le fauteuil
Spiegel le miroir
Steckdose la prise de courant
Stecker la fiche
Stockwerk l'étage
Stöpsel le bouchon
Strand la plage
Stuhl la chaise
Terrasse la terrasse

„Le bureau" ist der Schreibtisch und hat mit dem „Büro" nichts zu tun – das allerdings auch „bureau" heißt.

FERIENWOHNUNG — ÜBERNACHTUNG

Ferienwohnung reservieren

Ferienwohnung
l'appartement (pour les vacances)

Ferienhaus
la maison de vacances

Wir suchen eine Ferienwohnung für drei Wochen.
Nous cherchons un appartement pour trois semaines.

Wir haben eine Ferienwohnung für drei Wochen gemietet.
Nous avons loué un appartement pour trois semaines.

Wir sind vier Personen.
Nous sommes quatre personnes.

Wir brauchen zwei Schlafzimmer.
Nous voulons deux chambres.

Wir brauchen vier Betten.
Nous voulons quatre lits.

Für wie viele Personen sind Betten im Haus vorhanden?
Combien y a-t-il de lits disponibles ?

Wo bekomme ich die Schlüssel?
Où dois-je retirer les clés ?

Ist die Ferienwohnung komplett eingerichtet?
Est-ce que l'appartement est complètement meublé ?

Müssen wir Bettzeug mitbringen?
Est-ce que nous devons emmener les draps et les couvertures ?

Was kostet es, das Bettzeug auszuleihen?
Combien coûte la location des draps et des couvertures ?

Hat das Haus eine Zentralheizung?
Est-ce que la maison est équipée du chauffage central ?

Hat die Wohnung ein Telefon?
Est-ce qu'il y a un téléphone dans l'appartement ?

Kann ich damit auch selbst telefonieren oder nur angerufen werden?
Est-ce que je peux téléphoner ou simplement recevoir des appels ?

Ist die Endreinigung inbegriffen?
Est-ce que le nettoyage final est compris ?

Was kostet eine Endreinigung?
Combien coûte le nettoyage final ?

Meerblick
la vue sur la mer

Die Franzosen lieben ihr Land und besitzen meist „une résidence secondaire", einen Zweitwohnsitz, an dem sie ihren Urlaub verbringen.

Ferienwohnung – praktisch

Wo sind die Mülltonnen?
Où se trouvent les poubelles ?

Muss ich den Müll trennen?
Est-ce que je dois séparer les différents types d'ordures ?

Wann kommt die Müllabfuhr?
A quelle heure retire-t-on les ordures ?

An wen wende ich mich, falls Probleme auftauchen?
A qui dois-je m'adresser en cas de problèmes ?

Können Sie mir die Telefonnummer hinterlassen?
Pouvez-vous me laisser votre numéro de téléphone ?

Während unseres Aufenthalts ging ein Glas zu Bruch.
Nous avons cassé un verre durant notre séjour.

Was bin ich Ihnen dafür schuldig?
Je vous dois combien pour cela ?

Die Fensterscheibe ging kaputt.
Nous avons cassé une vitre.

Wo kann ich sie reparieren lassen?
Où puis-je la faire réparer ?

Wo kann man ...
Où puis-je ...
 einkaufen?
 faire des courses ?
 telefonieren?
 téléphoner ?
 Wäsche waschen?
 faire ma lessive ?
 Wäsche aufhängen?
 étendre ma lessive ?

Die Toilette ist verstopft.
Les toilettes sont bouchées.

Die Heizung funktioniert nicht.
Le chauffage ne fonctionne pas.

Es gibt kein Wasser.
Il n'y a pas d'eau.

Es gibt kein warmes Wasser.
Il n'y a pas d'eau chaude.

Der Wasserhahn tropft.
Le robinet goutte.

→ siehe auch HAUSHALTSWAREN S. 159; WERKZEUG S. 164; CAMPINGARTIKEL S. 165

Der Mülleimer (les poubelles) verdankt seinen Namen Monsieur Poubelle, einem Pariser Präfekten, der diesen einst einführte.

FERIENWOHNUNG — **ÜBERNACHTUNG**

Einrichtung

Besteck
les couverts

Kühlschrank
le frigidaire/frigo

Fernseher
la télévision

Lichtschalter
l'interrupteur

Gasherd
le poêle à gaz

Pfanne
la poêle

Geschirr
la vaisselle

Schloss
la serrure

Glas
le verre

Schlüssel
la clé

Grill
le barbecue

Staubsauger
l'aspirateur

Kochtopf
la casserole

Steckdose
la prise de courant

„Le poêle" ist der Ofen, „la poêle" dagegen die Bratpfanne.

quatre-vingt-dix-sept **97**

Übernachtung — Ferienwohnung

Stuhl la chaise

Telefon le téléphone

Teller l'assiette

Videorecorder le magnétoscope

Wasserhahn le robinet

Bad la salle de bain
Balkon le balcon
Bett le lit
Boiler le chauffe-eau
Dusche la douche
Elektroherd le four électrique
Elektroheizung le chauffage électrique
Fenster la fenêtre
Fensterscheibe la vitre
Geschirrspülmaschine le lave-vaisselle
Heizung le chauffage
Kaffeemaschine la cafetière
Kamin la cheminée
Kohleheizung le chauffage au charbon
Küche la cuisine
Mikrowelle le four à micro-ondes
Radio la radio
Schlafzimmer la chambre
Terrasse la terrasse
Tisch la table
Toaster le grille-pain
Tür la porte
Warmwasser l'eau chaude
Wäschetrockner le séchoir à ligne
Waschmaschine la machine à laver
Wohnzimmer la salle de séjour
Zentralheizung le chauffage central

Wichtige Wörter

Abreisetag le jour de départ
Anreisetag le jour d'arrivée
Appartement l'appartement
Bungalow le bungalow
Ferienanlage la résidence hôtel
Ferienhaus la maison de vacances
Ferienwohnung l'appartement (pour les vacances)
Garage le garage
Meerblick la vue sur la mer
Miete le loyer
Müll les ordures
Mülltonne la poubelle
Nebenkosten les frais supplémentaires
Strom le courant
Stromspannung la tension électrique
Vermieter le locataire

„La radio" bedeutet Radioapparat, Rundfunk. „Le radio" ist hingegen ist der Funker.

Jugendherberge

Haben Sie noch Zimmer frei?
Est-ce qu'il y a encore des chambres libres ?

Haben Sie auch Zimmer nur für Frauen?
Est-ce qu'il y a encore des chambres seulement pour femmes ?

Was kostet ...
Combien
  die Übernachtung?
  coûte la nuit ?
  Bettzeug?
  coûtent les couvertures et les draps ?

Gibt es eine andere günstige Übernachtungsmöglichkeiten?
Est-ce qu'il y a d'autres possibilités abordables pour la nuit ?

Kann ich meinen eigenen Schlafsack benutzen?
Est-ce que je peux utiliser mon sac de couchage ?

Haben Sie Bettzeug?
Est-ce qu'il y a des couvertures et des draps ?

Wo sind ...
Où se trouve ...
  die Waschräume?
  la salle de bains ?
  die Duschen?
  la douche ?
  die Toiletten?
  les toilettes ?

Haben Sie Schließfächer?
Est-ce qu'il y a des petites armoires fermant à clé ?

Wann schließen Sie abends?
A quelle heure fermez-vous la nuit ?

Gibt es morgens Frühstück?
Est-ce que vous servez le petit déjeuner ?

Was kostet das Frühstück?
Combien coûte le petit déjeuner ?

Wann gibt es Frühstück?
A quelle heure servez-vous le petit déjeuner ?

Ist es möglich, gegen Übernachtung und Frühstück im Haus mitzuarbeiten?
Est-ce que je peux payer mon petit déjeuner et mon logement en travaillant chez vous ?

Wo kann ich eine Nachricht anbringen?
Où puis-je laisser les messages ?

Kann ich bei Ihnen eine Nachricht hinterlassen?
Est-ce que je peux laisser un message ?

Kann ich Post hierher senden lassen?
Est-ce que je peux me faire envoyer du courrier ici ?

Ist Post für mich gekommen?
Est-ce qu'il y a du courrier pour moi ?

Ist die Umgebung nachts sicher?
Est-ce que cet endroit/cette région est sûr(e) la nuit ?

Welche Buslinien fahren von hier ...
Quelles lignes de bus faut-il prendre pour aller ...
  zum Bahnhof?
  à la gare ?
  zum Strand?
  à la plage ?
  zum Flughafen?
  à l'aéroport ?
  in die Innenstadt?
  dans le centre ville ?

Kann ich die nächste Nacht in einem anderen Zimmer schlafen?
Est-ce que vous pouvez me donner une autre chambre pour la prochaine nuit?

Kann ich mein Gepäck bis 12 Uhr hier abstellen?
Est-ce que je peux laisser mes bagages ici jusqu'à 12 heures ?

Der Jugendherbergsausweis heißt „carte d'hébergement".

Auf dem Campingplatz

Haben Sie noch freie Stellplätze?
Est-ce qu'il y a encore des places libres ?

Muss ich mich voranmelden?
Est-ce que je dois réserver ?

Wie lange vorher?
Combien de temps à l'avance ?

Was kostet es pro Nacht für ...
Combien doit-on payer par nuit pour ...

   ein Zelt?
   une tente ?
   einen Wohnwagen?
   une caravane ?
   ein Wohnmobil?
   un camping-car ?
   eine Person?
   une personne ?
   ein Auto?
   une voiture ?
   in einer Hütte?
   un bungalow ?

Wir bleiben drei Tage/Wochen.
Nous resterons trois jours/semaines.

Können Sie mir den Weg zu meinem Stellplatz beschreiben?
Par où dois-je passer pour rejoindre ma place ?

Wo sind die ...
Où se trouve(nt) ...
   Toiletten?
   les toilettes ?
   Waschräume?
   les lavabos ?
   Duschen?
   la douche ?
   Müllbehälter?
   les poubelles ?

Welche Stromspannung haben Sie?
Quelle tension électrique utilisez-vous ?

Gibt es ein Lebensmittelgeschäft?
Y a-t-il un magasin d'alimentation ?

Ist es erlaubt, Feuer zu machen?
Est-ce qu'on peut allumer un feu ?

Ist der Campingplatz nachts bewacht?
Est-ce que le camping est surveillé la nuit ?

Wo kann ich den Ranger sprechen?
Où puis-je joindre le garde forestier ?

Welches ist die Wetterseite?
Quel est le côté exposé au vent ?

Können Sie mir bitte einen Hering leihen?
Pouvez-vous me passer un piquet de tente, s'il vous plaît ?

Wo kann ich Gasflaschen entleihen/umtauschen?
Où puis-je me procurer de bouteilles de gaz/changer la bouteille de gaz ?

Als Neologismus wurde für „Campingplatz" das Wort „campière" geprägt.

CAMPINGPLATZ — ÜBERNACHTUNG

Petroleumlampe
la lampe à pétrole

Stecker
la fiche

Stromanschluss
le branchement électrique

Gasflasche
la bouteille de gaz

Gaskocher
le fourneau à gaz

Hering
le piquet de tente

Kinderspielplatz
l'aire de jeu

Lebensmittelgeschäft
le magasin d'alimentation

Leihgebühr
le tarif de location

Münzen
la monnaie

Propangas
le gaz propane

Trinkwasser
l'eau potable

Waschmaschine
la machine à laver

Waschraum
les lavabos

Wasseranschluss
le branchement de l'eau

Wohnmobil
le camping-car

Wohnwagen
la caravane

Zelt
la tente

Zeltstange
le mât d'une tente

→ siehe auch HAUSHALTSWAREN S. 159; WERKZEUG S. 164; CAMPINGARTIKEL S. 165

„La caravane" (der Wohnwagen) kann ebenfalls die „Karawane" heißen.

ÜBERNACHTUNG — BAUERNHOF

Auf dem Bauernhof

Traktor
le tracteur

Mähdrescher
la moissonneuse-batteuse

Acker
le champ

Getreide
le blé

Ähre
l'épi

Sieht man in Frankreich „den Wald vor lauter Bäumen nicht" so heißt das: „les arbres cachent la forêt" (die Bäume verstecken den Wald).

BAUERNHOF | ÜBERNACHTUNG

Heu
le foin

Stroh
la paille

Pferd
le cheval

Esel
l'âne

Schwein
le cochon

„Forêt" nennt man ein größeres Waldgebiet, ein kleinerer Wald ist „le bois".

| ÜBERNACHTUNG | BAUERNHOF |

Ziege
la chèvre

Küken
le poussin

Schaf
le mouton

Gans
l'oie

Kuh
la vache

Ente
le canard

Kalb
le veau

Truthahn
le dindon

Hahn
le coq

Katze
le chat

Huhn
le poulet

Hund
le chien

„Le chat" ist der übergeordnete Begriff für Katze, „le matou" ist der Kater und „la chatte" die Katze. Beim Hund unterscheidet man „le chien" und „la chienne".

Essen und Trinken

Die Küche

Der Gourmet, der Feinschmecker, ist per Definition ein Franzose, und die französische Küche gilt als die beste oder zumindest eine der besten der Welt.

Nicht umsonst findet sich manche französische Speisenbezeichnung sogar in einer deutschen Speisekarte: vom Aperitif über das Entrecôte bis zum Cordon.

Uns ist die französische Küche in erster Linie als Hort exotischer Gerichte wie Schnecken und Froschschenkel ein Begriff, aber das erfasst in keiner Weise die große Bandbreite an leckeren Hors-d'oeuvres, Fisch- und Fleischgerichten und Nachspeisen, die sie bietet, von dem geradezu riesigen Angebot an Weinen ganz zu schweigen.

Frankreich ist allerdings kein billiges Land, das gilt auch für das Essen im Restaurant. Neben den normalen Restaurants der verschiedenen Ebenen gibt es jedoch auch Möglichkeiten, für das Essen weniger auszugeben.

Dafür bieten sich die „Brasseries" oder „Bistros" an, wo man normalerweise nicht so tief in den Geldbeutel zu greifen braucht, und die „Crêperies". Frankreich ist auch das Land der Crêpes, dabei ist darunter nicht automatisch eine (flambierte) Süßspeise zu verstehen, Crêpes können genauso gut mit Schinken, Käse oder Ei gefüllte Teigtaschen sein. Und sogar in den Cafés kann man kalte Gerichte oder belegte Brötchen bestellen.

Wenn es noch eine Neuigkeit sein sollte, auch die Franzosen essen abends warm, wie die anderen Südländer. Unser Abendbrot mit Brot und Aufschnitt ist eine unbekannte Sitte.

Wo einkehren?

le self-service
Restaurant mit Selbstbedienung

le bar
Frühstück, kleine Gerichte und natürlich jede Menge Kaffee

la pâtisserie
Konditorei

le café-glacier
Eisdiele

le restoroute
Restaurant an der Autobahn

le fast food
Schnellimbiß

le kiosque à sandwichs
Einfache Gerichte zum Mitnehmen (Salate, belegte Brote)

le grill-room
Alles rund ums Fleisch

la brasserie, le pub
Kneipe

l'auberge/la taverne
Einfacheres Restaurant

Werden Sie gefragt: „Wie schmeckt's?", hört sich das so an: „Comment trouvez-vous cela ?" – „C'est bon ?"

Die Mahlzeiten

Frühstück
le petit déjeuner

Mittagessen
le déjeuner

Abendessen
le dîner

Essenszeiten

Frühstück
7 – 9 Uhr

Mittagessen
12.30 – 14 Uhr

Abendessen
19.30 – 22 Uhr

Was Sie hören

Avez-vous réservé ?
Haben Sie reserviert?

Une place pour fumeurs ou non-fumeurs ?
Raucher oder Nichtraucher?

Voulez-vous un apéritif ?
Möchten Sie einen Drink vorher?

Voulez-vous commander ?
Möchten Sie bestellen?

Voici les plats du jour ...
Unsere Tagesgerichte sind ...

Je vous conseille...
Ich empfehle ...

Je regrette, mais nous n'en avons plus.
Tut mir leid, das haben wir nicht mehr.

Que voulez-vous boire ?
Was möchten Sie trinken?

Vous en voulez encore ?
Darf ich nachlegen?

Tout va bien ?
Alles in Ordnung?

Voulez-vous autre chose ?
Noch einen Wunsch?

Est-ce que c'était bon ?
Hat es geschmeckt?

Was Sie oft brauchen

Wo sind die Toiletten?
Où sont les toilettes ?

Könnten Sie bitte nachschenken?
Pouvez-vous m'en verser encore, s'il vous plaît ?

Kann ich bitte die Speisekarte (nochmals) haben?
Pouvez-vous m'apporter (me rapporter) le menu, s'il vous plaît ?

Können Sie die Weinkarte bringen?
Pouvez-vous m'apporter la carte des vins ?

Nein danke, ich bin satt.
Non merci, c'est tout.

Kann ich mit Kreditkarte bezahlen?
Est-ce que je peux payer avec ma carte de crédit ?

Schilder und Anschläge

Plats à emporter
Essen zum Mitnehmen

Dernière commande à ...
Letzte Bestellung um 21 Uhr

Attendez pour des places assises
Bitte warten Sie, bis Ihnen ein Platz zugewiesen wird

Payez à la caisse
Bitte zahlen Sie an der Kasse

Plat du jour
Tagesangebot

Wenn Ihnen die Unterscheidungen zwischen Mittagessen (déjeuner) und Abendessen (dîner) nicht einfallen, genügt es, wenn Sie sagen „je voudrais manger".

Im Restaurant

Das Essen ist in Frankreich, wie in den anderen Mittelmeerländern auch, ein wichtiger Bestandteil des täglichen Lebens; es kann sich durchaus über zwei bis drei Stunden hinziehen. Das Hauptessen am Abend beginnt in der Regel erst um 19.30 Uhr.

Essen erfüllt neben der Befriedigung der Gaumenfreuden den Zweck eines geselligen Beisammenseins, es ist ein „social event", wie die Engländer sagen, um auszudrücken, dass es nicht nur um Essen und Trinken geht.

Beim Betreten eines Restaurants sollten Sie warten, bis Sie plaziert werden, und sich nicht einfach selbst einen Tisch aussuchen. Bei einfacheren Gaststätten wie Brasseries ist diese Regel kein Muss, es kann aber (wegen der Höflichkeit) trotzdem nicht schaden, sich daran zu halten.

Zwar ist der Service in der Regel in der Rechnung enthalten, doch die Bedienung erwartet meistens trotzdem noch ein Trinkgeld, für das es keine festen Vorgaben gibt; 5–10% sollten genügen. Wer sich besonders gut behandelt fühlt, kann (wie immer) natürlich auch mehr geben.

Einen engen Kleidungszwang gibt es in französischen Restaurant nicht.

Als Geschäftsmann und bei gesellschaftlichen Anlässen (auch privater Art wie Taufe, Kommunion, Geburtstag usw.) ist der Franzose eher ein konservativer Typ, das heißt, sollten Sie zu einem solchen Anlaß eingeladen sein oder sich zu einer geschäftlichen Verabredung in einem Restaurant treffen, ist es angezeigt, im Jackett und mit Krawatte zu erscheinen.

Ich bin hungrig.
J'ai faim.

Können Sie mir ein gutes Restaurant empfehlen?
Pouvez-vous me conseiller un bon restaurant ?

Ich möchte etwas essen.
Je voudrais manger quelque chose.

Ich möchte nur eine Kleinigkeit essen.
Je voudrais manger un morceau.

Ich möchte nur etwas trinken.
Je voudrais seulement boire quelque chose.

Ich möchte frühstücken.
Je voudrais prendre mon petit déjeuner.

Ich möchte zu Mittag essen.
Je voudrais déjeuner.

Ich möchte zu Abend essen.
Je voudrais dîner.

Das Gericht, gemeint als „Speise" oder „Gang" im Restaurant, heißt „le plat".

ESSEN UND TRINKEN — IM RESTAURANT

Bestellen

Entschuldigung!
Excusez-moi !

Ja, mein Herr?
Oui ?

Kann ich bitte die Speisekarte haben?
Pouvez-vous m'apporter le menu, s'il vous plaît ?

Natürlich. Einen Moment.
Bien sûr, un petit instant.

Möchten Sie bestellen?
Voulez-vous commander ?

Danke schön!
Merci !

Gern geschehen.
De rien

Was empfehlen Sie?
Que me conseillez-vous ?

Ich empfehle das Angebot des Tages.
Je vous conseille le plat du jour.
Danke! Ich möchte ...
Merci ! Je voudrais ...

Wenn Sie bestellen, können Sie Ihre Bestellung statt mit „je voudrais" auch mit „je prends" (ich nehme) einleiten.

Im Restaurant — Essen und Trinken

Reservieren

Ich möchte einen Tisch reservieren ...
Je voudrais réserver une table ...
für 6 Personen.
pour six personnes
für heute abend.
pour ce soir
für 17 Uhr.
pour 17 heures.

Ich habe einen Tisch auf den Namen Meier reserviert.
J'ai réservé une table au nom de M. Meier.

Ich hätte gern einen Tisch ...
Je voudrais une table ...
am Fenster.
près de la fenêtre.
in einer ruhigen Ecke.
dans un coin tranquille.

Haben Sie einen Raucher-/Nichtraucherbereich?
Avez-vous une place pour fumeurs/non-fumeurs ?

Wo können wir warten?
Où pouvons-nous attendre ?

Wie lange wird es dauern, bis ein Tisch frei wird?
Combien de temps faut-il attendre pour avoir une table ?

Bestellen

Die Speisekarte/Getränkekarte, bitte.
Pouvez-vous m'apporter le menu, s'il vous plaît ?

Was können Sie besonders empfehlen?
Que me conseillez-vous ?

Können wir die Getränke gleich bestellen?
Est-ce qu'on peut commander les consommations tout de suite ?

Haben Sie auch Senioren-/Kinderportionen?
Est-ce qu'il y a aussi des portions pour les personnes âgées/enfants ?

Gibt es auch vegetarische Gerichte?
Est-ce qu'il y a des aliments végétariens ?

Ist in dem Gericht Alkohol?
Est-ce que les aliments contiennent des substances alcoolisées ?

Ich bin Diabetiker.
J'ai le diabète.

Ich bin nicht sehr hungrig. Kann ich auch eine kleine Portion haben?
Je n'ai pas tellement faim. Pouvez-vous m'apporter une petite portion ?

Ich nehme ...
Je prends ...

Können Sie das Gericht auch ohne Knoblauch zubereiten?
Est-ce que je peux commander des aliments sans ail ?

Eine Flasche Wein, bitte.
Pouvez-vous m'apporter une bouteille de vin, s'il vous plaît ?

Sie können Ihre Komplimente natürlich auch dem Koch aussprechen, dann sagen Sie am besten „mes compliments au chef".

ESSEN UND TRINKEN — IM RESTAURANT

Bezahlen

Ich möchte bezahlen, bitte.
Pouvez-vous m'apporter l'addition ?

Ich habe es eilig.
Je suis pressé(e).

Ist in der Rechnung das Trinkgeld enthalten?
Est-ce que le pourboire est compris dans l'addition ?

Alles zusammen, bitte.
Est-ce que vous pouvez faire une seule addition ?

Getrennte Rechnungen, bitte.
Est-ce que vous pouvez faire des additions séparées ?

Nehmen Sie ...
Est-ce que vous acceptez ...
   Kreditkarte?
   les cartes de crédit ?
   Traveller-Scheck?
   les chèques de voyage ?
   Scheck?
   les chèques ?

Ich glaube, Sie haben sich verrechnet.
Je crois que le compte n'est pas juste.

Das habe ich nicht gehabt.
Je n'ai pas pris ceci !

Stimmt so.
Gardez la monnaie.

Loben

Mir hat es sehr gut geschmeckt.
J'ai beaucoup aimé.

Haben Sie vielen Dank, Sie haben uns hervorragend bedient.
Mes compliments pour le service !

Wir werden Sie weiterempfehlen.
Nous saurons vous recommander.

Das Essen war vorzüglich.
Le repas était excellent.

Beschwerden

Das habe ich nicht bestellt.
Je n'ai pas commandé cela.

Das Fleisch ist zäh.
La viande est dure.

Haben Sie uns vergessen?
Excusez-moi ! On attend depuis un bout de temps !

Es tut mir leid, aber ich war nicht zufrieden.
Je regrette, je ne suis pas satisfait.

Die Bedienung war ...
Le service était ...
   nachlässig.
   négligé.
   unfreundlich.
   désagréable.

Das Essen war ...
La nourriture ...
   versalzen.
   était trop salée.
   kalt.
   était froide.

Wenn Sie sagen, der Service war „mauvais", dann war er schlecht, wollen Sie Unfreundlichkeit hervorheben, können Sie auch sagen „peu aimable", „brusque".

Im Restaurant

Essen und Trinken

Auf dem Tisch

Aschenbecher
le cendrier

Tasse
la tasse

Besteck
les couverts

Teller
l'assiette

Gabel
la fourchette

Glas
le verre

Getränk la boisson
Pfeffer le poivre
Salz le sel
Schüssel le bol
Senf la moutarde
Teelöffel la cuillère à café
Tischtuch la nappe
Zucker le sucre

Kinderstuhl
la chaise haute

Fehlt etwas?

Können Sie mir Pfeffer bringen?
Pouvez-vous m'apporter le poivre, s'il vous plaît ?

Mir fehlt eine Gabel.
Pouvez-vous m'apporter une fourchette, s'il vous plaît ?

Löffel
la petite cuillère

Messer
le couteau

Wie war's?

Das Essen ist ... La nourriture est ...
  einfach simple
  kräftig substantielle
  süß sucrée
  sauer acide
  würzig épicée
  stark gewürzt très relevée
  scharf piquante
  höllisch scharf très piquante

Serviette
la serviette de table

Die Salatschüssel heißt in Frankreich „le saladier".

cent onze **111**

Die Speisekarte

Ein komplettes französisches Menü besteht aus einem ersten Gang (entrée) dem Hauptgang (plat) aus Fisch oder Fleisch, der gewöhnlich auch Beilagen in Form von Gemüse, Pasta (pête) oder Reis (riz) einschließt, und dem Nachtisch als Süßspeise (dessert), Käse (fromage) oder Früchte (fruit). Den Abschluß bildet in der Regel ein Kaffee.

Wenn Sie in dieser Aufzählung die Vorspeisen vermisst haben, die berühmten Hors-d'oeuvres, können Sie beruhigt aufatmen: natürlich gibt es auch die in der Speisekarte. Sie können eine oder auch mehrere Vorspeisen wählen und dafür zum Beispiel das Entrée auslassen.

Was die Getränke betrifft, bietet sich in Frankreich natürlich Wein an, den Sie auch lose in der Karaffe (vin en carafe) mit 33 cl oder 50 cl bestellen können. In der Gegend von Lyon heißt die Karaffe „pot" und enthält einen knappen halben Liter.

Bei den Getränken kann man sich natürlich auch mit Mineralwasser (eau minérale) zufrieden geben oder es zusätzlich zum Wein bestellen. Das Mineralwasser gibt es in zwei Arten: mit Kohlensäure (gazeuse) oder ohne Kohlensäure, das sogenannte stille Wasser (naturelle).

Selbstverständlich können Sie statt Wein auch Bier trinken. Allerdings hält sich das französische Bier in der Regel nicht an das deutsche Reinheitsgebot.

kalte Vorspeisen
les hors d'œuvres froids

warme Vorspeisen
les hors d'œuvres chauds

Suppen
les soupes

Salate
les salades

Eiergerichte
les plats à base d'œufs

Fisch
le poisson

Meeresfrüchte
les fruits de mer

Fleisch
la viande

Geflügel
la volaille

Beilagen
les garnitures

Gemüse
les légumes

Käse
le fromage

Nachspeise
le dessert

alkoholfreie Getränke
les boissons non alcoolisées

alkoholische Getränke
les boissons alcoolisées

warme Getränke
les boissons chaudes

„Petits-fours" ist exquisites Kleingebäck, das nach dem Essen zum Kaffee gereicht wird.

Frühstück

In jeder französischen Stadt gibt es reichlich Cafés und Bistros, wo Sie Ihr mehr oder weniger frugales Frühstück einnehmen können.

Der Franzose, der morgens eilig zur Metro strebt oder an Bord eines anderen Verkehrsmittels zu seinem Arbeitsplatz eilt, wird es in der Regel eher mit der frugalen Ausführung halten, sprich ein „café noir" (Kaffee ohne alles) oder ein „café au lait" (Milchkaffee) und dazu ein Croissant oder Baguette.

Wer ein reichhaltiges Frühstück gewöhnt ist, kommt in Frankreich nicht auf seine Kosten: Wurst und Käse gehören nicht zum Standardrepertoire des französischen Frühstücks (ausgenommen natürlich bei den Buffets in den besseren Hotels).

Eine Tasse Kaffee.
Une tasse de café.

Ein Glas Milch.
Un verre de lait.

Eine Scheibe Schinken.
Une tranche de jambon.

Das Frühstück heißt zwar „petit déjeuner", die Frühstückspause dagegen „pause-café".

ESSEN UND TRINKEN — DAS FRÜHSTÜCK

Getränke

Kaffee le café

Tee le thé

Milch le lait

Orangensaft le jus d'orange

Kakao le cacao
Kräutertee la tisane

Eier

Spiegelei les œufs à la poêle

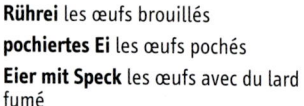

Rührei les œufs brouillés
pochiertes Ei les œufs pochés
Eier mit Speck les œufs avec du lard fumé
Eier mit Schinken les œufs avec du jambon
Omelett l'omelette

weichgekochtes Ei l'œuf à la coque

hartgekochtes Ei l'œuf dur

Kräutertee wird auch als „infusion" bezeichnet, was man auch mit „Aufguß" übersetzen könnte.

114 cent quatorze

Das Frühstück

ESSEN UND TRINKEN

Brot, Brötchen

Brötchen
le petit pain

Weißbrot
le pain blanc/la baguette

Vollkornbrot
le pain complet

Hörnchen
le croissant

Toast
le toast

Brot le pain
Weizen le blé
Kümmel le cumin
Roggen le seigle
Butter le beurre
Honig le miel
Knäckebrot le pain de seigle croustillant
Marmelade la confiture
Sirup le sirop
Zwieback la biscotte

Sonstiges

Arme Ritter
la soupe au pain

Bratkartoffeln
les pommes de terre sautées

Cornflakes
les corn-flakes

Haferbrei
la bouillie d'avoine

Käse
le fromage

Müsli
le bouillie de flocons d'avoine et de fruits/le musli

Obst
les fruits

Pfannkuchen
la crêpe

Schinken
le jambon

Speck
le lard

Süßstoff
la saccharine

Waffeln
la gaufrette

Wurst
la saucisse

Würstchen
la petite saucisse

Yoghurt
le yaourt

Zucker
le sucre

Lange Zeit war es in Frankreich nicht zu finden, peu à peu erobert es jetzt das Land: das Vollkornbrot.

cent quinze

Vorspeisen

Artischocken les artichauts
Austern les huîtres
Garnelen les crevettes
Herzmuschel le vénéricarde
Krabbencocktail le cocktail de crevettes
Krebse les écrevisses
Melone le melon
Miesmuscheln les moules
Räucherlachs le saumon fumé
Sardinen les sardines
Venusmuscheln les coques

Suppen

Tagessuppe le potage du jour
Gemüsesuppe la soupe de légumes
Nudelsuppe le potage avec des pâtes
Tomatensuppe la soupe de tomates
Hühnerbrühe le bouillon de poulet
Rinderbrühe le bouillon de bœuf

Salate

grüner Salat la salade verte
gemischter Salat la salade composée
Kartoffelsalat la salade de pommes de terre
Kopfsalat la laitue
Tomatensalat la salade de tomates

Salatsaucen

Roquefortsoße la sauce Roquefort
Vinaigrettesoße la vinaigrette
Italian Dressing italien
French Dressing français
Russian Dressing russe

Essig und Öl

Olivenöl l'huile d'olive
Sonnenblumenöl l'huile de tournesol
Balsamessig le vinaigre balsamique
Kräuteressig le vinaigre aromatisé aux herbes
Obstessig le vinaigre de fruits
Weinessig le vinaigre de vin
Zitronenessig le vinaigre de citron
Sojasauce la sauce de soja
Mayonnaise la mayonnaise

Eine besondere Spezialität aus Nizza ist der „Salade niçoise": Oliven, Thunfisch, Tomaten auf grünem Salat.

Fische und Schalentiere — Essen und Trinken

Aus Meer und See

Aal l'anguille
Äsche l'ombre
Barsch la perche
Blaufisch le poisson bleu
Flunder le flet
Forelle la truite
Goldbarsch la rascasse du Nord
Goldbrasse la dorade
Haifisch le requin
Hecht le brochet
Heilbutt le flétant
Hering le hareng
Kabeljau la morue
Karpfen la carpe
Lachs le saumon
Makrele le maquereau
Meerbarbe le rouget
Rochen la race
Rogen les œufs de poisson
Rotbarsch le sébaste
Sardellen les anchois
Sardinen les sardines
Schellfisch l'aigle fin
Scholle la sole
Schwertfisch l'espadon
Seebarsch le loup de mer
Seehecht le merluche
Seeteufel la lotte de mer/la baudroie
Seezunge la sole
Steinbutt le turbot
Stint l'éperlan
Stockfisch la morue
Thunfisch le thon
Tintenfisch le calamar
Wels le silure
Wolfsbarsch le bar
Zander le sandre

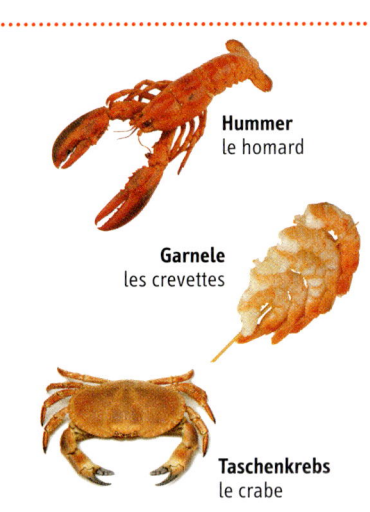

Hummer le homard

Garnele les crevettes

Taschenkrebs le crabe

Auster l'huître
Herzmuschel la vénéricarde
Jakobsmuschel la coquille Saint-Jacques
Kamm-Muschel la coquille
Krabbe la crevette
Krebs l'écrevisse
Languste la langouste
Miesmuschel la moule
Seeschnecke l'escargot de mer
Seespinne l'araignée de mer
Venusmuschel la coque

Spezialitäten

Bouillabaisse Fischsuppe mit frischen Fischen, angerichtet auf Weißbrot und Rouille (scharfer Sauce)

Der Taschenkrebs heißt im Französischen „crabe", hat aber nichts mit der Krabbe (Garnele) zu tun.

Fleischarten

Hammel le mouton

Zicklein le cabri

Kalb le veau

Ziege la chèvre

Kaninchen le lapin

Lamm l'agneau

Rind le bœuf

Schwein le cochon

Spanferkel le cochon de lait

Steaks

blutig saignant
mittel à point
durchgebraten bien cuit

Spezialitäten

Daube provençale Schmorbraten mit Gemüse und Oliven

Choucroute à l'alsacienne Sauerkraut mit Bauchspeck, Eisbein und Würsten

Blanquette de veau Kalbsfrikassee

Pot-au-feu Eintopf aus Rindfleisch, Kalbshaxe, Markknochen und Gemüse

„Schweinefleisch" heißt „viande de porc".

Fleischstücke

Beefsteak le bifteck
Beinscheibe la jambe
Bries le ris
Bug l'épaule
Filetsteak le bifteck dans le filet
Hals le cou
Haxe le jarret
Hirn la cervelle
hohe Rippe la côte
Kotelett la côtelette
Kutteln les tripes
Leber le foie
Lende la longe
Lendensteak le bifteck de longe
Nieren les reins
Nuss la noix
Rippchen la côte
Roastbeef le rosbif
Rücken le dos
Rumpsteak la côte de bœuf
Schinken le jambon
Schnitzel l'escalope
Schwanz la queue
Speck le lard fumé
Zunge la langue
Zwischenrippenstück l'entrecôte

Zubereitungsarten

angebraten passé à la poêle
Braten le rôti
cholesterinarm pauvre en cholestérol
fettarm pas trop gras
frittiert frit
für Diabetiker pour les diabétiques
gebacken cuit au four
gebraten rôti
gedünstet cuit à la vapeur
gefüllt farci
gegrillt grillé
gehackt haché
gekocht bouilli
geräuchert fumé
gerührt battu
geschmort cuit à l'étouffée

Geschnetzeltes tailladé
gespickt entrelardé
glasiert glacé
Gulasch ragoût
Hackbraten rouleau de viande hachée
kalorienarm pauvre en calories
paniert pané
roh cru
scharf piquant

Zu „schmoren" sagt man auch „rôtir à petit feu" (wörtlich übersetzt „unter kleiner Flamme braten").

Geflügel

Ente le canard

Huhn le poulet

Gans l'oie

Truthahn le dindon

Taube le pigeon

Hähnchen le coquelet/le poulet
Kapaun le chapon
Perlhuhn la pintade
Poularde le poulet d'engrais
Wachtel la caille

Brathähnchen le poulet rôti

Wild

Fasan le faisan

Hase le lièvre

Hirsch le cerf

Rebhuhn la perdrix

Reh le chevreuil

Wildente le canard sauvage

Wildschwein le sanglier

Froschschenkel (cuisses de grenouille) essen Franzosen mit Genuss, am besten mit viel Knoblauch.

BEILAGEN   ESSEN UND TRINKEN

Kartoffeln

Pommes Frites les frites

Bratkartoffeln les pommes de terre sautées
Folienkartoffeln les pommes de terre en papillote
Gratin le gratin de pommes de terre/le gratin dauphinois
Kartoffelsalat les pommes de terre en salade
Kroketten les croquettes
Püree la purée
Salzkartoffeln les pommes de terre cuites à l'eau
Süßkartoffeln les patates douces

Nudeln

Bandnudeln les taglitesses
Makkaroni les macaronis

Spaghetti les spaghettis

Reis

wilder Reis riz sauvage
gekochter Reis riz cuit
gebratener Reis riz frit
Vollkornreis riz complet

Brot

Brötchen le petit pain

Schwarzbrot le pain noir

Vollkornbrot le pain complet

Weißbrot le pain blanc/la baguette

Mais le maïs
Weizen le blé
Roggen le seigle
Gerste l'orge
Hafer l'avoine

Die Franzosen essen zweimal am Tag warm. Unsere Form des kalten Abendbrotes kennen sie nicht.

cent vingt et un **121**

ESSEN UND TRINKEN — GEMÜSE

Gemüse

Artischocke
l'artichaut

Aubergine
l'aubergine

Avocado
l'avocat

Blumenkohl
le chou-fleur

Bohnen
les haricots
  Buschbohnen
  le flageolet
  grüne Bohnen
  les haricots verts
  Limabohnen
  les haricots de Lima
  rote Bohnen
  les haricots rouges
  Stangenbohnen
  les haricots grimpeurs
  Wachsbohnen
  les haricots verts
  weiße Bohnen
  les haricots blancs

Brokkoli
le brocoli

Chili
le chili

Eissalat
la laitue

Erbsen
les petits pois

Fenchel
le fenouil

Frühlingszwiebel
les petits oignons

Gurke
le concombre

Aus Auberginen, Zucchini, Tomaten zaubert man in Südfrankreich ein herrliches „Ratatouille".

122 cent vingt-deux

GEMÜSE   ESSEN UND TRINKEN

Kresse
le cresson

Karotten
les carottes

Kürbis
la citrouille

Kartoffeln
les pommes de terre

Lauch
le poireau

Kastanien
les châtaignes

Mais
le maïs

Knoblauch
l'ail

Mangold
la bette

Kopfsalat
la laitue

Mohrrüben
les carottes

„La choucroute" (Sauerkraut) ist eine Spezialität aus dem Elsass. Man isst es mit vielerlei Würsten und Fleisch garniert.

cent vingt-trois **123**

Gemüse

Okra
gombo

Rettich
le radis

Paprika
le poivron

Rosenkohl
le chou de Bruxelles

Peperoni
le peperoni

Rote Rüben
le navet rouge

Pilze
les champignons

Rotkohl
le chou rouge

Radieschen
les radis

Rüben
le navet

Man unterscheidet „poivrons rouges/vertes/jaunes" (rote/grüne/gelbe Paprika).

GEMÜSE — ESSEN UND TRINKEN

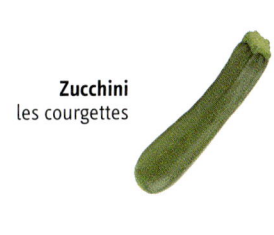

Spargel les asperges

Zucchini les courgettes

Spinat les épinards

Zuckererbsen les petits pois doux

Staudensellerie le céleri

Zwiebeln les oignons

Tomaten les tomates

Brunnenkresse le cresson
Chicorée la chicorée
Endiviensalat l'endive
Feldsalat la salade des champs
Kichererbsen le pois chiche
Kohl le chou
Weißkohl le chou blanc
Linsen les lentilles
Sauerkraut la choucroute
Schwarzwurzeln le scorsonère/salsifis noir
Sellerie le céleri
Steckrübe le navet

Wirsing le chou frisé

Das für Südfrankreich typische „Ratatouille" wird mit einem „bouquet garni" (Kräutersträußchen) verfeinert.

Kräuter und Gewürze

Basilikum le basilique

Salbei la sauge

Dill l'aneth

Thymian le thym

Ingwer le gingembre

Zimt la cannelle

Minze la menthe

Oregano l'origan

Essig le vinaigre
Estragon l'estragon
Kapern la câpre
Kerbel le cerfeuil
Kümmel le cumin
Lorbeerblätter les feuilles de laurier
Majoran la marjolaine
Meerrettich le raifort
Muskat la noix de muscat
Nelken le clou de girofle
Pfeffer le poivre
Safran le safran
Salz le sel
Schnittlauch la ciboulette
Senf la moutarde
Vanille la vanille
Zucker le sucre

Petersilie le persil

Rosmarin le romarin

Zu „Kümmel" sagen die Franzosen „le cumin", nur beim „Kümmelschnaps", haben sie es vorgezogen, die deutsche Bezeichnung zu übernehmen: er heißt „kummel"!

Käse

Frischkäse
le fromage frais
geriebener Käse
le fromage râpé
Schafskäse
le fromage de brebis
Ziegenkäse
le fromage de chèvre

Frankreich ist das Käseland par excellence. Frankreich bietet dem Käsefreund wahrhaftig alles: vom Frischkäse bis zum Hartkäse, ob vom Schaf, der Ziege oder der Kuh.

Besondere Spezialitäten sind der Camembert aus der Normandie und der Brie, die man so perfekt durchgereift nur in Frankreich bekommt, oder der Blauschimmelkäse Roquefort.

Auch für seinen Ziegenkäse in allen Varianten ist Frankreich berühmt. Von cremig bis hart ist alles vertreten, und der wahre Kenner lässt sich vom manchmal unansehnlichen Äußeren nicht abhalten.

370 Käsesorten soll es in Frankreich geben, und eine überwältigende Auswahl davon gibt es in den speziellen Käseläden, auf den Märkten und sogar im Supermarkt.

Obst

Ananas
l'ananas

Apfel
la pomme

Aprikose
l'abricot

Banane
la banane

Birnen
la poire

Brombeeren
les mûres

Erdbeeren
les fraises

„Une salade de fruits" ist ein Fruchtsalat.

Essen und Trinken — Obst

Obst

Feigen
les figues

Kirschen
les cerises

Granatapfel
la grenade

Kiwi
les kiwis

Grapefruit
le pamplemousse

Kokosnuss
la noix de coco

Heidelbeeren
les myrtilles

Limette
la limette

Himbeeren
les framboises

Mango
la mangue

Kakifrucht
les kakis

Melone
le melon

Karambole
carambolier

Wenn Ihnen „pastèque" für Wassermelone etwas schwer über die Lippen kommt, können Sie auch „melon d'eau" sagen.

128 cent vingt-huit

OBST — ESSEN UND TRINKEN

Orange l'orange

Wassermelone la pastèque

Papaya la papaye

Zitrone le citron

Pfirsich la pêche

Pflaume la prune

Pomelo la pamplemousse

Traube le raisin

Datteln les dattes
Esskastanien les châtaignes
Holunder le sureau
Johannisbeeren les groseilles rouges
Kaktusfrucht le fruit du cactus
Litschi la litchi/la prune chinoise
Mandarine la mandarine
Maulbeeren les baies du mûrier
Mirabelle la mirabelle
Mispel le nèfle
Passionsfrucht les fruits de la passion
Preiselbeeren les myrtilles rouges
Quitte le coing
Rambutan la ramboutan
Rhabarber la rhubarbe
Rosinen les raisins secs
Stachelbeere la groseille à maquereau
Tamarinde le tamarin

Die „schwarze Johannisbeere" heißt „cassis" – vielen vielleicht von dem Getränk gleichen Namens bekannt.

cent vingt-neuf **129**

Nüsse

Erdnüsse
les cacahouètes

Pekannüsse
la noix de pecan

Haselnüsse
les noisettes

Pistazien
les pistaches

Kokosnuss
la noix de coco

Walnüsse
la noix

Mandeln
les amandes

Paranüsse la noix du Parà
Pinienkerne le pignon
Sonnenblumenkerne les graines de tournesol

Der Nussknacker ist der „casse-noissettes", der Nussbaum „le noyer".

KUCHEN, NACHSPEISEN — ESSEN UND TRINKEN

Kuchen

Apfelkuchen la tarte aux pommes
Frischkäsetorte la tarte au fromage frais
Heidelbeerkuchen la tarte aux myrtilles
Karottennusskuchen la tarte aux noix et aux carottes
Kirschkuchen la tarte aux cerises
Limonenkuchen la tarte au citron
Obstkuchen la tarte aux fruits
Plätzchen les petits fours
Schokoladenkuchen le gâteau au chocolat
Vanillecremekuchen la tarte à la vanille
Sahne la crème Chantilly

Nachspeisen

eine Kugel Eis la glace à une boule
gemischtes Eis glace mixte
Eiswaffel le cornet
Eis im Becher la glace dans une coupe
Eis am Stil le cornet de glace
Eiskaffee le café liégeois
Geschmacksrichtung le parfum
mit Sahne avec de la crème Chantilly
Vanillepudding le flan à la vanille
Mandelpudding le flan aux amandes
Schokoladenpudding le flan au chocolat/la mousse au chocolat
Brotpudding le flan au pain

In Frankreich sind die meisten Bäckereien (boulangerie) auch Konditoreien (pâtisserie). Beim französischen Bäcker findet man ein reichhaltiges Angebot an Tartelettes (Obsttorte) und Flans, bestehend aus Ei, Mehl und Milch, im Ofen gebacken und in rechteckigen oder dreieckigen Scheiben angeboten.

Darüber hinaus findet man bei ihm die beliebten Éclairs (Liebesknochen), Creme- und natürlich auch Sahneschnitten, die für manchen Geschmack allerdings oft etwas zu süß sind. Üppige Sahnetorten hingegen sucht man vergebens.

Eigentlich ist nur die Schlagsahne eine „crème Chantilly", Sahne heißt schlicht und einfach „crème".

Imbiss

Eine klassische Mahlzeit zwischendurch ist in Frankreich der „croque-monsieur", ein warmes, geröstetes, mit Schinken gefülltes und mit Schmelzkäse garniertes Sandwich.

Wer auch beim Imbiss die Köstlichkeiten Frankreichs kennen lernen will, kauft sich ein Baguette, hält nach einem Käseladen Ausschau oder nach einem Traiteur, wo es Pasteten, Terrinen, Schinken und Fertiggerichte in Hülle und Fülle gibt – und verzehrt das alles genüsslich auf einer schattigen Parkbank.

Pizza

In Neapel kennt man die Pizza seit 200 Jahren als preiswertens Imbiss. Ihren weltweiten Siegeszug begann sie 1895, als ein heimwehkranker Neapolitaner in New York die erste Pizzeria eröffnete. Bis in die 60er Jahre kannte übrigens das restliche Italien die Pizza nur vom Hörensagen.

Pizza Margherita Tomaten, Mozzarella, Basilikum

Pizza alla napolitana Tomaten, Mozzarella, Sardellen, Oregano, Olivenöl

Pizza calabrese Tomaten, Thunfisch, Sardellen, Oliven, Kapern

Pizza alla vongole Tomaten, Oregano, Muscheln, Petersilie, Knoblauch

Pizza quattro stagioni Tomaten, Mozzarella, Champignons, gekochter Schinken, Artischockenherzen

Pizza al prosciutto Tomaten, Mozzarella, gekochter Schinken

Pizza con funghi Tomaten, Mozzarella, Champignons, Knoblauch, Petersilie

Pizza alla siciliana Tomaten, Mozzarella, Paprika, Salami, Champignons

Pizza alla Pugliese Tomaten, Mozzarella, Zwiebeln

Pizza Romana Tomaten, Mozzarella, Sardellen, Kapern, Oliven

Pizza alla diavola Tomaten, Mozzarella, Salami, Peperoni

Pizza alla „Re Ferdinando" Tomaten, Mozzarella, Krabben, Knoblauch, Petersilie

Pizza puttanesca Tomate, Mozzarella, Speck, Oliven, Kapern, Sardellen

Calzone Zusammengeklappte Pizza mit Schinken, Mozzarella, oft auch mit Ricotta

---

Neben kleinen Pizzastücken gibt es die typischen „pans bagnas" (mit Tomaten, Thunfisch, Salat etc. belegte große runde Brötchen) an jeder Straßenecke.

GETRÄNKE · ESSEN UND TRINKEN

Was hätten Sie gerne?

eine Tasse Kaffee
une tasse de café

eine Kanne Tee
une théière

ein Glas Orangensaft
un verre de jus d'orange

eine Flasche Milch
une bouteille de lait
heiße Milch
le lait chaud
kalte Milch
le lait froid

eine Dose Cola
une boîte de coca cola

Kaffee

Kaffee le café
mit Milch avec du lait 
mit Zucker avec du sucre
mit Sahne avec de la crème Chantilly
mit geschäumter Milch le café crème
schwarz noir
klein serré
mittel normal
groß allongé
entkoffeinierter Kaffee café décaféiné
Espresso l'express
Cappuccino le café crème
Mokka le moka

Tee

Schwarztee le thé noir
Pfefferminztee l'infusion de menthe
Fencheltee le thé au fenouil
Kamillentee la camomille
Früchtetee le thé aux fruits
Kräutertee la tisane
aromatisierter Tee le thé aromatisé
nicht aromatisierter Tee le thé non aromatisé
mit Zitrone le thé au citron

Die „Dose" heißt normalerweise „boîte", z. B. ist die Konservendose „boîte de conserve".

cent trente-trois **133**

Erfrischungsgetränke

Mineralwasser l'eau minérale
mit Kohlensäure gazeuse
ohne Kohlensäure plate
Fruchtsaft le jus de fruits
Apfelsaft le jus de pomme
Orangensaft le jus d'orange
Traubensaft le jus de raisin
Tomatensaft le jus de tomate
Limonade la limonade

Sonstiges

Kakao le cacao
Milch le lait
Schokolade le chocolat

Bier

Bier la bière
vom Fass à la pression
alkoholarm pas trop alcoolisée
alkoholfrei sans alcool
Flasche la bouteille
Dose la boîte

Spirituosen

ohne Eis sans glaçons
mit Eis avec des glaçons
Schnaps l'eau de vie
Kräuterschnaps l'eau de vie aux plantes
Likör la liqueur
Branntwein le cognac

Spezialitäten

Pastis Der klassische Aperitif auf Anisbasis. Eis kommt übrigens nie in den Pastis, nur in das Wasser, mit dem man auffüllt

Kir Crème de Cassis (Johannisbeerlikör) wird mit Weisswein aufgegossen

Cognac Der Weinbrand aus der Gegend nördlich des Bordelais. Die höchsten Klassen (über sechs Jahre Fassreife) sind Napoléon, Extra, XO oder Vielle Réserve

Armagnac Der Weinbrand aus der Gascogne. Klassifikation ähnlich wie beim Cognac

Cidre Apfelwein aus der Normandie. Durchgegoren heißt er „brut"

Calvados Apfelschnaps aus der Normandie, aus Cidre gewonnen. Napoléon, Extra oder Hors d'Age reift mehr als sechs Jahre

Marc Aus Trester (Traubenrückständen) gebrannter Schnaps, ähnlich dem Grappa. Berühmt: Marc de Champagne

---

Die Franzosen bevorzugen „de l'eau plate" (stilles Mineralwasser), von dem es unzählige Sorten gibt: Evian, Thonon, Volvic, nur um einige zu nennen.

GETRÄNKE — ESSEN UND TRINKEN

Wein und Champagner

Kann ich bitte die Weinkarte sehen?
Pouvez-vous me monter la carte des vins ?

Korken
le bouchon

Korkenzieher
le tire-bouchon

Ich hätte gerne eine Flasche Wein.
Je voudrais une bouteille de vin.

Was passt am besten zum Essen?
Quel est le vin qui convient à notre menu ?

Kühler
le seau à champagne

Ist dies ein guter Jahrgang?
C'est une bonne année ?

Kann ich den Wein probieren?
Est-ce que je peux goûter le vin ?

Der Wein schmeckt nach Korken.
Le vin a un goût de bouchon.

Der Wein ist zu warm.
Le vin est trop chaud.

Können Sie den Wein bitte kalt stellen?
Pouvez-vous mettre le vin au frais ?

Anbaugebiet le vignoble
Rosé le vin rosé
Rotwein le vin rouge
Weingarten la vigne
Weinlese les vendanges
Weinprobe la dégustation du vin
Weißwein le vin blanc
vollmundig onctveux
lieblich doux
fruchtig fruité
trocken sec
süß sucré

Eine Flasche „entkorken" heißt „déboucher une bouteille"

cent trente-cinq 135

Wein-Anbaugebiete

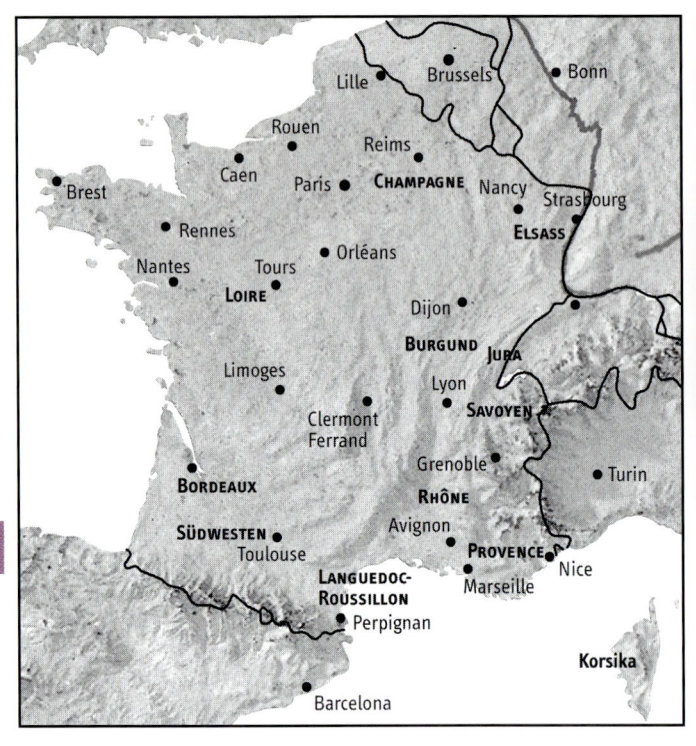

Frankreich ist das Weinland Europas. Weine wie der Beaujolais und der Chablis (beide aus Burgund) haben sich auch bei uns geradezu zu Modegetränken entwickelt.

Jede Region hat ihre typischen Weine. Die edelsten Gewächse kommen aus Burgund und Bordeaux, sind weltweit begehrt und oft übertreuert.

Das Elsaß liefert vornehmlich erdige Weißweine, die Provence fruchtige Rosé. Aus dem Languedoc-Roussillon kam lange Zeit anspruchslose Massenware, mittlerweile werden auch hier mehr und mehr Hochgewächse ausgebaut.

Die „Appellations Contrôlées" sind ein Garant für Herkunft, Rebsorte und Erzeugungsmethode, aber nur zum Teil für Qualität. Der Weinkenner muss Bescheid wissen über Winzer und Jahrgang.

Ein „Vin de Pays" ist nicht unbedingt nur ein belangloser Landwein. In dieser Klasse finden sich oft hervorragende Weine.

Verbreitete Rebsorten sind Cabernet Sauvignon (Südwesten, Bordeaux, hier verschnitten u.a. mit Merlot), Chardonnay und Pinot Noir (Burgund), Gamay (Beaujolais) und Sauvigon Blanc (Loire).

Ein Glas Wein ist „un verre de vin", eine Flasche Wein „une bouteille de vin".

Einkaufen

Das Wichtigste

Haben Sie eine Zahnbürste?
Pouvez-vous me donner une brosse à dent ?

Wo finde ich einen Schuhladen?
Pouvez-vous m'indiquer un magasin de chaussures ?

Öffnungszeiten
les horaires d'ouverture

geschlossen
fermé

Ich möchte mich nur umsehen.
Je regarde simplement.

Wie viel kostet das?
Combien est-ce que ça coûte ?

Das ist mir zu teuer.
C'est trop cher.

Haben Sie auch etwas Billigeres?
Avez-vous quelque chose de plus abordable ?

Kann ich die Schuhe anprobieren?
Est-ce que je peux essayer les chaussures ?

Das ist zu groß.
Cette pointure/taille est trop grande.

Das ist zu klein.
Cette pointure/taille est trop petite.

Vergessen?!

Haarbürste
la brosse à cheveux

Unterwäsche
la lingerie

Kamm
le peigne

Zahnbürste
la brosse à dents

Pflaster
le pansement

Handtuch
la serviette de bain

Seife
le savon

Schlafanzug
le pyjama

Sonnenschutzmittel
la crème solaire

Schnürsenkel
les lacets (chaussures)

Zahnpasta
le dentifrice

Bei „Größe" trifft der Franzose feine Unterscheidungen; bezogen auf Schuhe, sagt man „pointure", bei Kleidung „taille" und bei Hemd, Kragen „encolure".

cent trente-sept **137**

EINKAUFEN — IM GESCHÄFT

Werden Sie schon bedient?
Puis-je vous aider ?

Danke, ich sehe mich nur um.
Non merci, je jette juste un coup d'œil.

Kann ich Ihnen helfen?
Puis-je vous aider ?

Ja, ich hätte gerne eine Hose.
Oui, je voudrais un pantalon.

Hier habe ich ein tolles Angebot.
Ces pantalons sont en solde.

Welche Größe ist das?
C'est quelle taille ?

Das ist Größe 38.
C'est un trente-huit.

Oh, ich glaube, das ist zu klein.
Oh, je pense qu'il est trop petit.

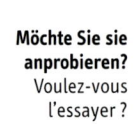

Möchte Sie sie anprobieren?
Voulez-vous l'essayer ?

Ja. Wo sind die Umkleidekabinen?
Oui, où se trouve la cabine d'essayage ?

„Ich brauche" ist eine oft benutzte Redewendung; Sie können sie umschreiben und statt dessen sagen „ich möchte" – „je voudrais" oder auch „j'ai besoin de …".

138 cent trente-huit

Im Geschäft — Einkaufen

Was Sie oft brauchen

Danke, das ist alles.
Ça va merci.

Ich hätte gerne ein Pfund Kirschen.
Je voudrais un demi-kilo de cerises.

Haben Sie Zahnbürsten?
Est-ce que vous avez des brosses à dents ?

Wo finde ich Krawatten?
Où se trouvent les cravates ?

Was können Sie empfehlen?
Que me conseillez-vous ?

Haben Sie Sonderangebote?
Est-ce qu'il y a des offres spéciales ?

Ich habe im Schaufenster ein Paar Schuhe gesehen.
J'ai vu une paire de chaussure en vitrine.

Ich möchte nicht mehr als 200 Francs ausgeben.
Je ne veux pas dépenser plus de 200 F.

Das gefällt mir.
Celles-ci me plaisent.

Das gefällt mir nicht.
Celles-ci ne me plaisent pas.

Das ist nicht ganz das, was ich möchte.
Ce ne sont pas celles que je cherchais.

Können Sie mir noch etwas anderes zeigen?
Avez-vous autre chose à me montrer ?

Was kostet das?
Combien coûtent-elles ?

Wo ist die Kasse?
Où se trouve la caisse ?

Ich hätte gern eine Quittung.
Je voudrais le bon de caisse.

Können Sie mir es einpacken?
Est-ce que vous pouvez les empaqueter ?

Können Sie mir das ins Hotel liefern?
Est-ce que vous pouvez m'envoyer le paquet à l'hôtel ?

Liefern Sie auch ins Ausland?
Est-ce que vous faites des livraisons dans le monde entier ?

Ich möchte das umtauschen.
Je voudrais échanger ce que j'ai acheté.

Ich möchte mich beschweren.
J'ai une réclamation à formuler.

Das Produkt hat einen Fehler.
Le produit a un défaut.

Ich möchte mein Geld zurück.
Pouvez-vous me rendre l'argent ?

Das nehme ich.
Je prends celles-ci.

Haben Sie eine Tragetasche?
Avez-vous un sac ?

„Etwas anderes" ist eine häufig benutzte Redewendung und heißt „autre chose".

EINKAUFEN — IM GESCHÄFT

Was Sie hören oder lesen

Puis-je vous aider ?
Kann ich Ihnen helfen?

On vous sert ?
Werden Sie schon bedient?

Vous désirez ?
Was wünschen Sie?

Quelle est votre taille/pointure (bei Schuhen) ?
Welche Größe haben Sie?

liquidation, soldes
Ausverkauf

Vous voulez autre chose ?
Darf es sonst noch etwas sein?

Je regrette, nous n'en avons pas.
Das haben wir leider nicht.

Ça fait 100 F.
Das macht 100 Francs.

Vous payez comptant ou avec une carte de crédit ?
Zahlen Sie bar oder mit Kreditkarte?

Que cherchez-vous ?
Was darf es sein?

Im Kaufhaus

Abteilung
le rayon

Aufzug
l'ascenseur

Eingang
l'entrée

Kasse
la caisse

Kundendienst
le service clients

Notausgang
la sortie de secours

Rolltreppe
l'escalier roulant

Stockwerk
l'étage

Toiletten
les toilettes

Treppen
les marches

Ausgang
la sortie

Reisen Sie im September nach Frankreich, kann es sein, dass Sie auf „les soldes d'été", den Sommerschlussverkauf stoßen.

Im Geschäft

Einkaufen

Geschäfte

Andenkenladen le magasin de souvenirs
Antiquitätenhandel le commerce d'antiquités
Apotheke la pharmacie
Bäckerei la boulangerie
Blumengeschäft le fleuriste
Buchhandel la librairie
Computerladen le commerce d'ordinateurs
Drogerie la pharmacie
Einkaufszentrum la grande surface
Einzelhandel la vente au détail
Eisenwaren la quincaillerie
Elektrogeschäft le commerce d'électroménagers
Fahrradhandlung le magasin pour bicyclettes
Feinkostgeschäft le traiteur
Fischhandlung la poissonnerie
Flohmarkt le marché aux puces
Fotogeschäft le photographe
Friseur le coiffeur
Gemüsehandlung fruits et légumes
Haushaltswaren le magasin d'articles ménagers
Juwelier la bijouterie
Kaufhaus le grand magasin
Konditorei la pâtisserie
Kosmetiksalon l'institut de beauté
Kunstgalerie la galerie d'art
Kunstgewerbe les arts décoratifs
Kurzwaren la mercerie
Lebensmittelgeschäft le magasin d'alimentation/l'épicerie
Lederwaren la maroquinerie
Markt le marché
Metzgerei la boucherie
Milchgeschäft le fromager
Möbel les meubles
Obsthandlung fruits et légumes
Optiker l'opticien
Parfümerie la parfumerie
Pelzgeschäft le magasin de fourrures
Pfandverleih le mont-de-piété
Reformhaus produits diététiques
Reinigung la blanchisserie/le pressing
Reisebüro l'agence de voyage
Schallplattenladen le magasin de disques
Schneiderei l'atelier de couture
Schreibwaren la papeterie
Schuhgeschäft le magasin de chaussures
Schuhmacher le cordonnier
Secondhand-Laden le magasin de vêtements d'occasion
Spielwaren le magasin de jouets
Spirituosen les vins et liqueurs
Sportgeschäft le magasin d'articles de sport
Stoffladen le magasin de tissus
Supermarkt le supermarché
Süßwaren les friandises
Tabakladen le bureau de tabac
Trödler l'antiquaire/le brocanteur
Uhrmacherei l'horlogerie
Waschsalon la laverie automatique
Weinhandlung vins et liqueurs
Zeitungshändler le kiosque à journaux

Das „Einkaufszentrum" wird im Französischen auch „le centre commercial" genannt.

cent quarante et un **141**

Farben

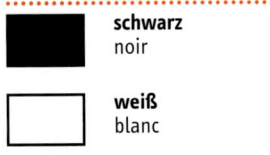

■	**schwarz** noir	🟢	**grün** vert
□	**weiß** blanc	🟦	**blau** bleu
▬	**grau** gris	🟪	**rosa** rose
🟥	**rot** rouge	🟧	**orange** orange
🟨	**gelb** jaune	🟪	**lila** mauve

Strukturen

farbig
coloré

kariert
à carreaux

meliert
mélangé

gemustert
avec des motifs

genoppt
bouclé

hell
clair

dunkel
foncé

kontrastreich
très contrasté

kontrastarm
peu contrasté

matt
opaque

brillant
brillant

gepunktet
pointillé

längsgestreift
à raies longitudinales

quergestreift
à raies transversales

schwarzweiß
noir et blanc

So klingen verschiedene Blautöne auf französisch: „bleu ciel" (Himmelblau), „bleu marine" (Marineblau), „bleu vert" (Blaugrün).

Im Geschäft

Einkaufen

Auf dem Markt

Kirschen, wunderschöne Kirschen!
Des cerises, mes belles cerises !

Die sehen gut aus.
Celles-ci sont belles.

Möchten Sie probieren?
Voulez-vous les goûter ?

Mh, lecker. Geben Sie mir ein Pfund.
Mh, c'est délicieux. J'en voudrais un demi-kilo.

Was ist das?
Qu'est-ce que c'est ?

Schwarzwurzeln.
Du salsifis noir.

Was macht man damit?
Comment faut-il le préparer ?

Das kocht man als Gemüse.
Comme des légumes.

„Faire le marché/faire son marché" bedeutet „auf dem Markt einkaufen".

cent quarante-trois

| EINKAUFEN | LEBENSMITTEL |

Lebensmittel

Bier
la bière

Gebäck
les biscuits

Brot
le pain

Gemüse
les légumes

Brötchen
les petits pains

Kaffee
le café

Eis
la glace

Käse
le fromage

Fisch
le poisson

Konserven
les conserves

Fleisch
la viande

Meerestiere
les fruits de mer

Wenn Sie nach einem Milchgeschäft Ausschau halten, suchen Sie auch nach „laiterie" oder „crémerie".

LEBENSMITTEL   EINKAUFEN

Biokost les produits biologiques
Butter le beurre
Essig le vinaigre
Getränke les boissons
Gewürze les épices
Grieß la semoule
Honig le miel
Kuchen le gâteau
Margarine la margarine
Marmelade la confiture
Mayonnaise la mayonnaise
Mehl la farine
Milchprodukte les produits laitiers
Öl l'huile
Pralinen le chocolat
Quark le fromage blanc
Reis le riz
Salz le sel
saure Sahne la crème fraiche
Schlagsahne la crème Chantilly
Schokolade le chocolat
Senf la moutarde
Süßigkeiten les douceurs/sucreries
Yoghurt le yaourt
Zucker le sucre

Nüsse les noix

Obst les fruits

Salat la salade

Tee le thé

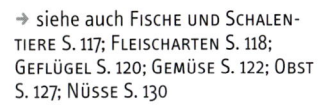

→ siehe auch FISCHE UND SCHALENTIERE S. 117; FLEISCHARTEN S. 118; GEFLÜGEL S. 120; GEMÜSE S. 122; OBST S. 127; NÜSSE S. 130

Wein le vin

Nudeln les pâtes

Wurst la saucisse

Wollen Sie Marmelade, denken Sie an „Konfitüre" und verlangen „confiture" – was immer auch das deutsche Lebensmittelrecht davon denken mag.

cent quarante-cinq **145**

| EINKAUFEN | LEBENSMITTEL |

Einkaufskorb
le panier

Einkaufswagen
le chariot

Tragetasche
le sac

Mengen

100 Gramm
100 grammes

ein Pfund
un demi-kilo/une livre

ein Kilo
un kilo

ein Stück
un morceau

eine Scheibe
une tranche

ein Liter
un litre

eine Packung
un paquet

eine Flasche
une bouteille

eine Dose
une boîte/un pot

ein Glas
un verre

Verkaufsgespräche

Ich hätte gerne Butter.
Je voudrais du beurre.

Haben Sie auch Mehl?
Avez-vous de la farine ?

Ein bisschen mehr, bitte.
Encore un peu, s'il vous plaît.

Kann ich davon probieren?
Est-ce que je peux goûter ?

Darf es etwas mehr sein?
Vous en voulez encore ?

Darf es sonst noch etwas sein?
Avec ceci ?/Voulez-vous autre chose ?

Danke, das ist alles.
C'est tout merci.

Möchten Sie eine unbestimmte Menge, sagen Sie „je voudrais du beurre, du lait, de la crème".

DROGERIE, KOSMETIK — EINKAUFEN

Drogerie, Kosmetik

Badeschwamm
l'éponge

Parfüm
le parfum

Batterien
les piles

Pflaster
le pansement

Haarbürste
la brosse à cheveux

Rasierapparat
le rasoir

Kamm
le peigne

Rasierklingen
les lames de rasoir

Kleiderbürste
la brosse pour vêtements

Rasierpinsel
le blaireau

Rasierschaum
la mousse à raser

Kondom
le préservatif

Lippenstift
le rouge à lèvres

Sicherheitsnadeln
l'épingle à nourrice

Zu „Pflaster" sagt man auch „pansement adhésif" (Heftpflaster) oder „sparadrap" (Leukoplast).

Drogerie, Kosmetik

Sonnencreme la crème solaire

Spiegel le miroir

Streichhölzer les allumettes

Verband le bandage

Zahnbürste la brosse à dents

Insektenschutz l'insecticide
Körpermilch le lait pour le corps
Lidschatten le fard à paupières
Mundwasser le collutoire
Nagelfeile la lime à ongles
Nagellack le vernis à ongles
Nagellackentferner le dissolvant
Nagelschere les ciseaux à ongles

Abdeckstift le crayon
Augenbrauenstift le mascara
Binden les serviettes hygiéniques
Deodorant le déodorant
Desinfektionsmittel le produit pour désinfecter
Fleckenwasser le détachant
Haarwaschmittel le shampoing
Handcreme la crème pour les mains
Papiertaschentücher les mouchoirs en papier/kleenex
Pinzette la pince à épiler
Puder la poudre
Putzmittel le détergent
Rouge le fard
Schwamm l'éponge
Seife le savon
Spülbürste le brosse
Spülmittel le liquide vaisselle
Tampons les tampons
Taschentücher les mouchoirs
Toilettenpapier le papier-toilette
Waschlappen le gant de toilette
Waschpulver la lessive en poudre
Watte le coton
Wimperntusche le rimmel
Zahnpasta le dentifrice
Zahnseide le fil dentaire

Der Waschlappen, „le gant de toilette", für die Körperpflege ist nicht mit dem anderen „Waschlappen" zu verwechseln, der u.a. als „pâte molle" bezeichnet wird.

Für Kinder und Säuglinge

Ball
le ballon

Sandeimer
le seau

Drachen
le cerf-volant

Sauger
la sucette/la tétine

Schaufel
la pelle

Flasche
le biberon

Schnuller
la tétine

Gießkanne
l'arrosoir

Schwimmreif
la bouée

Kinderbett
le lit pour enfants

Spielzeug
le jouet

Luftballon
le ballon

Babycreme la crème pour bébés
Badehose le maillot de bain
Säuglingsnahrung la nourriture pour nouveau-né
Schwimmflügel le brassard
Taucherbrille les lunettes de plongée
Windeln les couches

Reisebett
le lit à emporter/
le lit de camp

Der „Säugling" heißt auch „bébé" oder „nourrisson".

Tabakwaren

Aschenbecher
le cendrier

Pfeifenbesteck
le nécessaire pour pipe

Pfeifenfilter
le filtre pour pipe

Pfeifenreiniger
le cure-pipe

Tabak
le tabac

Zigarettenetui
l'étui à cigarettes

Zigarettenspitze
le fume-cigarette

Feuerzeug
le briquet

Pfeife
la pipe

Was hätten Sie gerne?

eine Schachtel Zigaretten
un paquet de cigarettes

eine Stange Zigaretten
une cartouche de cigarettes

eine Packung Tabak
un paquet de tabac

eine Dose Tabak
une boîte de tabac

zehn Zigarillos
dix cigarillos

Streichhölzer
les allumettes

Zigaretten
les cigarettes
mit Filter
avec filtre
ohne Filter
sans filtre

Zigarillos
les petits
cigares/cigarillos

Zigarren
les cigares

Im Zug gibt es „des compartiments fumeurs/non-fumeurs" (Raucher- und Nichtraucherabteile).

Kleidung

Ich suche einen Rock.
Je voudrais une jupe.

Ich suche etwas Passendes dazu.
Qu'est-ce que je pourrais mettre avec ?

Kann ich das anprobieren?
Est-ce que je peux l'essayer ?

Das nehme ich.
Je le prends.

Das gefällt mir nicht.
Ça ne me plaît pas.

Die Farbe gefällt mir nicht.
Je n'aime pas la couleur.

Wo ist die Umkleidekabine?
Où se trouve la cabine d'essayage ?

Haben Sie einen Spiegel?
Est-ce qu'il y a une glace ?

Die Ärmel sind zu lang.
Les manches sont trop longues.

Können Sie es ändern?
Est-ce que vous pouvez faire la retouche ?

Wie lange dauert die Änderung?
Dans combien de temps sera-t-il prêt ?

Was Sie hören

Quelle est votre taille ?
Welche Größe haben Sie?

Voulez-vous l'essayer ?
Möchten Sie es anprobieren?

Voulez-vous le changer ?
Sollen wir es ändern?

De quelle couleur le voulez-vous ?
Welche Farbe soll es sein?

Größen

Ich habe Größe 38. Je porte du 38.

klein petit(e)

mittel moyen(ne)

groß grand(e)

sehr groß très grande

Haben Sie das größer/kleiner? Est-ce que vous l'avez plus grand/plus petit ?

Das passt gut. Il/elle me va.

Das passt nicht. Il/elle ne me va pas.

Das ist zu ... Il est...
  klein petit
  groß grand
  eng étroit
  weit large
  kurz court
  lang long

„Faire du lèche-vitrines » bedeutet einen Schaufensterbummel machen (genaugenommen leckt man die Schaufenster ab).

EINKAUFEN　　　　　　　　　　　　　　　　　　　　　　KLEIDUNG

Kleidungsstücke

Badeanzug
le maillot de bain

Hut
le chapeau

Badehose
le slip de bain

Krawatte
la cravate

Bikini
le bikini

Mütze
le bonnet

Fliege
le nœud papillon

Schal
l'écharpe

Handschuhe
les gants

Schildkappe
la casquette

Für Unterhose kann man auch einfach „slip" sagen. Der weibliche „Schlüpfer" heißt „culottes".

152 cent cinquante-deux

KLEIDUNG — EINKAUFEN

Schirm le parapluie

Taschentuch le mouchoir

Socken les chaussettes

Unterhose le caleçon

Anorak l'anorak
Anzug le complet
Bademantel le peignoir
Blazer le blazer
Bluse le chemisier
Büstenhalter le soutien-gorge

Gürtel la ceinture
Halstuch l'écharpe/le foulard
Hemd la chemise
Hose le pantalon
Hosenträger les bretelles
Jacke la veste
Jackett la jaquette
Kleid la robe
Kostüm le costume
Mantel le manteau
Morgenrock la robe de chambre
Nachthemd la chemise de nuit
Pullover le pull
Regenmantel l'imperméable
Rock la jupe
Schlafanzug le pyjama
Schürze le tablier
Shorts le short
Slip la culotte
Strümpfe les chaussettes
Strumpfhose le collant
T-Shirt le tee-shirt/le t-shirt
Unterhemd le maillot de corps
Unterrock le jupon
Weste le gilet

Für Anzug kann man auch „costume" sagen, wobei damit der Anzug für den Herrn und das Kostüm für die Dame gemeint ist.

Nähen

Fingerhut
le dé à coudre

Knopf
le bouton

Maßband
le mètre

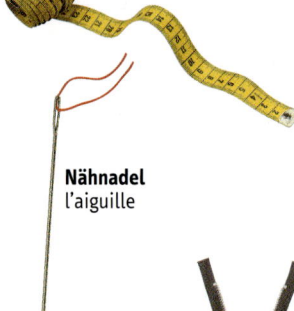

Nähnadel
l'aiguille

Reißverschluss
la fermeture éclair

Sicherheitsnadel
l'épingle de nourrice

Ärmel les manches
Faden le fil
Gummiband l'élastique
Kragen le col
Manschetten les poignées
Stecknadel l'épingle

Stoffe

Aus welchem Material ist das?
C'est en quelle matière ?

Ich möchte etwas aus Baumwolle.
Je voudrais du coton.

Kann man das mit der Maschine waschen?
Est-ce qu'on peut le laver en machine ?

Kann man das in den Wäschetrockener tun?
Est-ce qu'on peut le mettre dans le séchoir à ligne ?

Geht das beim Waschen ein?
Est-ce qu'il rétrécit au lavage ?

bügelfrei
ne pas repasser

Futter
la doublure

Batist le batiste
Baumwolle le coton
Cord le velours
Filz le feutre
Flanell la flanelle
Frottee le tissu-éponge
Kammgarn le tissu peigné
Krepp le crêpé
Kunstfaser la fibre synthétique
Leder le cuir
Leinen le lin
Mikrofaser la microfibre
Popeline la popeline
Samt le velours
Satin le satin
Seide la soie
Wolle la laine

Der Stoff ist „le tissu" oder „l'étoffe".

154 cent cinquante-quatre

LEDERWAREN, REINIGUNG — EINKAUFEN

Lederwaren

Handschuhe
les gants

Handtasche
le sac à main

Koffer
la valise

Reisetasche
le sac de voyage

Aktentasche la serviette/le porte-documents
Brieftasche le portefeuille
Geldbeutel le porte-monnaie
Gürtel la ceinture
Kunstleder le similicuir
Lederjacke la veste en cuir
Ledermantel le manteau en cuir
Umhängetasche le sac en bandoulière
Wildleder le daim

Reinigung, Waschsalon

Bitte reinigen Sie dieses Kleidungsstück.
Ce vêtement est à laver.

Welche Art der Reinigung schlagen Sie vor?
Quel type de lavage voulez-vous ?

Ich möchte eine …
Je voudrais un …
    chemische Reinigung
    lavage à sec
    schonende Reinigung
    lavage délicat
    gründliche Reinigung
    lavage complet

Was kostet das?
Combien est-ce que ça coûte ?

Wie lange wird es dauern?
Il faudra combien de temps ?

Wann kann ich es wieder abholen?
Quand puis-je passer retirer mes vêtements ?

Können Sie mir das Kleidungsstück zusenden?
Pouvez-vous me faire livrer le vêtement ?

Hier ist meine Adresse.
Je vous donne mon adresse.

Waschmaschine la machine à laver
Trockner le sèche-linge
Schleuder l'essoreuse
Münzen les pièces
spülen rincer
schleudern essorer
kochen laver à 90 degrés
Schonwaschgang le programme délicat
Schleudergang l'essorage
Buntwäsche les vêtements délicats
Kochwäsche la lessive lavable à 90 degrés

Sagt man für Münze „pièce", bleibt dabei „… de monnaie" unausgesprochen, wenn der Zusammenhang klar ist.

cent cinquante-cinq

Schuhe

Ich habe Größe 37.
Je fais du 37.

Die Schuhe drücken.
Les chaussures me font mal.

Die Schuhe sind ...
Les chaussures sont ...
  zu eng
  trop justes
  zu weit
  trop larges
  zu klein
  trop petites
  zu groß
  trop grandes

Schuhe mit ...
Chaussures ...
  flachem Absatz.
  avec un talon bas.
  hohem Absatz.
  avec un talon haut.

Können Sie die Schuhe neu besohlen?
Est-ce que vous pouvez ressemeler les chaussures ?

Ich brauche neue Absätze.
Je voudrais refaire le talon.

Wann sind die Schuhe fertig?
Quand est-ce que les chaussures seront prêtes ?

Schuhbürste la brosse pour chaussures
Schuhcreme le cirage
Schuhe les chaussures
Sohle la semelle
Stiefel les bottes
Turnschuhe les baskets
Ledersohlen la semelle en cuir
Gummisohlen la semelle en caoutchouc
Wanderschuhe les chaussures de marche
Bergschuhe les chaussures de montage

Wo drückt der Schuh?

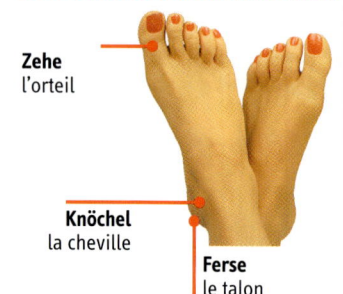

Zehe l'orteil

Knöchel la cheville

Ferse le talon

Absatz le talon
Badeschuhe les chaussures de bain
Gummistiefel les bottes en caoutchouc
Hausschuhe les pantoufles
Kinderschuhe les chaussures pour enfants
Sandalen les sandales
Schnürsenkel les lacets

Zu Zeh können Sie auch „doigt de pied" sagen.

Im Sportgeschäft   EINKAUFEN

Im Sportgeschäft

Badeanzug
le maillot de bain

Badehose
le slip de bain

Golfschläger
le club de golf

Golftasche
le sac de golf

Ball
la balle/le ballon

Hantel
les altères

Basketball
le basket

Rucksack
le sac à dos

Bikini
le bikini

Schnorchel
le tuba

Fußball
le ballon de foot

Schwimmflossen
les palmes

Golfball
la balle de golf

Sonnenschirm
le parasol

Beim „Badeanzug" kann man noch zwischen ein- und zweiteilig unterschieden, das hört sich dann so an: „maillot de bain une pièce" bzw. „maillot deux-pièces".

cent cinquante-sept **157**

Im Sportgeschäft

Taucherbrille
les lunettes de plongée

Tennisball
la balle de tennis

Tennisschläger
la raquette de tennis

Tischtennisball
la balle de ping-pong

Tischtennisschläger
la raquette de ping-pong

Wanderschuhe
les chaussures de marche

Angel
la canne à pêche

Bademütze
le bonnet de bain

Bergschuhe
les chaussures de montage

Federball
le volant

Federballschläger
le badminton

Inline-Skater
les Inline-Skates/les patins en ligne

Iso-Matte
le tapis de sol

Luftmatratze
le matelas pneumatique

Schlafsack
le sac de couchage

Schlittschuhe
les patins à glace

Schwimmflügel
les brassards

Skateboard
la planche à roulettes/le skate-board

Tennisschuhe
les baskets

Turnschuhe
les baskets

Windschutz
l'abri contre le vent

→ siehe auch SPORTARTEN S. 179; AM STRAND S. 183; WASSERSPORT S. 186; TAUCHEN S. 187; WANDERN, KLETTERN S. 191

Man unterscheidet „jouer au golf" (Golf spielen) und „le Golfe de Saint Tropez" (der Golf von Saint Tropez).

HAUSHALTSWAREN — EINKAUFEN

Haushaltswaren

Abflusssieb
le filtre d'évacuation

Eimer
le seau

Besen
le balais

Feuerzeug
le briquet

Besteck
les couverts

Bratpfanne
la poêle

Flaschenöffner
l'ouvre-bouteilles, le décapsuleur

Fleischmesser
le couteau à viande

Bügelbrett
la planche à repasser

Bügeleisen
le fer à repasser

Fliegenklatsche
l'attrape-mouches

Dosenöffner
l'ouvre-boîtes

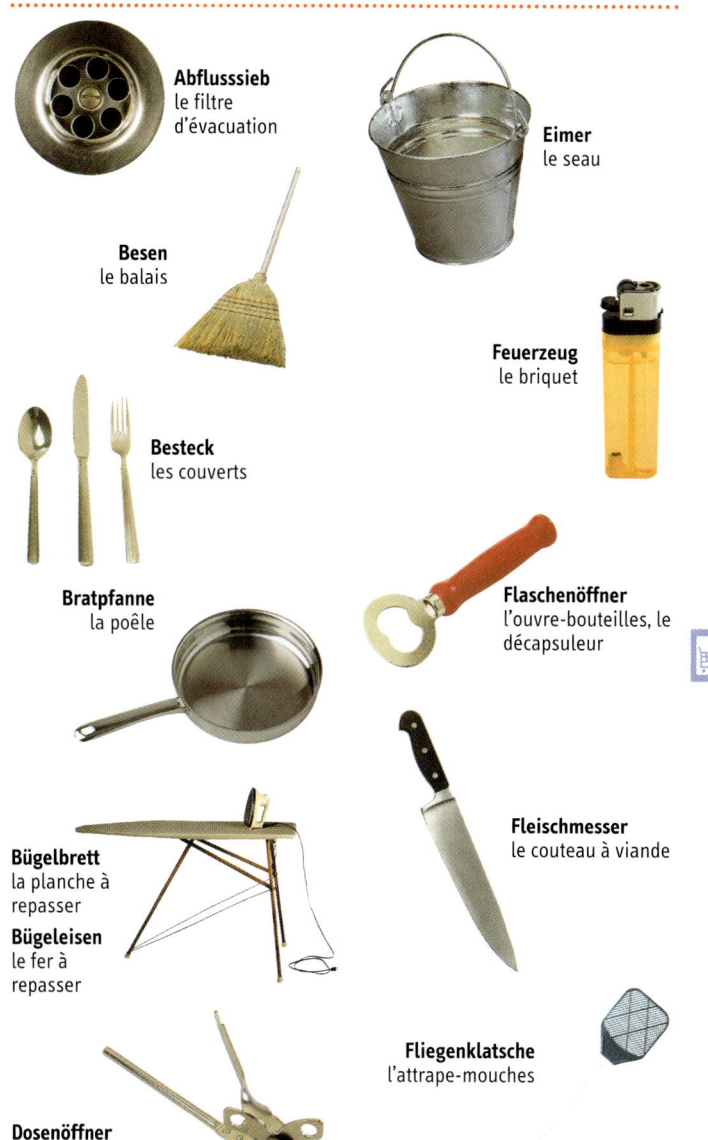

Bügeln heißt auf Französisch „repasser" oder „ faire le repassage".

cent cinquante-neuf **159**

EINKAUFEN — HAUSHALTSWAREN

Haushaltswaren

Föhn
le sèche-cheveux

Handbesen
la balayette

Geschirr
la vaisselle

Geschirrständer
l'égouttoir à vaisselle

Kaffeemühle
le moulin à café

Kanne
la cruche

Gießkanne
l'arrosoir

Kehrblech
la balayette

Glas
le verre

Kerze
la bougie

Glühbirne
l'ampoule

Kerzenständer
le chandelier

Die Kerze ist entweder „la bougie" oder aber „la chandelle" („un dîner aux chandelles").

HAUSHALTSWAREN · EINKAUFEN

Kette
la chaîne

Leiter
l'échelle

Kleiderbürste
la brosse pour vêtements

Magnet
l'aimant

Kochtopf
la casserole

Messer
le couteau

Korkenzieher
le tire-bouchon

Milchtopf
la bouilloire

Küchenschwamm
l'éponge

Petroleumlampe
la lampe à pétrole

Kühltasche
le sac thermique

Putzlappen
le chiffon

Im Französischen gibt es etliche Verb-/Nomenkonstruktionen wie „tire-bouchon" (Korkenzieher), „ouvre-boîte" (Dosenöffner), „presse-citron" (Zitronenpresse).

EINKAUFEN — **HAUSHALTSWAREN**

Haushaltswaren

Rührbesen
le fouet

Staubsauger
l'aspirateur

Rührlöffel
la cuillère en bois

Streichhölzer
les allumettes

Saugpumpe
la pompe d'aspiration

Tasse
la tasse

Schere
les ciseaux

Teller
l'assiette

Schnur
la ficelle

Topf
la marmite

Spiegel
le miroir

Trichter
l'entonnoir

Die Schere ist im Französischen immer im Plural: „les ciseaux".

HAUSHALTSWAREN — EINKAUFEN

Vorhängeschloss le cadenas

Wasserschlauch le tuyau

Waage la balance

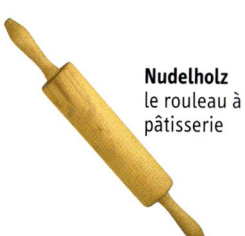

Nudelholz le rouleau à pâtisserie

Wärmflasche la bouillotte

Zitruspresse le presse-citron

Wäscheklammern les pinces à linge

Wäschekorb le panier à linge

Wäscheleine la corde pour étendre le linge

Abfallbeutel le sac-poubelle
Alufolie le papier aluminium
Becher la tasse
Bindfaden la ficelle
Frischhaltefolie le sachet pour aliments
Papierservietten les serviettes en papier
Plastikbeutel le sachet en plastique
Spülbürste la brosse
Taschenlampe la torche
Taschenmesser le canif
Tauchsieder le thermoplongeur
Thermoskanne le bouteille thermos
Ventilator le ventilateur
Wäscheständer le séchoir/l'étendoir

Zur Wäscheleine können Sie auch „corde à linge" oder „étendoir" (Wäscheständer) sagen.

EINKAUFEN — WERKZEUG

Werkzeug

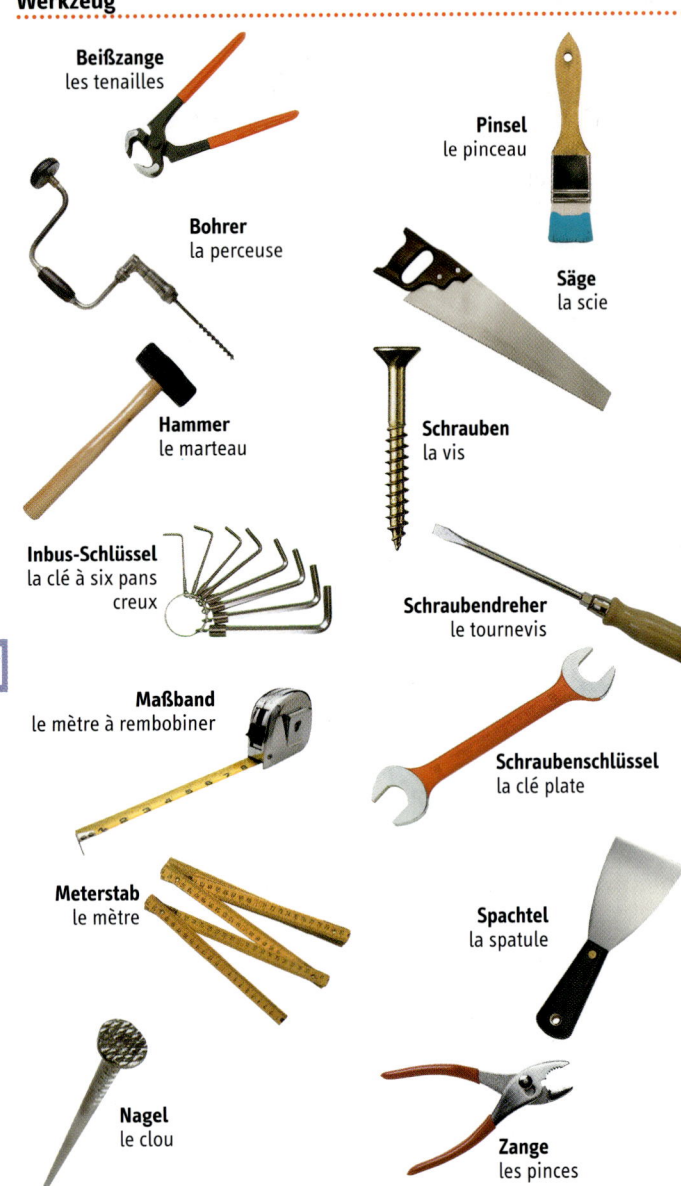

Beißzange
les tenailles

Pinsel
le pinceau

Bohrer
la perceuse

Säge
la scie

Hammer
le marteau

Schrauben
la vis

Inbus-Schlüssel
la clé à six pans creux

Schraubendreher
le tournevis

Maßband
le mètre à rembobiner

Schraubenschlüssel
la clé plate

Meterstab
le mètre

Spachtel
la spatule

Nagel
le clou

Zange
les pinces

„Le tuyau" bedeutet eigentlich „Rohr", im übertragenen Sinn kann es aber ein wichtiger Tipp sein.

164 cent soixante-quatre

Campingartikel

Grill
le barbecue

Kühlbox
la glacière

Liegestuhl
la chaise longue

Luftpumpe
la pompe

Petroleumlampe
la lampe à pétrole

Schnur
la corde

Butangas
le gaz butane

Gaskocher
le fourneau à gaz

Hängematte
le hamac

Heringe
les piquets

Holzkohle
le charbon de bois

Klappstuhl
la chaise pliante

Klapptisch
la table pliante

Luftmatratze
le matelas pneumatique

Moskitonetz
le voile anti-moustiques

Propangas
le gaz propane

Schlafsack
le sac de couchage

Wasserkanister
le bidon d'eau

Zelt
la tente

Zeltstange
le mât de tente

→ siehe auch AUF DEM CAMPINGPLATZ S. 100

„Les tuyaux et astuces" sind „Tipps und Tricks".

Buchhandlung

Wo finde ich eine Buchhandlung? Où puis-je trouver une librairie ?

Haben Sie auch deutschsprachige Literatur? Est-ce que vous avez des livres écrits en allemand ?

Ich suche einen Roman. Je cherche un roman.

Ansichtskarten la carte postale
Bildband le volume illustré
Bilderbuch le livre illustré
Briefmarken les timbres
Briefpapier le papier à lettres
Fachbuch le livre spécialisé
Geschenkpapier le papier cadeau
Kinderbuch le livre pour enfants
Kochbuch le livre de cuisine
Kriminalroman le roman policier
Landkarte la carte
Novelle les contes
Reiseführer le guide touristique
Sachbuch les essais
Science Fiction la science-fiction

Stadtplan la carte de la ville
Wörterbuch le dictionnaire
Zeitschrift la revue/le magazine
Zeitung le journal
Kalender le calendrier

Schreibwaren

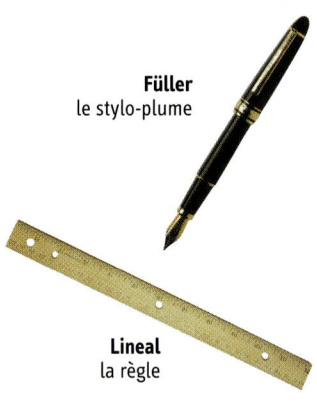

Bleistift le crayon

Büroklammern les agrafes

Farbstift le crayon de couleur

Füller le stylo-plume

Lineal la règle

Notizblock le bloc-notes

Sagen Sie „policier" für Kriminalroman, dann muss klar sein, dass es sich um einen Krimi handelt, sonst müssten Sie „roman policier" sagen.

SCHREIBWAREN — EINKAUFEN

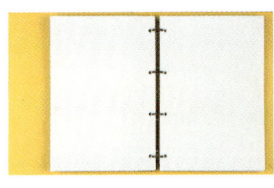

Notizheft
le cahier

Reißzwecken
les petits clous

Ringbuch
le classeur

Schere
les ciseaux

Schnur
la corde

Spielkarten
les cartes à jouer

Bindfaden
la ficelle

Bleistiftspitzer
le cutter

Etiketten
l'étiquette

Filzstift
le feutre

Heftklammern
les agrafes

Klebstoff
la colle

Kugelschreiber
le stylo-bille

Radiergummi
la gomme

Schreibpapier
le papier à lettres

Schreibwaren
les articles de papeterie

Tesafilm
le ruban adhésif (scotch)

Taschenrechner
la calculette

Tinte
l'encre

Für Kugelschreiber wird oft „bic" gesagt, für Taschentücher "Kleenex" – beides eigentlich Markenartikel.

cent soixante-sept **167**

EINKAUFEN — MALARTIKEL, FOTOGESCHÄFT

Malartikel

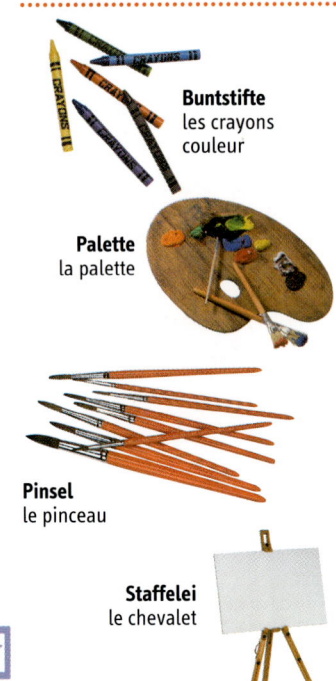

Buntstifte les crayons couleur

Palette la palette

Pinsel le pinceau

Staffelei le chevalet

Aquarellfarben la peinture à l'eau
Aquarellpapier le papier pour peinture à l'eau
Fixiermittel le fixateur
Keilrahmen le cadre de serrage
Kohlenstifte les crayons de charbon
Kreide le craie
Leinwand la toile
Malkreiden les pastels
Ölfarben les couleurs à l'huile
Ölkreiden le bâton de craie
Pastellfarben les teintes pastel
Wasserfarben les aquarelles
Zeichenblock le bloc à dessin

Im Fotogeschäft

Ich suche nach einer ...
Je cherche un ...
　Spiegelreflexkamera.
　appareil photo reflex.
　Kleinbildkamera.
　appareil photo pour le format vingt-quatre trente-six.

Ich möchte etwa 500 Francs ausgeben.
Je ne veux pas dépenser plus de 500 F.

Ist die Garantie international gültig?
Est-ce que la garantie est valable dans le monde entier ?

Ich brauche Passbilder.
Je voudrais des photos d'identité.

Was ist kaputt?

Irgendetwas stimmt nicht mit meiner Kamera.
Mon appareil photo ne fonctionne pas bien.

Der Film klemmt.
La pellicule se bloque.

Können Sie es reparieren?
Pouvez-vous le réparer ?

Was wird es kosten?
J'en aurai pour combien ?

Wie lange wird es dauern?
Combien de temps faudra-t-il ?

Belichtungsmesser
le posemètre

Entfernungsmesser
le télémètre

Verschluss
l'obturateur

„Le peintre" kann sowohl der Maler im künstlerisch Sinn sowie der Anstreicher sein. „ Les travaux de peinture" sind Malerarbeiten.

cent soixante-huit

Zubehör

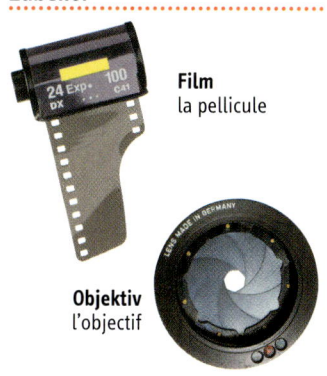

Film
la pellicule

Objektiv
l'objectif

Batterie
la pile

Blitzlicht
le flash

Fototasche
l'étui de l'appareil photo

Selbstauslöserkabel
le câble du dispositif à retardement

Sonnenblende
le pare-soleil

Stativ
le trépied

Teleobjektiv
le téléobjectif

UV-Filter
le filtre ultra violet

Weitwinkelobjektiv
l'objectif grand-angle

Zoom-Objektiv
l'objectif zoom

Filme

Ich möchte einen ...
Je voudrais...
  Schwarzweißfilm
  une pellicule en noir et blanc
  Farbnegativfilm
  une pellicule couleur
  Diafilm
  une pellicule pour diapositives

Mit 100/200/400 ASA.
En 100/200/400 ASA.

Mit 36 Aufnahmen.
A trente-six photos.

Tageslichtfilm
pellicule pour la lumière du jour

Kunstlichtfilm
pellicule pour la lumière artificielle

Können Sie mir den Film einlegen?
Pouvez-vous mettre la pellicule dans l'appareil, s'il vous plaît ?

Entwicklung
le développement

Abzug
le tirage/la photo

Format
le format

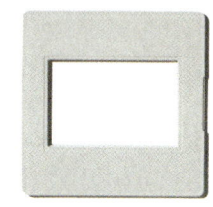

Diarahmen
le petit cadre pour diapositives

„Le photograph prend des photos" heißt: der Fotograf macht Fotos – wörtlich „nimmt" er sie.

cent soixante-neuf

Filme entwickeln

Bitte entwickeln Sie diesen Film.
Pouvez-vous développer cette pellicule ?

In welchem Format?
Dans quel format ?

Ja, im Format 10 mal 15.
Dix par quinze.

Hochglanz oder matt?
Brillant ou mat ?

Hochglanz. Wann kann ich die Bilder abholen?
Brillant. Quand est-ce que je peux retirer les photos ?

Übermorgen.
Après demain.

Entwickeln kann neben „developper" auch „dessiner" und „étudier" im übertragenden Sinn heißen.

VIDEO — EINKAUFEN

Videokamera

Ich möchte eine Videokamera kaufen.
Je voudrais une caméra vidéo.

Sie sollte nicht über 2000 Francs kosten.
Je ne voudrais pas dépenser plus de 2000 F.

Hat die Kamera eine weltweite Garantie?
Est-ce que la garantie de l'appareil est valable dans le monde entier ?

Ist dies ein Auslaufmodell?
Est-ce un modèle de fin de série ?

Ist dies das aktuellste Modell der Firma?
Est-ce le modèle le plus actuel ?

Ich möchte für meine Videokamera ...
Je voudrais ...
  einen passenden Film
  une pellicule
  Batterien
  des piles
  ein Ladegerät
  un chargeur
  ein Halogenlicht
  une lumière halogène pour caméra vidéo

Videorecorder, DVD

Videorecorder
le magnétoscope

Videokassette
la cassette vidéo

DVD-Spieler
le lecteur DVD

Ein Videofilmer ist ein „vidéoiste".

EINKAUFEN — ELEKTROARTIKEL

Elektroartikel

Adapter
l'adaptateur

Stecker
la fiche

Batterie
la pile

Wecker
le réveil

Bügeleisen
le fer à repasser

Rasierapparat
le rasoir

Taschenlampe
la lampe de poche

Verlängerungskabel
la rallonge

Föhn
le sèche-cheveux

Glühbirne
l'ampoule

Sicherung
le fusible

Steckdose
la prise de courant

„Electro-ménager" sind kleine Haushaltsgeräte.

HiFi, Computer — Einkaufen

HiFi

Diskman le lecteur laser

Fernbedienung la télécommande

Kopfhörer le casque

Lautsprecher le haut-parleur

CD-Spieler le lecteur CD

DVD-Spieler le lecteur DVD

HiFi-Anlage la chaîne Hi-Fi

Kassettenrekorder le magnétophone

MD-Spieler le lecteur MD

Radio la radio

Schallplattenspieler le tourne-disques

Walkman le balladeur

Computer

Bildschirm l'écran

Tastatur le clavier

Arbeitsspeicher la mémoire de travail

Betriebssystem le système d'exploitation

CD-Brenner le graveur de CD-ROM

CD-ROM-Laufwerk le lecteur de CD-ROM

Festplatte le disque dur

Grafikkarte la carte graphique

Laserdrucker l'imprimante laser

Modem le modem

Netzwerkkabel le câble réseau

Netzwerkkarte la carte réseau

Papier le papier

Prozessor le processeur

Scanner le scanneur

Soundkarte la carte audio

Steuereinheit l'unité de commande

Stromkabel le câble d'alimentation

Tintenstrahldrucker l'imprimante jet d'encre

Toner le toner

Verlängerungskabel la rallonge

Videokarte la carte vidéo

Da die Franzosen bekanntermaßen ungern Anglizismen übernehmen, wird der Computer mit „ordinateur personnel" übersetzt.

EINKAUFEN — OPTIKER

Beim Optiker

Mein Brillengestell ist gebrochen.
Ma monture est cassée.

Kein Problem, das kann ich löten.
Ce n'est pas grave, je peux la souder.

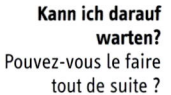

Kann ich darauf warten?
Pouvez-vous le faire tout de suite ?

Tur mir leid, das wird erst morgen fertig.
Non pas avant demain matin.

Haben Sie keine Ersatzbrille?
Avez-vous des lunettes de rechange ?

Die Brille ist im Französischen immer im Plural: „les lunettes". Schließlich hat man zwei Augen!

OPTIKER — EINKAUFEN

Bügel
la branche

Glas
le verre

Fassung
la monture

Das Glas ist zerbrochen.
Le verre est cassé.

Sonnenbrille
les lunettes de soleil

Fernglas
les jumelles

Lupe
la loupe

Meine Brille ist kaputt.
Mes lunettes sont cassées.

Können Sie sie reparieren?
Pouvez-vous les réparer ?

Wie lange wird es dauern?
Il faudra combien de temps ?

Kann ich darauf warten?
Pouvez-vous le faire tout de suite ?

Kontaktlinsen
les lentilles
   harte Linsen
   lentilles dures
   weiche Linsen
   lentilles souples

Sehstärke
la tension de l'œil

kurzsichtig
myope

weitsichtig
presbyte

Brillenetui
l'étui (pour lunettes)

Reinigungsmittel
le produit pour nettoyer les verres

Die Kontaktlinsen „les lentilles" bitte nicht mit „plat de lentilles" (Linsengericht) verwechseln.

Beim Uhrmacher

Krone le bouton pour remonter la montre

Zeiger l'aiguille

Glas le verre

Wecker le réveil

Stoppuhr le chronomètre

Meine Uhr geht nicht mehr. Ma montre ne fonctionne plus.

Meine Uhr geht vor. Ma montre avance.

Meine Uhr geht nach. Ma montre retarde.

Können Sie sie reparieren? Pouvez-vous la réparer ?

Wie lange wird es dauern? Il faudra combien de temps ?

Armband le bracelet

Armbanduhr la montre-bracelet

Taschenuhr la montre de poche

Wanduhr l'horloge

wasserdicht étanche

Juwelier

Ich suche ein Geschenk. Je voudrais faire un cadeau.

Es ist für einen Mann/eine Frau. C'est pour un homme/une femme.

Haben Sie auch etwas Billigeres? Est-ce que vous avez quelque chose de moins cher ?

Welches Material ist das? C'est en quelle matière ?

Welcher Stein ist das? Quelle pierre est-ce ?

Anhänger le pendentif

Anstecknadel l'épingle

Armreif le bracelet

Brosche la broche

Halskette le collier

Krawattennadel l'épingle à cravate

Manschettenknöpfe les boutons de manchette

Perlenkette le colier en perles

Ring la bague

Ohrringe les boucles d'oreille

Amethyst l'améthyste

Bernstein l'ambre

Diamant le diamant

Edelstahl l'acier spécial

Elfenbein l'ivoire

Gold l'or

vergoldet plaqué or

Koralle le corail

Kupfer le cuivre

Onyx l'onyx

Perle la perle

Platin le platine

Rubin le rubis

Saphir le saphir

Silber l'argent

versilbert plaqué argent

Smaragd l'émeraude

„Le platine" ist das Platin, „la platine" dahingegen die Platine und der Plattenspieler.

Friseur

Haarfestiger
le fixateur

Haargummi
la gomina

Haarnadeln
l'épingle à cheveux

Haarspange
la barrette

Haarspray
la laque

Haarspülung
le lavage

Haarwaschmittel
le shampooing

Lockenwickler
le bigoudi

Tönungsmittel
la teinture pour cheveux/la coloration

Tönung
le reflet

Haarbürste
la brosse à cheveux

Kamm
le peigne

Dauerwelle
la permanente

Koteletten
les pattes

Locken
les boucles

Mittelscheitel
la raie au milieu

Scheitel
la raie sur le côté

Schnurrbart
les moustaches

Schuppen
les pellicules

Strähnen
la mèche

Perücke
la perruque

Augenbrauen
les sourcils

Bart
la barbe

„Le coiffeur" sagt man in Frankreich zum Friseur, „la coiffeuse" ist seine weibliche Kollegin.

Was soll es sein?

Sind Sie gerade frei, oder muss ich einen Termin vereinbaren?
Est-ce que vous avez le temps maintenant ou est-ce que je dois prendre un rendez-vous ?

Bitte waschen und legen.
Je voudrais une mise en pli.

Bitte färben Sie meine Haare.
Je voudrais teindre mes cheveux.

Das Haar soll lang bleiben.
Je voudrais garder mes cheveux longs.

Bitte schneiden Sie nur die Spitzen.
Je voudrais seulement couper les pointes.

Noch etwas kürzer.
Coupez-les moi un peu plus courts.

Die Ohren sollen bedeckt bleiben.
Ne dégarnissez pas les oreilles.

So ist es richtig.
Oui ça va.

Können Sie mir auch den Bart stutzen?
Je voudrais rafraîchir ma barbe.

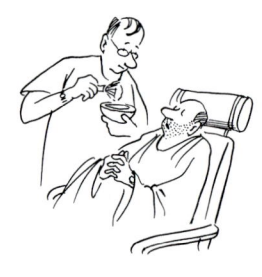

Rasieren, bitte.
Je voudrais que vous me rasiez.

färben
faire une couleur

föhnen
sécher avec le sèche-cheveux

legen
faire la mise en pli

waschen
laver les cheveux

tönen
faire des mèches

toupieren
le crêpage

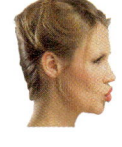

Welche Frisur?

modern
(coupe) moderne

sehr kurz
(coupe) très courte

sportlich
(coupe) sportive

„Je voudrais une nouvelle coupe" heißt übersetzt: Ich hätte gerne einen neuen Haarschnitt.

Strand, Sport, Natur

Was ist los?

Angeln
la pêche

Dart
les fléchettes

Baseball
le base-ball

Drachenfliegen
le parapente

Basketball
le basket

Eishockey
le hockey sur glace

Billard
le billard

Boxen
la boxe

Eine der wichtigsten französischen Sportarten ist natürlich Boule (auch Pétanque genannt).

cent soixante-dix-neuf

Strand, Sport, Natur — Sportarten

Fußball
le football

Leichtathletik
l'athlétisme

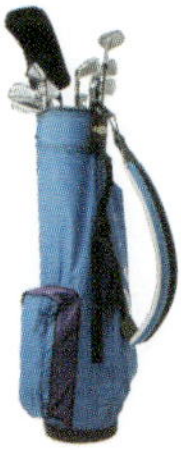

Golf
le golf

Radfahren
le cyclisme

Heißluftballon
la montgolfière

Rugby
le rugby

Inline-Skating
les rollers/les patins en ligne

Schach
les échecs

Joggen
le jogging

Judo
le judo

Als Sport heißt Radfahren „cyclisme", als Tätigkeit dagegen „faire de la bicyclette".

SPORTARTEN

STRAND, SPORT, NATUR

Skifahren le ski

Snowboard le snowboard

Tauchen la plongée sous-marine

Tennis le tennis

Tischtennis le ping-pong

Windsurfen la planche à voile

Aerobic l'aérobic
Autorennen la course automobile
Badminton le badminton
Bergsteigen l'alpinisme
Eislaufen la patinage artistique
Fallschirmspringen le parachutisme
Federball le badminton
Gymnastik la gymnastique
Handball le handball
Kanufahren l'aviron
Karate le karaté
Kegeln les quilles
Klettern l'alpinisme
Kricket le cricket
Pferderennen la course de chevaux
Radrennen la course de bicyclettes
Regatta la régate
Reiten l'équitation
Ringen le catch
Rudern l'aviron
Schwimmbad la piscine
Segeln la voile
Squash le squash
Strand la plage
Surfen le surf
Turnen la gymnastique
Volleyball le volley-ball
Wandern la randonnée
Wasserball le water-polo
Wasserski le ski nautique

→ siehe auch IM SPORTGESCHÄFT S. 157

Die Franzosen verstehen unter „Kegeln" eher „Bowling".

cent quatre-vingt-un **181**

Mieten

Ich möchte einen Tennisschläger ausleihen.
Je voudrais louer une raquette de tennis.

Was kostet das ...
Quel est le prix pour ...
pro Stunde?
une heure ?
pro Tag?
un jour ?
pro Woche?
la semaine ?

Das ist mir zu teuer.
C'est trop cher.

Muss ich eine Kaution hinterlegen?
Est-ce que je dois laisser une caution ?

Kurse

Ich möchte einen Tenniskurs machen.
Je voudrais suivre un cours de tennis.

Gibt es hier Segelkurse?
Est-ce qu'il y a des cours de voile par ici ?

Ich bin noch nie getaucht.
Je n'ai jamais fait de plongée.

Ich bin Anfänger.
Je suis débutant.

Ich bin Fortgeschrittener.
Je ne suis pas débutant.

Kreativ im Urlaub

Kochkurs
le cours de cuisine

Malkurs
le cours de peinture

Sprachkurs
le cours de langue étrangère

Tanz
la danse

Theater
le théâtre

Am Strand

Wo ist der nächste Strand?
Pouvez-vous m'indiquer la plage la plus proche ?

Wo kann ich einen Sonnenschirm ausleihen?
Où puis-je louer un parasol ?

Was kostet der Liegeplatz am Tag?
Combien coûte une place sur la plage par jour ?

Ist gerade Ebbe oder Flut?
Sommes-nous à marée haute ou à marée basse ?

Wie tief ist das Wasser?
Quelle est la profondeur de l'eau ?

Wie warm ist das Wasser?
Quelle est la température de l'eau ?

Gibt es gefährliche Strömungen?
Est-ce qu'il y a des courants dangereux ?

Ist der Strand bewacht?
Est-ce que la plage est surveillée ?

Was bedeuten die Flaggen?
Que signifient les drapeaux ?

Hinweise und Schilder

Baignade interdite !
Baden verboten!

Avis de tempête
Sturmwarnung

Danger !
Gefährlich!

Plage sans maître nageur (plage non surveillée)
Baden auf eigene Gefahr.

Seulement pour nageurs
Nur für Schwimmer

Plongeons interdits/Défense de plonger.
Springen verboten.

Courants dangereux !
Gefährliche Strömung!

Plage privée
Privatstrand

Ein Kurs" für Fortgeschrittene wird als „cours de perfectionnement" bezeichnet.

Am Strand

STRAND, SPORT, NATUR

Am Strand

Badeanzug
le maillot de bain

Flossen
les palmes

Badehose
le slip de bain

Krebs
l'écrevisse

Badeschuhe
les chaussures de plage

Liegestuhl
la chaise longue

Badetuch
le drap de plage

Motorboot
le canot à moteur

Ball
la balle

Bikini
le bikini

Das Motorboot heißt zudem „le bateau à moteur".

cent quatre-vingt-trois **183**

| STRAND, SPORT, NATUR | AM STRAND |

Muschel
le coquillage

Schwimmreif
la bouée

Sandeimer
le seau

Seepferdchen
l'hippocampe

Schaufel
la pelle

Seestern
l'étoile de mer

Schnorchel
le tuba

Schwimmbrille
les lunettes de plongée

Die Dünung heißt „la houle". Die Düne ist „la dune".

Am Strand

Strand, Sport, Natur

Sonnenbrille les lunettes de soleil

Sonnencreme la crème solaire
Sonnenbrand le coup de soleil
Sonnenstich l'insolation

Sonnenschirm le parasol

Taucherbrille les lunettes de plongée

Wasserball le ballon de plage

Algen les algues
Badekabine la cabine
Boot la barque/le bateau
Bootsverleih location de bateaux/de barques
Brandung le ressac
Düne la dune
Ebbe la marée basse
Federball le volant
Felsküste la côte rocheuse
Fluss le fleuve
Flut la marée haute
Kiesstrand la plage de galets
Luftmatratze le matelas pneumatique
Meer la mer
Nichtschwimmer le non-nageur
Paddelboot le canoë
Qualle la méduse
Rettungswacht le maître nageur
Ruderboot la barque à rames
Sand le sable
Sandstrand la plage de sable
Schatten l'ombre
Schwimmer le nageur
Schwimmflügel les brassards
See le lac
Strandschuhe les chaussures de plage
Strandtuch le drap de plage
Strömung le courant
Surfbrett la planche à surf
Tretboot le pédalo
Verschmutzung la pollution
Wasserski le ski nautique
Welle la vague

Der Kies, der für den Zement benutzt wird, heißt „le gravier", „kieshaltig" heißt auch „caillouteux", was von Kiesel, „caillou", kommt.

Freibad und Hallenbad

Ich möchte bitte zwei Eintrittskarten.
Pouvez-vous me donner deux billets, s'il vous plaît ?

Gibt es auch Wochenkarten/Mehrfachkarten?
Est-ce qu'il y a aussi des billets hebdomadaires ou multiples ?

Gibt es einen Preisnachlass für ...
Est-ce qu'il y a une réduction pour les ...

   Kinder?
   enfants ?
   Jugendliche?
   adolescents ?
   Studenten?
   étudiants ?
   Behinderte?
   handicapés ?
   Senioren?
   personnes âgées ?
   Gruppen?
   groupes ?

Wo sind die Umkleidekabinen?
Où se trouvent les vestiaires ?

Haben Sie abschließbare Schränke?
Est-ce que les armoires peuvent être fermées à clé ?

Ist die Saunabenutzung im Preis inbegriffen?
Est-ce que le sauna est compris dans le prix ?

Ist die Benutzung einer Bademütze vorgeschrieben?
Est-ce qu'il faut mettre un bonnet de bain ?

Befindet sich auch ein Restaurant im Bad?
Y a-t-il un restaurant dans la piscine ?

Wie hoch ist die Wassertemperatur heute?
Quelle est la température de l'eau aujourd'hui ?

Haben Sie Warmbadetage?
Est-ce qu'il y a des jours préétablis où l'eau est plus chaude ?

Wie reinigen Sie das Wasser, mit Chlor oder Ozon?
L'eau est nettoyée avec du chlore ou de l'ozone ?

Benutzen Sie Meereswasser oder Süßwasser?
Vous utilisez de l'eau de mer ou de l'eau douce ?

Wassersport

Kajak le kayac
Kanu le canoë
Motorboot le canot à moteur
Paddel la pagaie
Paddelboot le canoë
Ruder la rame
Ruderboot la barque à rames
Schlauchboot le canot pneumatique
Tauchen la plongée
Tretboot le pédalo
Wasserski le ski nautique
Wellenreiten le surf
Windsurfen la planche à voile

Windsurfen

Segel la voile
Mast le mât
Gabelbaum le bôme de surf
Surfbrett la planche à surf
Hauptschwert la dérive principale
Hilfsschwert la dérive secondaire
Fußschlaufe la sangle pour les pieds

Für Windsurfen sagt man im besten Franglais auch „surf à voile".

Tauchen

Ich möchte Tiefseetauchen.
Je voudrais faire de la plongée sous-marine.

Flossen
les palmes

Schnorchel
le tuba

Ich möchte Höhlentauchen.
Je voudrais faire des excursions spéléologiques.

Ich habe einen Tauchschein.
J'ai un brevet de plongeur.

Ich möchte einen Tauchschein machen.
Je voudrais passer un brevet de plongeur.

Taucherbrille
les lunettes de plongée

Wie viel kostet es, einen Tauchschein zu erwerben?
Combien coûte l'obtention d'un brevet de plongeur ?

Wie lange benötige ich dazu, einen Tauchschein zu machen?
Combien de temps faut-il pour obtenir un brevet de plongeur ?

Wird dieser Schein weltweit akzeptiert?
Est-ce que le brevet est valable dans le monde entier ?

Bleigürtel la ceinture en plomb
Dekometer le décomètre
Pressluftflaschen la bouteille à air comprimé
Taucheranzug la combinaison de plongée
Taucheruhr la montre de plongée
Tiefenmesser le bathomètre

Genaugenommen heißt Süßwasser „eau douce", als das Gegenteil von Salzwasser, „eau salée".

Segeln

Ich habe den Segelschein der Klasse B.
J'ai le permis nautique classe B.

Ich möchte einen Segelschein machen.
Je voudrais passer un permis nautique.

Bieten Sie auch mehrtägige Segeltörns an?
Est-ce qu'il y a aussi des régates de voiles qui durent plusieurs jours ?

Was kostet das?
Combien est-ce que ça coûte ?

Wann können wir ablegen?
Quand pouvons-nous embarquer ?

Haben sich schon andere Interessenten gemeldet?
Est-ce qu'il y a déjà des personnes inscrites ?

Ich möchte in küstennahen Gewässern segeln.
Je voudrais faire de la voile dans les eaux côtières.

Ich interessiere mich für Hochseesegeln.
Je voudrais faire de la voile en haute mer.

Knoten
le nœud

Paddel
la pagaie

Rettungsring
la bouée

Schwimmweste
le gilet de sauvetage

Ganz komplett ausgedrückt heißt der Rettungsring „bouée de sauvetage".

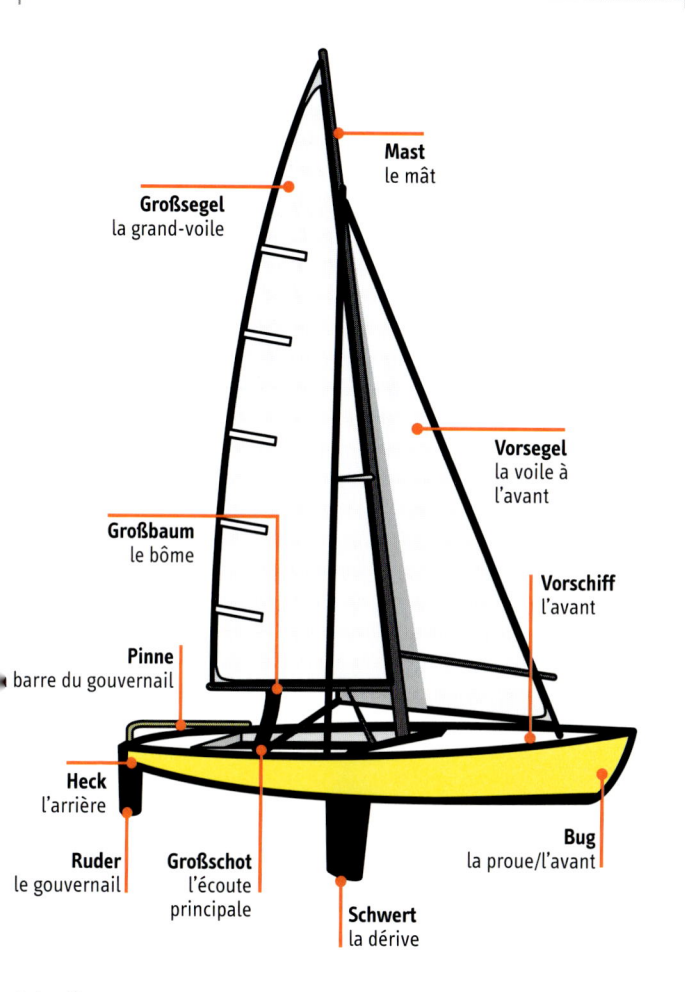

SEGELN

STRAND, SPORT, NATUR

Mast le mât
Großsegel la grand-voile
Vorsegel la voile à l'avant
Großbaum le bôme
Vorschiff l'avant
Pinne barre du gouvernail
Heck l'arrière
Bug la proue/l'avant
Ruder le gouvernail
Großschot l'écoute principale
Schwert la dérive

Anker l'ancre
Backbord à bâbord
Lee sous le vent
Leuchtturm le phare
Luv au vent
Motor le moteur
Steuerbord à tribord
Takelage le palan

Jolle le youyou/la yole
Kreuzer le croiseur
Kutter le cuner
Schoner le schooner
Yacht le yacht

„La voile" ist das Segel, „le voile" dahingegen der Schleier.

Fischen

Ich möchte gerne fischen.
Je voudrais pêcher.

Brauche ich einen Angelschein?
Est-ce qu'il faut avoir un permis de pêche ?

Was kostet die Lizenz am Tag/in der Woche?
Combien coûte le permis par jour/par semaine ?

Bei wem kann ich die Lizenz erwerben?
A qui dois-je m'adresser pour obtenir le permis ?

Ich interessiere mich für Hochseefischen.
Je voudrais pêcher en haute mer.

Was kostet es, an einem Fischtörn teilzunehmen?
Combien faut-il compter pour participer à une sortie de pêche ?

An wen kann ich mich wenden?
A qui puis-je m'adresser ?

Welche Fischarten darf ich angeln?
Quels types de poissons peut-on pêcher ?

Können wir auch andere Fischgründe anfahren?
Est-ce qu'on peut aussi pêcher à d'autres endroits ?

Ich interessiere mich besonders für den Fang von ...
Je voudrais pêcher surtout ...

Haken l'hameçon

Köder l'appât

Angel la canne à pêche
Angelschnur la ligne
Angelrute la canne à pêche
Senker le plomb
Schwimmer le flotteur

→ siehe auch FISCHE UND SCHALENTIERE S. 117

Der „hameçon" ist der Angelhaken, daher die Bezeichnung „pêche à l'hameçon". Eine ebenso richtige und kürzere Bezeichnung für Angeln ist „pêche à la ligne".

Wandern

Haben Sie eine Wanderkarte?
Est-ce que vous avez une carte de randonnée ?

Sind die Wege gut ausgeschildert?
Est-ce que les parcours sont bien balisés ?

Ist die Tour leicht/schwer?
Ce parcours est-il facile ou difficile ?

Ist die Tour auch für Kinder geeignet?
Est-ce que ce parcours est approprié aux enfants ?

Wie viele Höhenmeter sind das etwa?
A quelle altitude arrive-t-on environ ?

Wo muss ich mich für die Wanderung anmelden?
Où peut-on s'inscrire pour la randonnée ?

Sind auf der Wanderung besondere Dinge zu beachten?
A quoi faut-il prêter particulièrement attention durant la randonnée ?

Wie lange werde ich voraussichtlich bis ... unterwegs sein?
Combien de temps faut-il pour arriver à ... ?

Ist das Wasser trinkbar?
Est-ce que l'eau est potable ?

Darf ich in diesem Gebiet ...
Dans cette région, est-ce que l'on peut ...
  im Zelt übernachten?
  dormir sous une tente ?
  ein Feuer machen?
  allumer un feu ?

Brauche ich für dieses Gebiet eine besondere Erlaubnis?
Est-ce qu'il me faut une autorisation spéciale pour faire des randonnées dans cette zone ?

Wo erhalte ich die Erlaubnis?
Où puis-je demander cette autorisation ?

Ist das der richtige Weg nach ...?
Est-ce que je suis sur le bon chemin pour ... ?

Können Sie mir den Weg auf der Karte zeigen?
Pouvez-vous m'indiquer le chemin sur la carte ?

Ich habe mich verlaufen.
Je me suis perdu(e).

Klettern

Wie weit ist es noch bis ...?
Combien de kilomètres y a-t-il encore pour arriver à ... ?

Ich suche nach Kletterrouten in der Region.
Je cherche des parcours pour grimpeur dans cette région.

Wo kann ich mir die notwendige Ausrüstung leihen?
Où puis-je louer l'équipement nécessaire ?

Haben Sie Bergführer?
Est-ce qu'il y a des guides de montagne ?

Wie viel kostet ein Bergführer am Tag?
Combien coûte un guide de montagne par jour ?

Haben Sie einen Bergführer, der Deutsch spricht?
Est-ce qu'il y a des guides qui parlent allemand ?

Der Wanderer, aber auch Ausflügler ist der „excursioniste". Manche bezeichnen den Bergsteiger auch als „grimpeur".

Ausrüstung

Kompass la boussole

Rucksack le sac à dos

Wasserflasche la gourde

Seil la corde

Wanderschuhe le chaussures de randonnée

Aluminiumdecke la couverture en aluminium
Helm le casque
Karabiner la carabine
Klettergurt le baudrier
Kletterschuhe les chaussures pour grimpeurs
Notfallkit le nécessaire de secours
Steigeisen les crampons
Taschenlampe la lampe de poche
Zelt la tente

Wichtige Wörter

Abstieg la descente
Aufstieg la montée
Bach le ruisseau
Berg la montagne
Berghütte le chalet de montage
Bergspitze le sommet de la montage
Brücke le pont
Feld le champ
Fußweg le sentier
Höhenunterschied le dénivelé
Höhenwanderung l'excursion en altitude
Höhle la caverne/la grotte
Hügel la colline
Kanal le canal
Kletterpfad le sentier
Klettersteig le parcours pour grimpeurs
Klippe le rocher
Naturpark le parc naturel
Naturschutzgebiet le parc national
Pass le col
Quelle la source
Schwierigkeitsgrad le degré de difficulté
See le lac
Seilbahn le téléphérique
Tageswanderung la randonnée d'une journée
Tal la vallée
Teich l'étang
Wanderweg le sentier de randonnée
Wasserfall la cascade
Weinberg le vignoble
Wiese le pré

In den Alpes-Maritimes kann man herrliche Klettertouren mit einem Aufenthalt am Meer verbinden.

Natur

Ahorn
l'érable

Baum
l'arbre

Buche
le hêtre

Eiche
le chêne

Hibiskus
l'hibisque

Kastanie
le châtaigner

Lilie
le lis

Linde
le tilleul

Lorbeer
le laurier

Margerite
la marguerite

Narzissen
la narcisse

Nelke
l'œillet

Orchidee
l'orchidée

Rose
la rose

Sonnenblume
le tournesol

Tannenzapfen
les pommes de pin

„Les pins-parasols" sind die für die Provence so typischen Schirmpinien.

Wintersport

Ich möchte gern Skifahren.
Je voudrais skier.

Ich möchte gern Skifahren lernen.
Je voudrais apprendre à skier.

Haben Sie Tiefschneepisten?
Est-ce qu'on peut faire du ski hors-piste ?

Ich bin Anfänger.
Je suis débutant.

Ich bin ein erfahrener Skifahrer.
Je suis un skieur chevronné.

Können Sie mir einen Skilehrer empfehlen?
Pouvez-vous me conseiller un moniteur de ski ?

Wo kann ich eine Skiausrüstung leihen/kaufen?
Où puis-je louer/acheter l'équipement de ski ?

Wie sind die aktuellen Schneeverhältnisse?
Comment est la neige en ce moment?

Welchen Schwierigkeitsgrad haben die Pisten?
Quel est le degré de difficulté des pistes ?

Abfahrtski la descente
Bindung la fixation des skis
Langlauf le ski de fond
Lift le remonte-pente
Piste la piste
Schlitten la luge
Schlittschuh les patins à glace
Ski le ski
Skilehrer le moniteur de ski
Skipass le forfait
Skischuh la chaussure de ski
Skistock le bâton de ski
Snowboard le snowboard
Wachs la cire
Seilbahn le téléphérique
Sessellift le télésiège

Sport als Zuschauer

Gibt es in dieser Woche ein Fußball-Spiel?
Est-ce qu'il y a un match de football cette semaine ?

Wo bekomme ich Eintrittskarten?
Où puis-je acheter les billets ?

Ich möchte eine Karte für das Spiel der ... gegen die ... kaufen.
Je voudrais acheter un billet pour le match ...

Was kostet der Eintritt?
Combien coûte le billet ?

Welche Mannschaften spielen?
Quelles sont les équipes qui s'affrontent ?

Was ist der Spielstand?
Où en est le match ?

Unentschieden.
Pour l'instant, ils sont à égalité.

4:1 für Olympique Marseille.
Quatre à un pour l'Olympique Marseille.

Marseille hat gewonnen.
Marseille a gagné.

Marseille hat verloren.
Marseille a perdu.

Können Sie mir bitte die Spielregel erklären?
Pouvez-vous m'expliquer les règles du jeu ?

Schiedsrichter
l'arbitre

Sieg la victoire

Niederlage la défaite

„Le forfait", hier der Skipass, kann auch „Pauschalangebot" in jedem anderen Bereich bedeuten.

Kultur und Unterhaltung

In der Touristeninformation

Entschuldigung, können Sie mir bitte helfen?
Excusez-moi, pouvez-vous me donner une information ?

Ich suche nach dem Fremdenverkehrsamt.
Je cherche l'office du tourisme.

Geben Sie mir bitte ...
Pouvez-vous me donner ...

einen Stadtplan.
un plan de la ville.

einen Plan der U-Bahn.
un plan des lignes du métro.

Prospekte.
des dépliants.

Haben Sie Informationen über ...
Pouvez-vous me donner des informations sur les ...
    Veranstaltungen?
    spectacles ?
    Stadtrundfahrten?
    visites touristiques de la ville ?
    Sehenswürdigkeiten?
    attractions ?
    Restaurants?
    restaurants ?
    Hotels?
    hôtels ?

Ich hätte gern einen Veranstaltungskalender.
Je voudrais un calendrier des spectacles.

Gibt es diese Woche besonders interessante Veranstaltungen?
Est-ce qu'il y a des spectacles particulièrement intéressants cette semaine ?

Was sind die Hauptsehenswürdigkeiten?
Quelles sont les attractions principales ?

Ich möchte gern ... besichtigen.
Je voudrais visiter ...

Ich bin besonders an Kunst interessiert.
Je m'intéresse surtout à l'art.

Gibt es dort deutschsprachige Führungen?
Est-ce qu'il y a des guides qui parlent allemand ?

Was kostet eine Stadtrundfahrt?
Combien coûte une visite touristique de la ville ?

Wann beginnt sie?
Quand part-on ?

Was ist im Preis einbegriffen?
Qu'est-ce qui est inclus dans le prix ?

Wann werden wir wieder zurück sein?
Quand revient-on ?

Können Sie für mich Eintrittskarten besorgen?
Pouvez-vous me procurer des billets ?

Eine Sehenswürdigkeit ist „ce qui vaut la peine d'être vu" (was es wert ist, angesehen zu werden).

KULTUR UND UNTERHALTUNG — BESICHTIGUNGEN, RUNDGÄNGE

Was gibt es?

Altstadt la vieille ville
Antiquitäten les antiquités
Archäologie l'archéologie
Architektur l'architecture
Ausgrabungen les fouilles
Ausstellung l'exposition
Bauwerk l'édifice
Bibliothek la bibliothèque
Bildhauerei la sculpture
Botanik la botanique
Botanischer Garten le jardin botanique
Brücke le pont
Burg le château
Brunnen la fontaine
Denkmal le monument
Einkaufszentrum le centre commercial
Fabrik l'usine
Festung la forteresse
Flohmarkt le marché aux puces
Friedhof le cimetière
Galerie la galerie
Garten le jardin
Geburtshaus la maison natale
Gemälde le tableau
Geologie la géologie
Geschichte l'histoire
Glasmalerei la peinture sur verre
Grab la tombe
Hafenanlage le port
Höhlen les cavernes/grottes
Innenstadt le centre ville
Keramik la faïence
Klippe le rocher
Konzerthalle la salles des concerts
Kunst l'art
Kunstgalerie la galerie d'art
Kunsthandwerk l'artisanat
Landschaft le panorama
Literatur la littérature
Malerei la peinture
Markt le marché
Messe la messe
Möbel les meubles
Mode la mode
Münzen les pièces
Museum le musée
Musik la musique
Nationalpark le parc national
Naturschutzgebiet la réserve naturelle
Oper l'opéra
Park le parc
Planetarium le planétarium
Rathaus la mairie
Religion la religion
Reservat la réserve naturelle
Ruine les ruines
Schlucht le canyon
See le lac
Stadion le stade
Statue la statue
Staudamm le barrage
Sumpfgebiet la région marécageuse
Theater le théâtre
Töpferei la poterie
Turm la tour
Überreste les ruines
Universität l'université
Vogelkunde l'ornithologie
Vulkan le volcan
Wirtschaft l'économie
Wolkenkratzer le gratte-ciel
Wüste le désert
Zoo le zoo

Eine Stadtrundfahrt wird auch als „tour de la ville en autocar" bezeichnet.

Kirchen und Klöster

Abtei l'abbaye
Altar l'autel
Bogen l'arc
Chor le chœur
Christ le Christ
Christentum le christianisme
Dom la cathédrale
Empore la galerie
Fenster la fenêtre
Flügel l'aile
Fries la frise

Kuppel la coupole
Langhaus la nef
Messe la messe
Mittelalter le moyen âge
mittelalterlich médiéval
Mittelschiff la nef centrale
Muslim musulman

Geistlicher le prêtre
Glocke la cloche
Gotik le gothique
Gottesdienst la messe
Jude le juif
Kanzel la chaire
Kapelle la chapelle
Kathedrale la cathédrale
Katholik catholique
Kirche l'église
Kirchturm le clocher
Kloster le cloître
Konfession la religion
Kreuz la croix
Kreuzgang le cloître
Krypta la crypte

Pilger le pèlerin
Portal le portail
Protestant le protestant
Querschiff la nef transversale
Relief le relief
Religion la religion
Romanik le roman
Rosette la rosace
Sakristei la sacristie
Sarkophag le sarcophage
Seitenschiff la nef latérale
Synagoge la synagogue
Taufbecken les fonts baptismaux
Tempel le temple
Turm la tour
Wandmalerei la peinture murale

Für den Geistlichen sagt man auch „le curé".

Im Museum

Wann hat das Museum geöffnet?
Le musée ouvre à quelle heure ?

Was kostet der Eintritt?
Combien coûte l'entrée ?

Wie viel kostet eine Führung?
Combien coûte la visite guidée ?

Zwei Eintrittskarten für Erwachsene.
Deux billets pour adultes/plein tarif.

Drei Eintrittskarten für Kinder.
Trois billets pour enfants/demi-tarif.

Gibt es einen deutschsprachigen Katalog?
Avez-vous un catalogue en allemand ?

Darf ich fotografieren?
Est-ce qu'on peut prendre des photos ?

Gibt es eine Ermäßigung für …
Est-ce qu'il y a une réduction pour les …
- **Kinder?** enfants ?
- **Gruppen?** groupes ?
- **Senioren?** personnes âgées ?
- **Studenten?** étudiants ?
- **Behinderte?** handicapés ?

Wie heißt der …
Comment s'appelle …
- **Architekt?** l'architecte ?
- **Künstler?** l'artiste ?
- **Gründer?** le fondateur ?

Von wem ist …
De qui est …
- **das Gemälde?** la toile ?
- **die Skulptur?** la sculpture ?
- **die Musik?** la musique ?
- **die Ausstellung?** l'exposition ?

Haben Sie ein Poster/Postkarte von … ?
Est-ce que vous avez des posters/cartes postales de … ?

Hinweise und Schilder

Interdiction de prendre des photos
Fotografieren verboten!

Vestiaire
Garderobe

Fermé
Geschlossen

Armoires
Schließfächer

Toilettes
Toiletten

Fermé pour cause de rénovation des locaux
Wegen Renovierung geschlossen!

Wie ist es?

amüsant amusant
eindrucksvoll impressionnant
erstaunlich magnifique/incroyable
großartig merveilleux
hässlich laid
herrlich splendide
hübsch beau/mignon
romantisch romantique
schrecklich épouvantable
seltsam étrange
toll très beau
unheimlich mystérieux

Wenn Sie etwas als ganz besonders hässlich empfunden haben, können Sie auch „détestable" sagen.

VERANSTALTUNGEN | **KULTUR UND UNTERHALTUNG**

Was gibt es?

Ballett le ballet
Diskothek la discothèque
Festival le festival
Film le film
Folklore la fête folklorique
Jazzkonzert le concert de jazz
Kabarett le cabaret
Konzert le concert
Musical la comédie musicale
Nachtclub la boîte de nuit
Oper l'opéra
Operette l'opérette
Prozession la procession
Spielcasino le casino
Theater le théâtre
Umzug le défilé
Zirkus le cirque

Was Sie hören oder lesen

Je regrette, c'est complet.
Tut mir leid, wir sind ausverkauft.

Votre billet, s'il vous plaît.
Ihre Karte, bitte.

Voici votre place.
Hier ist Ihr Platz.

le vestiaire
Garderobe

les toilettes
Toiletten

la sortie
Ausgang

Informationen

Was wird heute abend im Theater gegeben?
Quelle pièce joue-t-on ce soir au théâtre ?

Können Sie mir ein Theaterstück empfehlen?
Quelle pièce de théâtre me conseillez-vous ?

Was gibt es heute im Kino?
Quel film passe-t-on aujourd'hui au cinéma ?

Ich würde gern ein gutes Musical sehen.
Je voudrais voir une belle comédie musicale.

Wo ist ...
Où se trouve ...
 das Kino?
 le cinéma ?
 das Theater?
 le théâtre ?
 der Konzertsaal?
 la salle de concerts ?
 die Oper?
 l'opéra ?

Wann beginnt die Aufführung?
A quelle heure commence le spectacle ?

Wo ist die Garderobe, bitte?
Où se trouvent les vestiaires ?

Wie lange ist die Pause?
Combien de temps dure l'entracte ?

Ist Abendgarderobe nötig?
Est-ce qu'il faut une tenue de soirée ?

„La toile" ist eigentlich die Leinwand, aber das Wort wird auch für „Gemälde" verwendet.

Theater, Konzert

Was ist das für ein Stück?
De quel genre de pièce s'agit-il ?
- **Komödie**
  la comédie
- **Tragödie**
  la tragédie
- **Drama**
  le drame

Von wem ist das Stück?
Qui est l'auteur de cette pièce ?

Wer hat das Stück inszeniert?
Qui est le metteur en scène de cette pièce ?

Wer spielt die Hauptrolle?
Qui tient le rôle principal ?

Wer sind ...
Qui sont ...
- **die Schauspieler?**
  les acteurs ?
- **die Sänger?**
  les chanteurs ?
- **die Tänzer?**
  les danseurs ?

Wer ist ...
Qui est ...
- **der Regisseur?**
  le metteur en scène ?
- **der Choreograph?**
  le chorégraphe ?
- **der Dirigent?**
  le chef d'orchestre ?
- **der Autor?**
  l'auteur ?
- **der Ausstatter?**
  le décorateur ?
- **das Orchester?**
  l'orchestre ?
- **der Komponist?**
  le compositeur ?

Kann ich ein Opernglas leihen?
Est-ce que je peux louer des jumelles de théâtre ?

Karten kaufen

Haben Sie noch Karten für heute?
Est-ce qu'il y a encore des billets pour aujourd'hui ?

Haben Sie auch verbilligte Karten?
Est-ce qu'il y a des tarifs réduits ?

Wie viel kostet ein Platz in einer...
Combien coûte une place ...
- **günstigen Preisklasse?**
  à bas prix ?
- **teuren Preisklasse?**
  à prix élevé ?

Ich möchte einen Platz ...
Je voudrais une place ...
- **im Parkett.**
  de parterre.
- **auf der Galerie.**
  de galerie.
- **auf dem Balkon.**
  de balcon.
- **in der Mitte.**
  au milieu.
- **mit guter Sicht.**
  avec une bonne vue.
- **in der Loge.**
  de loges.

Ich möchte 3 Karten reservieren.
Je voudrais réserver trois places.

Disco, Nachtclub

Wo ist hier abends was los?
Où est-ce qu'on sort le soir ici ?

Gibt es hier eine Diskothek?
Est-ce qu'il y a une boîte de nuit dans les environs ?

Was trägt man denn so?
Comment faut-il s'habiller ?

Ist dort jüngeres/älteres Publikum?
Le public est-il jeune ou vieux ?

Möchten Sie tanzen?
Voulez-vous danser ?

Darf ich Sie einladen?
Puis-je vous inviter ?

Darf ich Sie nach Hause begleiten?
Puis-je vous accompagner chez vous ?

Manchmal kündigt auch das Schild „cabaret" einen Nachtklub an.

Ämter und Verwaltung

Ämter und Institutionen

Bank la banque
Bibliothek la bibliothèque
Botschaft l'ambassade
Bürgermeisteramt le bureau du maire
Einwanderungsbehörde le bureau des immigrés
Feuerwehr les sapeurs-pompiers
Fundbüro le bureau des objets trouvés
Konsulat le consulat
Krankenhaus l'hôpital
Polizei la police
Polizeirevier le commissariat de police
Post la poste
Rathaus la mairie

Umweltbehörde le bureau de la protection de l'environement

Wo finde ich das nächste Polizeirevier?
Pouvez-vous m'indiquer le commissariat de police le plus proche ?

Wann öffnet die Bank?
A quelle heure ouvre la banque ?

Wann haben Sie geöffnet?
Vous ouvrez à partir de quelle heure ?

Haben Sie auch samstags geöffnet?
Est-ce que vous êtes ouvert le samedi ?

geschlossen
Fermé

Ich suche ...
Je cherche ...

Post: Die richtige Anschrift

M Jean Leblanc
50, rue des Belges
92140 Clamart

Veranstaltungen im kulturellen Bereich nennt man „manifestations". Der Veranstaltungskalender ist „le calendrier des manifestations".

Am Postschalter

Wo finde ich das nächste Postamt?
Pouvez-vous m'indiquer le bureau de poste le plus proche ?

Wann sind die Schalterstunden?
Quels sont les horaires d'ouverture au public ?

Wo ist der nächste Briefkasten?
Pouvez-vous m'indiquer la boîte aux lettres la plus proche ?

Welche Farbe hat er?
De quelle couleur est-elle ?

Wie viel kostet ein Brief ...
Combien coûte l'envoi d'une lettre ...
  nach Deutschland?
  en Allemagne ?
  nach Österreich?
  en Autriche ?
  in die Schweiz?
  en Suisse ?

Wie lange benötigt ein Brief nach ... ?
Dans combien de temps la lettre arrivera-t-elle en... ?

Bitte eine Briefmarken zu ... Francs.
Je voudrais un timbre à ... Francs.

Können Sie mir mit dem Ausfüllen helfen?
Pouvez-vous m'aider à le remplir ?

Zustellung am nächsten Tag, bitte.
Distribution demain, s'il vous plaît ?

Kann ich von hier aus ein Fax versenden?
Est-ce que je peux envoyer un fax d'ici ?

Kann ich dieses Paket versichern?
Est-ce que je peux assurer ce colis ?

Absender l'expéditeur
Adresse l'adresse
Briefmarke le timbre
Drucksache l'imprimé
Eilbrief express
Einschreiben la lettre recommandée
Empfänger le destinataire
Empfangsbestätigung le reçu
Gebühr le tarif
Geldanweisung le mandat
Gewicht le poids
Luftpost par avion
Nachnahme contre remboursement
Päckchen le petit paquet
Paket le colis
Porto l'affranchissement
Postanweisung le mandat postal
Postkarte la carte postale
postlagernd la poste restante
Postleitzahl le code postal
Schalter le guichet
Telegramm le télégramme
Telex le télex
Versicherung l'assurance
Zollerklärung la déclaration douanière

Telegramm

Ich möchte ein Telegramm aufgeben.
Je voudrais envoyer un télégramme

Wie viel kostet ein Wort?
Combien coûte chaque mot ?

Kommt das Telegramm heute noch an?
Est-ce que le télégramme arrive dans la journée ?

Postlagernd

Ist Post für mich da?
Est-ce qu'il y a du courrier pour moi ?

Mein Name ist ...
Je m'appelle ...

Ihren Ausweis, bitte.
Votre carte d'identité, s'il vous plaît ?

„Gegen Nachnahme" heißt auch „contre remboursement".

BANK — ÄMTER UND VERWALTUNG

Am Bankschalter

Wo ist die nächste Bank?
Pouvez-vous m'indiquer la banque la plus proche ?

Ich möchte einen Reisescheck einlösen.
Je voudrais encaisser un chèque de voyage.

Wie ist der Wechselkurs heute?
A combien est le change aujourd'hui ?

Ich möchte mit meiner Kreditkarte 3000 Francs abheben.
Je voudrais retirer 3000 F avec ma carte de crédit.

Ich habe Probleme mit Ihrem Geldautomaten. Würden Sie mir bitte helfen?
Je n'arrive pas à faire fonctionner le distributeur automatique de billets. Pouvez-vous m'aider, s'il vous plaît ?

Ihr Geldautomat hat meine Kreditkarte eingezogen.
Le distributeur a englouti ma carte de crédit.

Ich möchte eine Geldanweisung veranlassen.
Je voudrais envoyer un mandat.

Ich möchte ein Konto eröffnen.
Je voudrais ouvrir un compte.

Können Sie mir die Servicenummer meiner Kreditkartenfirma geben?
Pourriez-vous m'indiquer le numéro de service de mon établissement de crédit ?

Mir wurden meine Kreditkarte gestohlen.
On m'a volé ma carte de crédit.

Ich möchte meine Karte sperren lassen.
Je voudrais bloquer ma carte de crédit.

In Frankreich können Sie mit den gängigen Kreditkarten zahlen, Euroschecks werden jedoch kaum noch akzeptiert. Vor allen Dingen für Reisen in der Provinz sollte man immer über einen gewissen Bargeldbestand verfügen, da dort Kreditkarten nicht so verbreitet sind.

Die französische Währung ist der Franc. Geldscheine gibt es im Nennwert von 20, 50, 100, 200 und 500 Franc. Die Münzstückelungen sind: 5, 10, 20, 50 Centimes, 1, 2, 5, 10 und 20 Franc.

Besonders für die Benutzung von Taxen oder der Metro sollte man immer etwas Münzgeld mit sich führen.

Bargeld comptant
Geheimzahl le code confidentiel
Geldanweisung le mandat
Geldautomat le distributeur automatique de billets
Geldwechsel le change (de devises)
Kasse la caisse
Kleingeld la monnaie
Kreditkarte la carte de crédit
Münzen la monnaie/les pièces
Öffnungszeiten les horaires d'ouverture
Reisescheck le chèque de voyage
Schalter le guichet
Scheck le chèque
Scheine les billets de banque
Überweisung le virement
Währung la devise
Wechselkurs le taux de charge
Wechselstube le bureau de change

Für Währung kann man auch das Wort „monnaie" verwenden.

ÄMTER UND VERWALTUNG — POLIZEI

Hilfe! Diebe!

Mein Auto wurde aufgebrochen.
On a forcé la serrure de ma voiture.

Wo ist das passiert?
Où cela s'est-il passé ?

Dort auf dem Parkplatz.
Dans le parking.

Wann ist das passiert?
Quand cela s'est-il passé ?

Zwischen elf und dreizehn Uhr.
Entre onze et treize heures.

Was wurde gestohlen?
Que vous a-t-on volé ?

Unser ganzes Gepäck.
Tous nos bagages.

Ihren Ausweis, bitte.
Pouvez-vous me donner votre carte d'identité, s'il vous plaît ?

Der wurde auch gestohlen.
Même ma carte d'identité a été volée.

Für Polizeirevier wird auch der Begriff „commissariat de police" verwendet.

Polizei — **Ämter und Verwaltung**

Auf dem Polizeirevier

Hilfe!
Au secours !

Wo ist das nächste Polizeirevier?
Pouvez-vous m'indiquer le poste de police le plus proche ?

Ich möchte eine Anzeige machen.
Je voudrais porter plainte.

Ich möchte einen Unfall melden.
Je voudrais déclarer un accident.

Spricht jemand Deutsch?
Est-ce que quelqu'un parle allemand ?

Ich verstehe Sie nicht.
Je ne vous comprends pas.

Ich möchte einen Anwalt.
J'ai besoin d'un avocat.

Ich brauche einen Dolmetscher.
J'ai besoin d'un interprète.

Bitte verständigen Sie mein Konsulat.
Contactez mon consulat.

Klären Sie mich bitte über meine Rechte auf.
Pouvez-vous m'expliquer quels sont mes droits ?

Ich brauche eine Bescheinigung für meine Versicherung.
J'ai besoin d'un certificat pour mon assurance.

Ich bin nicht schuldig.
Je ne suis pas responsable (de l'accident).

Was ist passiert?

Ich habe meinen Geldbeutel verloren.
J'ai perdu mon porte-monnaie.

Mir ist mein Geld gestohlen worden.
On a volé mon argent.

Ich bin betrogen worden.
On m'a trompé/volé.

Ich bin belästigt worden.
On m'a importuné.

Ich bin ausgeraubt worden.
On m'a volé mon argent/mon sac.

Ich bin überfallen worden.
On m'a agressé.

Mein Sohn ist verschwunden.
J'ai perdu mon fils.

Ich bin vergewaltigt worden.
On m'a violée.

Mein Auto wurde aufgebrochen.
On a forcé la serrure de ma voiture.

Als allgemeinen Sprachgebrauch kann man für „ausrauben" auch „dévaliser" sagen.

Was wurde gestohlen?

Ausweis la carte d'identité
Auto la voiture
Autopapiere les papiers de la voiture
Brieftasche le portefeuille
Fotoapparat l'appareil photo
Geldbeutel le porte-monnaie
Gepäck les bagages
Handtasche le sac à main
Kreditkarte la carte de crédit
Scheck le chèque
Uhr la montre

Fundbüro

Wo ist das Fundbüro?
Pouvez-vous m'indiquer le bureau des objets trouvés ?

Ich habe meine Uhr verloren.
J'ai perdu ma montre.

Ich habe meine Handtasche liegen lassen.
J'ai perdu mon sac à main.

Ist bei Ihnen ein Koffer abgegeben worden?
Est-ce que vous avez trouvé ma valise ?

Können Sie mich bitte benachrichtigen?
Pouvez-vous me tenir au courant ?

Hier ist meine Anschrift.
Voici mon adresse.

Wichtige Wörter

Anwalt l'avocat
Anzeige la plainte
Aussage la déclaration
Aussageverweigerungsrecht le droit de refuser de témoigner
Betrüger l'escroc

Dieb le voleur
Diebstahl le vol
Gefängnis la prison
Gerichtsverhandlung l'audience
Heiratsschwindler le responsable d'escroquerie avec promesse de mariage
Protokoll le procès-verbal
Prozess le procès
Rauschgift la drogue
Richter le juge
Staatsanwalt le substitut du procureur
Taschendieb le pickpocket/voleur à la tire

Überfall l'agression
Verbrechen le crime
Vergewaltigung le viol
Verhaftung l'arrestation

Das Wort „vergewaltigen" kennt zwei Formen: „violer" und „violenter".

Gesundheit

Erste Hilfe

Ich bin gestürzt.
Je suis tombé(e).

Ich bin angefahren worden.
J'ai été renversé(e).

Ich bin überfallen worden.
On m'a agressé.

Ich brauche einen Arzt.
J'ai besoin d'un docteur.

Rufen Sie bitte einen Krankenwagen.
Appelez une ambulance, s'il vous plaît.

Ich habe mich am Arm verletzt.
Je suis blessé(e) à un bras.

Ich kann mein Bein nicht bewegen.
Je n'arrive pas à bouger la jambe.

Ich habe mir den Arm gebrochen.
Je me suis cassé(e) un bras.

Ich blute.
Je saigne.

Meine Blutgruppe ist ...
Mon groupe sanguin est ...

Ich leide an ...
Je souffre ...
- **Asthma**
  d'asthme
- **Diabetes**
  de diabète
- **Bluthochdruck**
  d'hypertension
- **niedrigem Blutdruck**
  d'hypotension

AIDS
je suis malade du SIDA

Ich leide an einer Allergie gegen ...
Je suis allergique ...
- **Milben**
  aux acariens
- **Staub**
  à la poussière
- **Tierhaare**
  aux poils d'animaux
- **Gräser**
  à l'herbe
- **Pollen**
  au pollen

Ich vertrage kein Penicillin.
Je suis allergique à la pénicilline.

Ich bin schwanger.
Je suis enceinte.

Was Sie hören

Puis-je vous aider ?
Kann ich Ihnen helfen?

Est-ce que je dois appeler une ambulance ?
Soll ich einen Krankenwagen rufen?

Ne bougez pas !
Bleiben Sie ruhig liegen.

On va appeler un docteur.
Ich werde Hilfe holen!

Le docteur arrivera dans un instant.
Hilfe ist unterwegs.

Vous avez perdu connaissance.
Sie waren bewusstlos.

„J'attends des jumeaux/des triplés" bedeutet „ich erwarte Zwillinge/Drillinge"!

Apotheke

Wo ist die nächste Apotheke?
Pouvez-vous m'indiquer la pharmacie la plus proche ?

Ich brauche ein Mittel gegen Durchfall.
J'ai besoin d'un médicament contre la diarrhée.

Ich benötige Verbandsmaterial.
Je voudrais des bandages.

Dieses Medikament ist rezeptpflichtig.
Est-ce que pour acheter ce médicament il faut l'ordonnance du médecin ?

Wie muss ich das Mittel einnehmen?
Comment faut-il prendre ce médicament ?

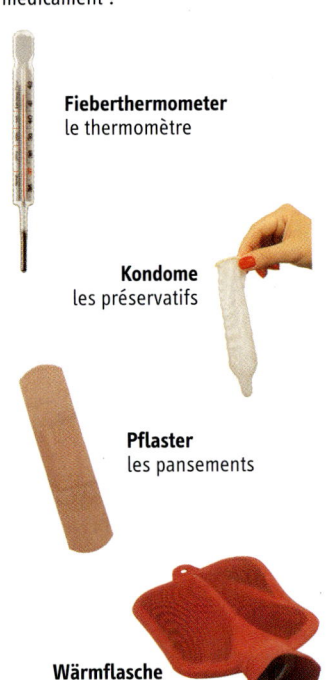

Abführmittel le laxatif
Augentropfen le collyre
Beruhigungsmittel le sédatif, le tranquillisant
Brandsalbe la pommade contre les brûlures
Desinfektionsmittel le désinfectant
Einwegspritzen la seringue jetable
Halstabletten les pastilles contre le mal de gorge
Hustensaft le sirop contre la toux
Insektenmittel l'insecticide
Kopfschmerztablette les cachets contre le mal de tête
Kreislaufmittel le médicament pour la circulation du sang
Ohrentropfen les gouttes pour les oreilles
Schlaftabletten les somnifères
Schmerztabletten les cachets anti-douleur, analgésique
Schwangerschaftstest le test de grossesse
Vitaminpräparate les fortifiants/les préposations vitaminées
Watte le coton

Fieberthermometer
le thermomètre

Kondome
les préservatifs

Pflaster
les pansements

Wärmflasche
la bouillotte

Einnahmevorschriften

à usage externe äußerlich
à usage interne innerlich
dissoudre dans l'eau in Wasser auflösen
à jeun nüchtern
prendre par voie buccale im Mund zergehen lassen
prendre par voie buccale sans mâcher unzerkaut schlucken
avant/après les repas vor/nach den Mahlzeiten
deux fois par jour zweimal täglich

Verbandsmaterial lässt sich auch mit „bandages" übersetzen.

BEIM ARZT — GESUNDHEIT

Der menschliche Körper

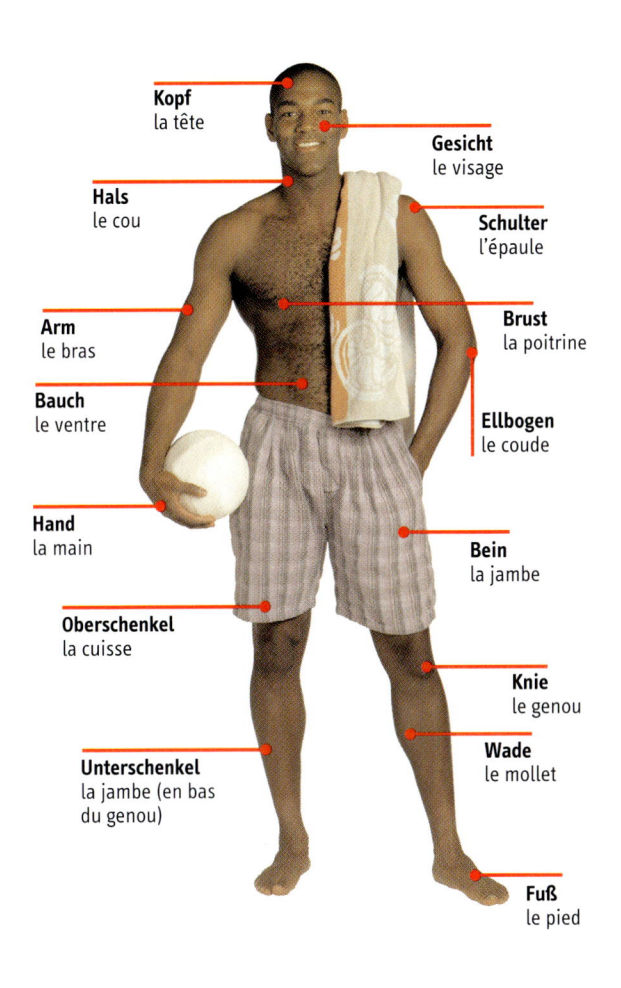

Kopf
la tête

Gesicht
le visage

Hals
le cou

Schulter
l'épaule

Arm
le bras

Brust
la poitrine

Bauch
le ventre

Ellbogen
le coude

Hand
la main

Bein
la jambe

Oberschenkel
la cuisse

Knie
le genou

Wade
le mollet

Unterschenkel
la jambe (en bas du genou)

Fuß
le pied

Hat jemand einen Bauch, sagt man „avoir du ventre" oder (volkstümlicher) „avoir de la brioche".

GESUNDHEIT — BEIM ARZT

Der menschliche Körper

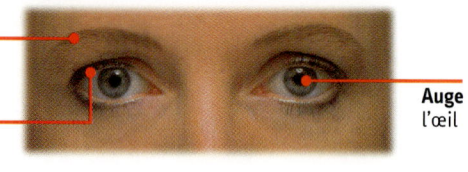

Augenbraue — le sourcil
Augenlid — la paupière
Auge — l'œil

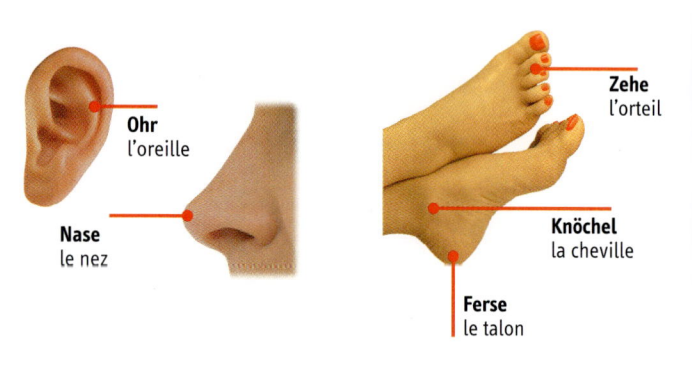

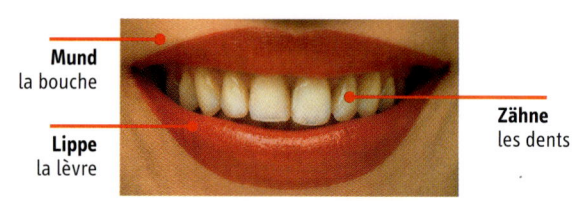

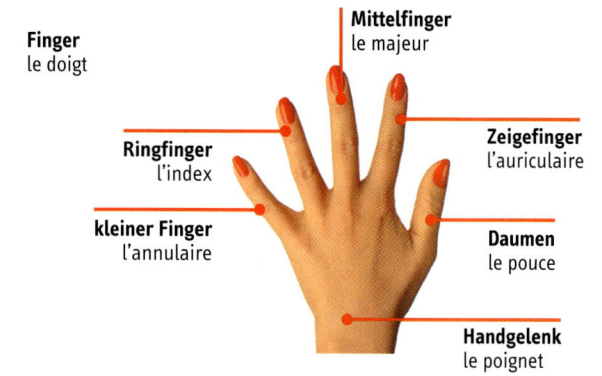

Ohr — l'oreille
Nase — le nez

Zehe — l'orteil
Knöchel — la cheville
Ferse — le talon

Mund — la bouche
Lippe — la lèvre
Zähne — les dents

Finger — le doigt
Mittelfinger — le majeur
Ringfinger — l'index
Zeigefinger — l'auriculaire
kleiner Finger — l'annulaire
Daumen — le pouce
Handgelenk — le poignet

Für Kiefer sagt man auch „la maxillaire" (Oberkiefer: la mâchoire/maxillaire supérieure; Unterkiefer: la mâchoire/maxillaire inférieure)

Körperteile

Arterie l'artère
Blase la vessie
Blinddarm l'appendice
Blut le sang
Bronchien les bronches
Darm l'intestin
Gallenblase la vésicule biliaire
Gehirn le cerveau
Gelenk l'articulation
Haut la peau
Herz le cœur
Hüfte la hanche
Kiefer la mâchoire
Knochen l'os
Leber le foie
Lunge le poumon
Magen l'estomac
Mandeln les amygdales
Muskel le muscle
Nacken la nuque
Nerv le nerf
Nieren les reins
Rippe la côte
Rücken le dos
Schlüsselbein la clavicule
Sehne le tendon
Vene la veine
Wirbelsäule l'épine dorsale
Zunge la langue

Beim Arzt

Gibt es hier einen Arzt?
Est-ce qu'il y a un docteur ?

Wann sind die Sprechstunden?
Quels sont les horaires de visite ?

Kann ich sofort kommen?
Est-ce que je peux venir tout de suite ?

Kann der Arzt zu mir kommen?
Est-ce que le docteur peut venir à domicile ?

Ich habe Schmerzen.
J'ai mal.

Ich fühle mich schwach.
Je suis faible.

Mir ist …
Je me sens …
  schlecht
  mal
  schwindlig
  J'ai des vertiges

Ich habe Husten.
Je tousse.

Ich nehme (regelmäßig) Medikamente gegen Bluthochdruck.
Je prends régulièrement des médicaments contre l'hypertension.

Der Name des Medikaments ist …
Le nom du médicament est …

Können Sie mir ein Medikament verschreiben?
Pouvez-vous me prescrire un médicament ?

Brauche ich dafür ein Rezept?
Est-ce qu'il faut l'ordonnance pour ce médicament ?

Ich bin krankenversichert.
Je suis assuré(e).

Hier ist mein internationaler Krankenschein.
Voici ma carte de sécurité sociale qui est valable au niveau international.

Bitte geben Sie mir die Rechnung und eine Kopie des Krankenberichts.
Pouvez-vous me donner la facture et une copie du rapport médical ?

Achtung! Das Wort „la langue" heißt sowohl „Zunge" als auch „Sprache".

Was der Arzt sagt

Où avez-vous mal ?
Welche Beschwerden haben Sie?

Avez-vous des douleurs ?
Haben Sie Schmerzen?

Depuis combien de temps ?
Wie lange schon?

Combien de fois par jour avez-vous mal ?
Wie oft?

Où avez-vous mal ?
Wo tut es weh?

Là, vous avez mal ?
Tut dies weh?

Déshabillez-vous.
Ziehen Sie sich bitte aus.

Inspirez profondément.
Atmen Sie tief ein.

Ouvrez la bouche.
Öffnen Sie den Mund.

Tirez la langue.
Strecken Sie die Zunge heraus.

Toussez.
Husten Sie.

Encore.
Noch einmal.

Est-ce que vous buvez de l'alcool ?
Trinken Sie Alkohol?

Est-ce que vous êtes allergique ?
Sind Sie allergisch?

Est-ce que vous prenez régulièrement des médicaments ?
Nehmen Sie regelmäßig Medikamente?

Est-ce que vous prenez la pilule ?
Nehmen Sie die Pille?

Je vous prescris quelque chose.
Ich verschreibe Ihnen etwas.

Je vous fais une piqûre.
Ich gebe Ihnen eine Spritze.

Avez-vous un certificat de vaccination ?
Haben Sie einen Impfpass?

Il faut coudre la blessure.
Die Wunde muss genäht werden.

Je vous prescris des radiographies.
Sie müssen geröntgt werden.

Je vous prescris une visite spécialisée.
Sie müssen zu einem Facharzt.

Il faut vous opérer.
Sie müssen operiert werden.

Vous devez rester couché pendant quelques jours.
Sie müssen ein paar Tage im Bett bleiben.

Revenez demain
Kommen Sie morgen wieder.

Vous n'avez rien de grave.
Es ist nichts Schlimmes.

Vous n'avez rien.
Ihnen fehlt nichts.

Fachärzte

Chirurg
le chirurgien

Frauenarzt
le gynécologue

Hals-Nasen-Ohren-Arzt
l'oto-rhino(-laryngologiste)

Internist
le généraliste

Kinderarzt
le pédiatre

Psychiater
le psychiatre

Urologe
l'urologue

In einer etwas längeren Formulierung wird der Internist auch „spécialiste des maladies internes" genannt.

BEIM ARZT — GESUNDHEIT

Krankheiten

Allergie l'allergie
Angina l'angine
Asthma l'asthme
Ausschlag l'irruption cutanée
Beule la bosse/l'enflure
Bisswunde la morsure
Furunkel le furoncle
Bauchschmerzen le mal de ventre
Blähungen l'aérophagie
Blasenentzündung la cystite
Blinddarmentzündung l'appendicite
Bluterguss l'hématome
Bluthochdruck l'hypertension
Blutung l'hémorragie/le saignement
Brandwunde la brûlure
Bronchitis la bronchite
Diabetes le diabète
Diphtherie la diphtérie
Durchfall la diarrhée
Entzündung l'inflammation
Erkältung le rhume
Fieber la fièvre
Gehirnerschütterung le traumatisme crânien
Gelbsucht la jaunisse
Geschwür l'ulcère
Grippe la grippe
Halsschmerzen le mal de gorge
Herzbeschwerden le mal au cœur
Herzinfarkt la crise cardiaque/l'infarctus
Heuschnupfen le rhume des foins
Hexenschuss le lumbago/le tour de rein
Husten la toux
Infektion l'infection
Insektenstich la piqûre d'insecte
Ischias la sciatique
Keuchhusten la coqueluche
Knochenbruch la fracture des os
Kopfschmerzen le mal de tête
Kreislaufstörung les troubles de la circulation
Lähmung la paralysie
Lungenentzündung la pneumonie
Magenschmerzen le mal d'estomac
Mandelentzündung l'infection des amygdales
Masern la rougeole
Migräne la migraine
Mumps les oreillons
Nasenbluten l'hémorragie nasale/le soignement de nez
Prellung la contusion
Rheuma le rhumatisme
Röteln la rubéole
Rückenschmerzen le mal de dos
Salmonellen les salmonelles
Schnittwunde la coupure
Schnupfen le rhume
Schüttelfrost les frissons
Schwellung l'enflure
Seitenstechen le point de côté
Sodbrennen la brûlure d'estomac
Sonnenbrand le coup de soleil
Sonnenstich l'insolation
Übelkeit la nausée
Verbrennung la brûlure
Vergiftung l'empoisonnement
Verletzung la blessure
Verrenkung l'entorse
Verstopfung la constipation
Viruserkrankung la maladie virale
Windpocken la varicelle
Wunde la blessure
Zerrung l'élongation/la déchirure

Eine Erkältung wird auch populärer als „le refroissement" oder „le coup de froid" bezeichnet.

Was haben Sie?

Ich habe mich geschnitten.
Je me suis coupé(e).

Ich bin gebissen worden.
J'ai été mordu(e).

Ich habe etwas im Auge.
J'ai quelque chose dans l'œil.

Mein Kind ist gestürzt.
Mon enfant est tombé.

Mein Knöchel ist geschwollen.
J'ai une cheville enflée.

Ich habe mich übergeben.
J'ai vomi.

Beim Frauenarzt

Est-ce que vous êtes enceinte ?
Sind Sie schwanger?

Est-ce que vous prenez la pilule ?
Nehmen Sie die Pille?

Quelle est la date de vos dernières règles ?
Wann war Ihre letzte Periode?

Ich habe meine Periode.
J'ai mes règles.

Ich habe keine Periode seit zwei Monaten gehabt.
Je n'ai pas eu mes règles depuis deux mois.

Ich glaube, ich bin schwanger.
Je crois que je suis enceinte.

Ich bin schwanger.
Je suis enceinte.

Ich habe Menstruationsbeschwerden.
J'ai des douleurs pendant les règles.

Ich nehme die Pille.
Je prends la pilule.

Abstrich le frottis
Abtreibung l'avortement
Blasenentzündung l'inflammation de la vessie
Brust le sein
Eileiter l'ovaire
Fehlgeburt la fausse couche

Gebärmutter l'utérus
Kondom le préservatif
Krampf la crampe
Scheidenentzündung la vaginite
Schwangerschaft la grossesse
Spirale le stérilet
Vagina le vagin

„La visite" ist zwar eigentlich „der Besuch", beim Arzt ist damit aber gemeint, wann er Sprechstunde hat.

ZAHNARZT

GESUNDHEIT

Beim Zahnarzt

Gibt es hier einen Zahnarzt?
Est-ce qu'il y a un dentiste dans les environs ?

Ich brauche dringend einen Termin.
J'ai besoin d'un rendez-vous urgent.

Ich habe Zahnschmerzen.
J'ai mal aux dents.

Mir ist eine Füllung herausgefallen.
J'ai perdu un plomb.

Mir ist ein Zahn abgebrochen.
J'ai une dent cassée.

Mein Gebiss ist zerbrochen.
Mon dentier est cassé.

Ich möchte eine Betäubung.
Je voudrais une anesthésie.

Vous pouvez vous rincer la bouche.
Bitte spülen.

Je dois plomber la dent.
Ich werde den Zahn plombieren.

Pour l'instant, le plomb est provisoire.
Ich behandle ihn nur provisorisch.

Voulez-vous une anesthésie ?
Möchten Sie eine Spritze?

Il faut arracher la dent.
Ich muss den Zahn ziehen.

Abszess l'abcès
Betäubung l'anesthésie
Entzündung l'inflammation
Gebiss le dentier
Kiefernorthopäde le mécanicien-dentiste
Krone la couronne
Nerv le nerf

Plombe le plomb
Weisheitszahn la dent de sagesse
Wurzelbehandlung le traitement des racines
Zahnbrücke le bridge
Zahnfleisch la gencive
Zahnschmerzen le mal de dents
Zahnspange l'appareil pour les dents
Zahnwurzel la racine

Die Zahnbürste ist „la brosse à dents", die Zahncreme „le dentifrice".

deux cents quinze

Im Krankenhaus

Spricht hier jemand Deutsch?
Est-ce que quelqu'un parle allemand ?

Bitte sprechen Sie langsamer.
Pouvez-vous parler plus lentement, s'il vous plaît ?

Ich möchte nach Hause geflogen werden.
Je voudrais être rapatrié(e).

Ich habe eine Rückführungs-Versicherung.
J'ai une assurance pour le rapatriement.

Was habe ich?
Qu'est-ce que j'ai ?

Muss ich operiert werden?
Est-ce que je dois être opéré(e) ?

Wie lange muss ich im Krankenhaus bleiben?
Combien de temps dois-je rester à l'hôpital ?

Können Sie mir bitte ein Schmerzmittel geben?
Pouvez-vous me donner un analgésique ?

Bitte benachrichtigen Sie meine Familie.
Pouvez-vous informer ma famille, s'il vous plaît ?

Bett le lit
Bettpfanne l'urinoir/le pistolet
Bluttransfusion la transfusion de sang
Chirurg le chirurgien
Klingel la sonnette
Krankenpfleger l'infirmier
Krankenschwester l'infirmière
Narkose l'anesthésie
Operation l'opération
Rollstuhl la chaise roulante
Spritze la piqûre

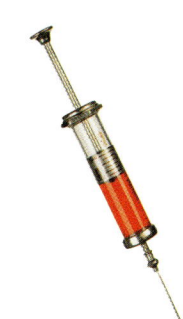

Spritze kann ebenso gut „l'injection" oder „la seringue" heißen.

Geschäftsreise

Am Empfang

Ich habe einen Termin mit Herrn Leblanc vereinbart.
J'ai rendez-vous avec M. Leblanc.

Ich werde von Herrn Leblanc erwartet.
M. Leblanc m'attend.

Würden Sie mich bitte anmelden!
Pouvez-vous m'annoncer, s'il vous plaît ?

Hier ist meine Karte.
Voici ma carte de visite.

Es tut mir leid, ich bin etwas zu spät.
Excusez-moi, je suis un peu en retard.

Am Konferenztisch

Ich soll Ihnen Grüße von ... ausrichten.
... vous passe le bonjour.

Unsere Firma würde Ihnen gerne folgendes Angebot unterbreiten.
Notre société voudrait vous faire cette offre.

Ist das Ihr letztes Angebot?
C'est votre dernière offre ?

Tut mir leid, weiter können wir nicht gehen.
Je regrette, nous ne pouvons pas faire davantage.

Ich glaube, das ist ein Missverständnis.
Je crois qu'il y a un malentendu.

Das ist ein interessanter Vorschlag.
C'est une proposition intéressante.

Können Sie das näher erläutern?
Pouvez-vous me l'expliquer plus en détail ?

Was genau stellen Sie sich darunter vor?
Que voulez-vous dire précisément ?

Fassen wir noch einmal zusammen.
Essayons de résumer.

Lassen Sie es mich folgendermaßen ausdrücken.
Laissez-moi résumer avec mes mots.

Würden Sie mich einen Moment entschuldigen?
Pouvez-vous m'excuser un instant ?

Ich muss dies zuerst mit meiner Firma absprechen.
Je dois d'abord parler avec ma société.

Wir werden darüber nachdenken.
On va y réfléchir.

Wir werden das überprüfen.
Nous le contrôlerons.

Kann ich bei Ihnen telefonieren?
Est-ce que je peux téléphoner ?

Könnten wir für morgen einen weiteren Termin vereinbaren?
Pouvons-nous fixer un autre rendez-vous pour demain ?

Wir bleiben in telefonischem Kontakt.
On se contactera par téléphone.

Haben Sie vielen Dank für das konstruktive Gespräch.
Je vous remercie pour cette conversation fructueuse.

Ich bin sehr zufrieden mit unseren Verhandlungen.
Je suis très satisfait(e) de ces négociations.

Auf eine erfolgreiche Zusammenarbeit.
A une coopération réussie.

Ein Geschäftsessen, „un repas d'affaires", ist in Frankreich die beste Möglichkeit, Geschäftskontakte zu intensivieren.

GESCHÄFTSREISE — KONFERENZ

Wichtige Wörter

Abschluss la conclusion d'un contrat
Aktien les actions
Angebot l'offre
Beteiligung la participation
Einfuhrbeschränkungen les restrictions à l'importation
Einkaufspreis le prix d'achat
Euro l'euro
Europäische Union l'Union Européenne
Frachtkosten les frais de transport
Garantie la garantie
Geschäftspartner le partenaire (commercial)
Geschäftstermin le rendez-vous d'affaire
Gesetz la loi
Gewinn les bénéfices
Haftung la responsabilité
Handelsabkommen l'accord (commercial)
Handelsspanne la marge (commerciale)
Hersteller le fabricant
Honorar les honoraires
Import les importations
Kollege le collègue
Konditionen les conditions
Konferenz la conférence
Kooperation la coopération
Kosten les frais
Ladenpreis le prix de vente
Lieferant le fournisseur
Lizenzgebühr la taxe de licence
Marketing le marketing
Mehrwertsteuer la TVA (taxe sur la valeur ajoutée)
Mitarbeiter(in) l'employé(e)
Preis le prix
Protokoll le protocole
Provision la commission
Rabatt l'escompte
Rechnung la facture
Steuer l'impôt
Stückpreis le prix à l'unité
Tagesordnung l'ordre du jour
Tantiemen la part de bénéfices
Transportkosten les frais de transport
Übernahme la prise en charge
Verhandlung la négociation
Verlust la perte
Versicherung l'assurance
Vertreter le représentant
Visitenkarte la carte de visite
Vorgesetzter le supérieur
Zollbestimmungen les dispositions douanières

Der „Abschluss" im Sinne eines „Vertragsabschlusses" lässt sich auch mit „l'accord" oder „la passation" (d'un contrat) ausdrücken.

Firmenstruktur

GmbH
la société à responsabilité limitée (S.R.L)

Aktiengesellschaft
la société par actions (S.P.A.)

Aufsichtsrat
le conseil de surveillance

Aufsichtsratsvorsitzender
le président du conseil de surveillance

Beirat
le comité consultatif

Vorstand
le conseil d'administration

Werbeleiter
le directeur du bureau de la publicité

Vertriebsleiter
le directeur des ventes

Sekretär/Sekretärin
le/la secrétaire

Assistent/Assistentin
l'assistant(e)

Vorstandsvorsitzender
le président du conseil d'administration

Vorstandsmitglied
le membre du conseil d'administration

Geschäftsführer
le directeur exécutif

Hauptabteilungsleiter
le directeur central

Abteilungsleiter
le chef de service

Bereichsleiter
le chef de secteur

Generalbevollmächtigter
le fondé de pouvoir (muni d'une procuration générale)

Prokurist
le fondé de pouvoir

Der Geschäftsführer ist „le gérant". „Il dirige les affaires", er leitet die Geschäfte.

Verträge

Anhang la pièce jointe
Auftrag la commande
Bürgschaft la caution
Eigentumsvorbehalt la réserve de propriété
Erfüllungsort le lieu d'exécution
Frist le terme/le délai
Garantie la garantie
Gerichtsstand le tribunal compétent
Geschäftsbedingungen les conditions commerciales
Haftung la responsabilité
Kaufvertrag le contrat d'achat
Lieferbedingungen les conditions de livraison
Lieferfrist le délai de livraison
Paragraph le paragraphe
Termin la date/l'échéance
Unterschrift la signature
Vereinbarung l'accord
Vertrag le contrat
Vertragsstrafe la pénalité
Vorkaufsrecht le droit de préemption
Zahlungsbedingungen les conditions de paiement

Messe

Ich suche den Stand der Firma ...
Je cherche le stand de la société ...

Wir handeln mit ...
Nous commerçons avec ...

Wir produzieren ...
Nous produisons ...

Hier ist meine Karte.
Voici ma carte de visite.

Darf ich Ihnen einen Prospekt mitgeben?
Puis-je vous laisser un dépliant ?

Darf ich es Ihnen vorführen?
Est-ce que je peux vous le démontrer brièvement ?

Können Sie mir ein Angebot zukommen lassen?
Pouvez-vous m'envoyer une offre ?

Haben Sie einen Katalog?
Avez-vous un catalogue ?

Kann ich einen Termin vereinbaren?
Est-ce que je peux avoir un rendez-vous ?

Ausgang la sortie
Aussteller l'exposant
Ausweis la carte d'identité
Eingang l'entrée
Einladung l'invitation
Fachbesucher les visiteurs professionnels
Gang le couloir
Halle le hall
Katalog le catalogue
Marke la marque
Namensschild la plaquette
Pressekonferenz la conférence de presse
Prospekt le dépliant
Stand le stand
Stockwerk l'étage
Warenzeichen la marque commerciale

Die allgemeinen Geschäftsbedingungen, also das sogenannte Kleingedruckte, sind „les conditions générales du contrat".

Wörterbuch

Deutsch – Französisch

A

Aal anguille (f)
Abdeckstift crayon (m)
Abend soir (m)
Abendessen dîner (m)
Abfahrt départ (m)
Abfahrtski descente (f)
Abfallbeutel sac-poubelle (m)
Abflug décollage (m)
Abflugzeit heure de décollage (f)
Abflusssieb filtre d'évacuation (m)
Abführmittel laxatif (m)
Abgeordneter député (m)
Abreisetag jour de départ (m)
Absatz talon (m)
Abschleppdienst service de remorquage (m)
abschleppen remorquer
Abschleppseil câble de remorque (m)
Abschluss stipulation (f) [Vertrag]
Absender expéditeur (m)
Abstieg descente (f)
Abstimmung vote (m)
Abstrich frottis (m)
Abszess abcès (m)
Abtei abbaye (f)
Abteil compartiment (m)
Abteilung rayon (m)
Abteilungsleiter chef de service (m)
Abtreibung avortement (m)
Abzug copie (f), photo (f)
Acker champ (m)
Adapter adaptateur (m)
Adresse adresse (f)
Ahorn érable (m)
Ähre épi (m)
Aktentasche porte-documents (m), serviette (f)
Aktien actions (f)
Algen algues (f)
alkoholfreie Getränke boissons sans alcool (f)
alkoholische Getränke boissons alcoolisées (f)
Allergie allergie (f)
Altar autel (m)
Altstadt vieille ville (f)
Alufolie papier aluminium (m)
Amethyst améthyste (f)
Ampel feu (m)
Amtszeichen tonalité libre (f)
amüsant amusant
Ananas ananas (m)
Andenkenladen magasin de souvenirs (m)
andere d'autres
ändern modifier
Anfänger débutant (m)
Angebot offre (f)
angebraten passé à la poêle
Angel canne à pêche (f)
Angeln pêche (f)
Angelrute canne à pêche (f)
Angelschein permis de pêche (m)
Angelschnur ligne (f)
Angestellter employé (m)
Angina angine (f)
Anhang pièce jointe (f)
Anhänger pendentif (m)
Anker ancre (f)
Ankunftszeit heure d'arrivée (f)
Anlage pièce jointe (f)
Anlasser démarreur (m)
Anlegeplatz embarcadère (m)
anmeldepflichtige Waren marchandises à déclarer (f)
Anmeldung enregistrement (m)
Anorak anorak (m)
anprobieren essayer
Anrede titre (m)
Anreisetag jour d'arrivée (m)
Anruf appel téléphonique (m)
Anrufbeantworter répondeur automatique (m)
Anschlussflug vol de correspondance (m)
Anschrift adresse (f)
Ansichtskarten carte postale (f)
Ansteckn adel épingle (f)
Antiquitäten antiquités (f)
Anwalt avocat (m)
Anzeige plainte (f) [Polizei], annonce (f) [Werbung]
Anzug complet (m)
Apfel pomme (f)
Apfelkuchen tarte aux pommes (f)
Apfelsaft jus de pomme (m)
Apotheke pharmacie (f)
Appartement appartement (m)
Aprikose abricot (m)
April avril (m)
Aquarellfarben peinture à l'eau (f)
Aquarellpapier papier pour peinture à l'eau (m)
arbeiten travailler
Arbeiter travailleur (m)
Arbeitsspeicher mémoire de travail (m)
Archäologie archéologie (f)
Architekt architecte (m)
Architektur architecture (f)
Arm bras (m)
Armband bracelet (m)
Armbanduhr montre-bracelet (f)
Armee armée (f)
Ärmel manches (f)
Armreif bracelet (m)
Arterie artère (f)
Artischocken artichauts (m)
Arzt docteur (m)
Arzthelferin secrétaire médicale (f)
Aschenbecher cendrier (m)
Asthma asthme (m)
Asylsuchender asile politique (m)
Aubergine aubergine (f)
auf sur
aufbrechen cambrioler, forcer
Aufenthalt séjour (m)
aufschreiben écrire
Aufsichtsrat conseil de surveillance (m)
Aufsichtsratsvorsitzender président du conseil de surveillance (m)
Aufstieg montée (f)
Auftrag commande (f)
Aufzug ascenseur (m)
Auge œil (m)
Augenbraue sourcil (m)
Augenbrauenstift mascara (m)
Augenlid paupière (f)
Augentropfen collyre (m)

deux cents vingt et un 221

WÖRTERBUCH — DEUTSCH – FRANZÖSISCH

August août (m)
Ausfahrt sortie (f)
Ausfuhr exportation (f)
Ausgang sortie (f)
Ausgrabungen fouilles (f)
Auskunft informations (f)
Ausländer étranger (m)
ausleihen prêter
Auspuff échappement (m)
ausrauben dévaliser
Ausreise sortie (f)
Aussage déclaration (f)
Aussageverweigerungsrecht droit de refuser de témoigner (m)
Ausschlag irruption cutanée (f)
Außenkabine cabine externe (f)
Außenspiegel rétroviseur extérieur (m)
äußerlich à usage externe
Ausstatter décorateur (m)
Aussteller exposant (m)
Ausstellung exposition (f)
Austern huîtres (f)
Ausverkauf soldes (m), liquidation (f)
Ausweis carte d'identité (f)
Auszubildender apprenti (m)
Auto voiture (f)
Autobahn autoroute (f)
Autofähre ferry-boat (m)
Automechaniker mécanicien (m)
Autopapiere papiers de la voiture (m)
Autoreisezug navette (f)
Autorennen course automobil (f)
Avocado avocat (m)

B

Babycreme crème pour bébés (f)
Bach ruisseau (m)
Backbord à bâbord
Bäcker boulanger (m)
Bäckerei boulangerie (f)
Bad salle de bains (f)
Badehose slip de bain (m)
Badekabine cabine (f)
Bademantel peignoir (m)
Bademütze bonnet de bain (m)
Badeschuhe chaussures de bain (m)
Badeschwamm éponge (f)
Badetuch serviette de bain (f)
Badewanne baignoire (f)
Badminton badminton (m)
Bahnhof gare (f)
Bahnsteig quai (m)
Balkon balcon (m)
Ball ballon (m)
Ballett ballet (m)
Balsamessig vinaigre balsamique (m)
Banane banane (f)
Bank banque (f)
Barsch perche (f)
Bart barbe (f)
Barzahlung paiement comptant (m)
Baseball base-ball (m)
Basilikum basilique (m)
Basketball basket (m)
Batist batiste (f)
Batterie batterie (f)
Batterien piles (f)
Bauarbeiter employé du bâtiment (m)
Bauch ventre (m)
Bauchschmerzen mal de ventre (m)
Bauernhof ferme (f)
Baum arbre (m)
Baumwolle coton (m)
Baustelle travaux en cours
Bauwerk édifice (m)
Beamter fonctionnaire (m)
Becher tasse (f)
Beefsteak bifteck (m)
bei chez
Beilagen garnitures (f)
Bein jambe (f)
Beinscheibe jambe (f)
Beirat comité consultatif (m)
Beißzange tenailles (f)
Bekannter connaissance (f)
bekommen recevoir
Belichtungsmesser posemètre (m)
Benzin essence (f)
Benzinkanister bidon d'essence (m)
Berg montagne (f)
Bergführer guide (m)
Berghütte chalet de montage (m)
Bergschuhe chaussures de montage (f)
Bergspitze sommet de la montage (m)
Bergsteigen alpinisme (m)
Bernstein ambre (m)
Beruhigungsmittel sédatif (m)
Besatzung équipage (m)

Besen balais (m)
besetzt occupé
Besetztzeichen tonalité occupée (f)
Besteck couverts (m)
bestellen commander
Betäubung anesthésie (f)
Beteiligung participation (f)
Betriebswirt économiste (m)
betrügen tromper
Betrüger escroc (m)
Bett lit (m)
Bettdecke couverture (f)
Bettlaken drap (m)
Bettpfanne urinoir (m), pistolet (m)
Beule bosse (f)
bewölkt nuageux
bewußtlos perdre connaissance
Bezug référence (f)
Bibliothek bibliothèque (f)
Bier bière (f)
Bikini bikini (m)
Bildband volume illustré (m)
Bilderbuch livre illustré (m)
Bildhauerei sculpture (f)
Bildschirm écran (m)
Billard billard (m)
Binden serviettes hygiéniques (f)
Bindfaden ficelle (f)
Bindung fixation des skis (f)
Biokost produits biologiques (m)
Biologe biologiste (m)
Birnen poire (f)
Bisswunde morsure (f)
bitte s'il vous plaît
Blähungen aérophagie (f)
Blase vessie (f)
Blasenentzündung cystite (f), inflammation de la vessie (f)
blau bleu
Blaufisch poisson bleu (m)
Blazer blazer (m)
bleifrei sans plomb
Bleigürtel ceinture en plomb (f)
Bleistift crayon (m)
Bleistiftspitzer cutter (m)
Blinddarm appendice (m)
Blinddarmentzündung appendicite (f)
Blinker feux clignotants (m)
Blinklicht feux clignotants (m)
Blitz éclair (m)

Deutsch – Französisch

Blitzlicht flash (m)
Blumengeschäft fleuriste (m)
Blumenkohl chou-fleur (m)
Bluse chemisier (m)
Blut sang (m)
Bluterguss hématome (m)
Blutgruppe groupe sanguin (m)
Bluthochdruck hypertension (f)
Bluttransfusion transfusion de sang (f)
Blutung hémorragie (f), saignement (m)
Bogen arc (m)
Bohnen haricots (m)
Bohrer perceuse (f)
Boiler chauffe-eau (m)
Boot bateau (m), barque (f)
Bootsverleih location de bateaux (f)
Bordkarte ticket d'embarquement (m)
Botanik botanique (f)
Botanischer Garten jardin botanique (m)
Botschaft ambassade (f)
Bowdenzug câble Bowden (m)
Boxen boxe (f)
Branchenverzeichnis pages jaunes (f)
Brandsalbe pommade contre les brûlures (f)
Brandung ressac (m)
Brandwunde brûlure (f)
Branntwein cognac (m)
Braten rôti (m)
Brathähnchen poulet rôti (m)
Bratkartoffeln pommes de terre sautées (f)
Bratpfanne poêle (f)
Bremsbelag garniture de frein (f)
Bremse frein (m)
bremsen freiner
Bremsflüssigkeit liquide du frein (m)
Bremslicht feux de stop (m)
Bremsseil câble des freins (m)
Brief lettre (f)
Briefkasten boîte aux lettres (f)
Briefkopf en-tête (m)
Briefmarke timbre (m)
Briefpapier papier à lettres (m)
Brieftasche portefeuille (m)
Briefumschlag enveloppe (f)
Bries ris (m)
brillant brillant
Brillenetui étui (pour lunettes) (m)
Brokkoli brocoli (m)
Brombeeren mûres (f)
Bronchien bronches (f)
Bronchitis bronchite (f)
Brosche broche (f)
Brot pain (m)
Brötchen petit pain (m)
Brücke pont (m)
Bruder frère (m)
Brunnen fontaine (f)
Brust poitrine (f)
Buche hêtre (m)
Buchhalter comptable (m)
Buchhandel librairie (f)
Buchhändler libraire (m)
Bug proue (f) [Schiff], épaule (f) [Fleisch]
Bügel branche (f) [Brille]
Bügelbrett planche à repasser (f)
Bügeleisen fer à repasser (m)
bügelfrei ne pas repasser
Bundesstraße route nationale (f)
Bungalow bungalow (m)
Buntstifte crayons couleur (m)
Buntwäsche vêtements délicats (m)
Burg château (m)
Bürgerinitiative comité municipal (m)
Bürgermeisteramt bureau du maire (m)
Bürgschaft caution (f)
Büroklammern agrafes (f)
Bus autobus (m)
Buschbohnen flageolet (m)
Büstenhalter soutien-gorge (m)
Butangas gaz butane (m)
Butter beurre (m)

C

Campingplatz camping (m)
Cappuccino café crème (m)
CD-Brenner graveur de CD-ROM (m)
CD-ROM-Laufwerk lecteur de CD-ROM (m)
CD-Spieler lecteur CD (m)
Chemie chimie (f)
Chemiker chimiste (m)

chemische Reinigung lavage à sec (m)
Chicorée chicorée (f)
Chili chili (m)
Chirurg chirurgien (m)
cholesterinarm pauvre en cholestérol
Chor chœur (m)
Choreograph chorégraphe (m)
Christ Christ (m)
Christentum christianisme (m)
Computerladen commerce d'ordinateurs (m)
Cord velours (m)
Cornflakes corn-flakes (m)
Cousin cousin (m)
Cousine cousine (f)

D

Dachdecker couvreur (m)
dahinter derrière
Dampfer navire à vapeur (m)
danke merci
Darm intestin (m)
Dart fléchettes (f)
Datteln dattes (f)
Datum date (f)
Dauerwelle permanente (f)
Daumen pouce (m)
davor avant
Deck pont (m)
Deckstuhl chaise sur le pont (f)
Dekorateur décorateur (m)
Demokratie démocratie (f)
denken penser
Denkmal monument (m)
Deodorant déodorant (m)
deprimiert déprimé
deshalb en conséquence
Desinfektionsmittel désinfectant (m), produit pour désinfecter (m)
Deutschland Allemagne (f)
Dezember décembre (m)
Diabetes diabète (m)
Diamant diamant (m)
Diarahmen petit cadre pour diapositives (m)
Dichtung garniture (f)
Dieb voleur (m)
Diebstahl vol (m)
Dienstag mardi (m)
dies da celui-ci
Diesel Diesel (m)
diesig maussade
Dill aneth (m)
Diphtherie diphtérie (f)

WÖRTERBUCH — DEUTSCH – FRANZÖSISCH

Direktor directeur (m)
Dirigent chef d'orchestre (m)
Diskman lecteur laser (m)
Diskothek discothèque (f)
Dolmetscher interprète (m)
Dom cathédrale (f)
Donner tonnerre (m)
Donnerstag jeudi (m)
Doppelbett lit à deux places (m)
Doppelzimmer chambre pour deux personnes (f)
Dose boîte (f)
Dosenöffner ouvre-boîtes (m)
Drachen cerf-volant (m)
Drachenfliegen parapente (m)
Drama drame (m)
Drehzahlmesser compte-tours (m)
Drogerie pharmacie (f)
Drogist droguiste (m)
Drucksache imprimé (m)
Düne dune (f)
dunkel foncé
Durchfall diarrhée (f)
Durchwahl numéro direct (m)
Durst soif (f)
Dusche douche (f)
Dutzend douzaine (f)
DVD-Spieler lecteur DVD (m)
D-Zug rapide (m)

E

Ebbe marée basse (f)
Edelstahl acier spécial (m)
EDV-Fachmann expert EDP (m)
Ehefrau épouse (f), femme (f)
Ehemann époux (m), mari (m)
Eiche chêne (m)
Eiergerichte plats à base d'œufs (m)
Eigentumsvorbehalt réserve de propriété (f)
Eilbrief express
Eileiter ovaire (m)
Eilzug train direct (m)
Eimer seau (m)
ein un, une
ein bisschen un peu de
Einbahnstraße sens unique
eindrucksvoll impressionnant
Einfuhr importation (f)
Einfuhrbeschränkungen restrictions à l'importation (f)
Eingang entrée (f)
Einheit unité (f)
einige certain, certaines
Einkaufskorb panier (m)
Einkaufspreis achat (m)
Einkaufswagen chariot (m)
Einkaufszentrum grande surface (f), centre commercial (m)
Einladung invitation (f)
Einmündung issue (f)
Einreise entrée (f)
Einreiseformular formulaire d'entrée (m)
Einschreiben lettre recommandée (f)
Einspritzpumpe injecteur (m)
Eintritt entrée (f)
Einwanderung Immigration (f)
Einwanderungsbehörde bureau des immigrés (m)
Einwegspritzen seringue jetable (f)
Einzelbett lit à une place (m)
Einzelhandel vente au détail (f), commerce au détail (m)
Einzelkabine cabine individuelle (f)
Eis glace (f)
Eisenbahn chemin de fer (m)
Eisenwaren quincaillerie (f)
Eishockey hockey sur glace (m)
Eiskaffee café liégeois (m)
Eislaufen patinage artistique (m)
Eissalat laitue (f)
Eiswaffel cornet (m)
Eiswürfel glaçon (m)
Elektriker électricien (m)
Elektrizität électricité (f)
Elektrogeschäft commerce d'électroménagers (m)
Elektroheizung chauffage électrique (m)
Elektroherd four électrique (m)
Elfenbein ivoire (m)
Ellbogen coude (m)
Empfänger destinataire (m)
Empfangsbestätigung reçu (m)
empfehlen conseiller
Empore galerie (f)
Endiviensalat endive (f)
Endstation terminus (m)
eng étroit
Enkel petit-fils (m)
Enkelin petite-fille (f)
Ente canard (m)
Entfernungsmesser télémètre (m)
Entschuldigung pardon
Entwicklung développement (m)
Entzündung inflammation (f)
Erbsen petits pois (m)
Erdbeeren fraises (f)
Erdnüsse cacahouètes (f)
Erfüllungsort lieu d'exécution (m)
Erkältung rhume (m)
Ermäßigung réduction (f)
Ersatzrad roue de secours (f)
Ersatzteile pièces de rechange (f)
erstaunlich magnifique, incroyable, splendide
Erzieherin institutrice (f)
Esel âne (m)
Espresso express (m)
Essig vinaigre (m)
Estragon estragon (m)
Etage étage (m)
Etiketten étiquette (f)

F

Fabrik usine (f)
Facharbeiter travailleur spécialisé (m)
Fachbesucher visiteurs professionnels (m)
Fachbuch livre spécialisé (m)
Faden fil (m)
Fahrbahnverengung chaussée rétrécie (f)
Fähre ferry-boat (m)
Fahrer conducteur (m)
Fahrkarte billet (m)
Fahrkartenautomat distributeur automatique de billets (m)
Fahrkartenschalter guichet (m)
Fahrplan horaire (m)
Fahrradhandlung magasin pour bicyclettes (m)
Fahrradpumpe pompe de la bicyclette (f)
Fallschirmspringen parachutisme (m)

Deutsch – Französisch   WÖRTERBUCH

Familienkarte billet pour famille (f)
färben faire une couleur
farbig coloré
Farbstift crayon de couleur (m)
Fasan faisan (m)
Fassung monture (f)
Februar février (m)
Federball badminton (m) [Spiel], volant (m) [Ball]
Federballschläger badminton (m)
Fehlgeburt fausse couche (f)
Fehlzündung allumage défectueux (m)
Feigen figues (f)
Feinkostgeschäft traiteur (m)
Feld champ (m)
Feldsalat salade des champs (f)
Felge jante (f)
Felgen jantes (f)
Felsküste côte rocheuse (f)
Fenchel fenouil (m)
Fenster fenêtre (f)
Fensterplatz place à côté de la fenêtre (f)
Fensterscheibe vitre (f)
Ferienanlage résidence hôtel (f)
Ferienhaus maison de vacances (f)
Ferienwohnung appartement (pour les vacances) (m)
Fernbedienung télécommande (f)
Ferngespräch communication extra urbaine (f)
Fernglas jumelles (f)
Fernsehen télévision (f)
Ferse talon (m)
Festival festival (m)
Festland continent (m)
Festplatte disque dur (m)
Festung forteresse (f)
fettarm pas trop gras
Feuer feu (m)
Feuerwehr sapeurs-pompiers (m)
Feuerzeug briquet (m)
Fieber fièvre (f)
Fieberthermometer thermomètre (m)
Filetsteak bifteck dans le filet (m)
Film pellicule (f) [Foto], film (f) [Kino]

Filz feutre (m)
Filzstift feutre (m)
finden trouver
Finger doigt (m)
Fingerhut dé à coudre (m)
Fisch poisson (m)
Fischhandlung poissonnerie (f)
Fixiermittel fixateur (m)
Flanell flanelle (f)
Flasche biberon (m) [Baby], bouteille (m)
Flaschenöffner ouvre-bouteilles (m), décapsuleur (m)
Fleckenwasser détachant (m)
Fleisch viande (f)
Fleischmesser couteau à viande (m)
Flickzeug kit de réparation des pneus (m)
Fliege nœud papillon (m)
Fliegenklatsche attrape-mouches (m)
Flohmarkt marché aux puces (m)
Flossen palmes (f)
Flug vol (m)
Flügel aile (f)
Flughafen aéroport (m)
Flugnummer numéro du vol (m)
Flugplan horaire du vol (m)
Flugschein billet d'avion (m)
Flugsteig porte d'embarquement (f)
Flunder flet (m)
Fluss fleuve (m)
Flut marée haute (f)
Föhn sèche-cheveux (m)
föhnen sécher avec le sèche-cheveux
Folklore fête folklorique (f)
Forelle truite (f)
Format format (m)
Fortgeschrittener non débutant (m)
Fotoapparat appareil photo (m)
Fotogeschäft photographe (m)
Fotograf photographe (m)
Fototasche étui de l'appareil photo (m)
Frachtkosten frais de transport (m)
Frachtschiff navire marchand (m)
fragen demander

Frauenarzt gynécologue (m)
frei libre
Freitag vendredi (m)
Freund ami (m)
Freundin amie (f)
Friedhof cimetière (m)
Fries frise (f)
Frischhaltefolie sachet pour aliments (m)
Frischkäse fromage frais (m)
Friseur coiffeur (m)
Frist délai (m), terme (m)
frittiert frit
Frost gel (m)
Frottee tissu-éponge (m)
Früchtetee thé aux fruits (m)
fruchtig fruité
Fruchtsaft jus de fruits (m)
früher autrefois
Frühling printemps (m)
Frühlingszwiebel petits oignons (m)
Frühstück petit déjeuner (m)
frustriert frustré
Füller stylo-plume (m)
Fundbüro bureau des objets trouvés (m)
für pour
Furunkel furoncle (m)
Fuß pied (m)
Fußball ballon de foot (m) [Ball], football (m) [Spiel]
Fußgängerüberweg passage piéton (m)
Fußgängerzone zone piétonne (f)
Fußschlaufe sangle pour les pieds (f)
Fußweg sentier (m)
Futter doublure (f)

G
Gabel fourchette (f)
Gabelbaum bôme de surf (m)
Galerie galerie (f)
Gallenblase vésicule biliaire (f)
Gang couloir (m)
Gangplatz place près du couloir (f)
Gangschaltung dérailleur (m)
Gans oie (f)
Garage garage (m)
Garantie garantie (f)
Garderobe vestiaire (m)

WÖRTERBUCH — DEUTSCH – FRANZÖSISCH

Garnelen crevettes (f)
Garten jardin (m)
Gärtner jardinier (m)
Gasflasche bouteille de gaz (f)
Gasherd poêle à gaz (m)
Gaskocher fourneau à gaz (m)
Gaspedal accélérateur (m)
Gasse ruelle (f)
Gastwirt hôtelier (m)
Gebäck biscuits (m)
gebacken cuit au four
gebackene Kartoffeln pommes de terre cuites au four (f)
Gebärmutter utérus (m)
Gebäude bâtiment (m), édifice (m)
geben donner
gebietsweise régional
Gebiss dentier (m)
gebraten rôti
Gebühr tarif (m)
Geburtshaus maison natale (f)
gedünstet cuit à la vapeur
Gefängnis prison (f)
Geflügel volaille (f)
gefüllt farci
gegrillt grillé
gehackt haché
Geheimzahl code confidentiel (m)
gehen aller
Gehirn cerveau (m)
Gehirnerschütterung traumatisme crânien (m)
Geistlicher prêtre (m)
gekocht bouilli
gelb jaune
Gelbsucht jaunisse (f)
Geld argent (m)
Geldanweisung mandat (m)
Geldbeutel porte-monnaie (m)
Geldwechsel change (de devises) (m)
Gelenk articulation (f)
Gemälde tableau (m)
gemischter Salat salade composée (f)
Gemüse légumes (m)
Gemüsehandlung fruits et légumes
Gemüsesuppe soupe de légumes (f)
gemustert avec des motifs
Generalbevollmächtigter fondé de pouvoir (m)
genervt stressé

genoppt bouclé
genug assez
Geologie géologie (f)
Gepäck bagage (m)
Gepäckablage compartiment pour bagages (m)
Gepäckaufbewahrung dépôt de bagages (m)
Gepäckausgabe remise des bagages (f)
Gepäckträger porteur (m)
Gepäckwagen chariot porte-bagages (m)
gepunktet pointillé
geradeaus droit, tout droit
geräuchert fumé
Gerichtsstand tribunal compétent (m)
Gerichtsverhandlung audience (f)
geriebener Käse fromage râpé (m)
Germanistik germaniste (m)
Gerste orge (m)
gerührt battu
Geschäftsbedingungen conditions commerciales (f)
Geschäftsführer directeur exécutif (m)
Geschäftspartner partenaire (commercial) (m)
Geschäftstermin rendez-vous d'affaire (m)
Geschenk cadeau (m)
Geschenkpapier papier cadeau (m)
Geschichte histoire (f)
Geschirr vaisselle (f)
Geschirrspülmaschine lave-vaisselle (m)
Geschirrständer égouttoir à vaisselle (m)
geschlossen fermé
Geschmacksrichtung parfum (m)
geschmort étouffée
Geschnetzeltes tailladé
geschwollen enflé
Geschwür ulcère (m)
Gesetz loi (f)
Gesicht visage (m)
gespickt entrelardé
gestern hier
Getränk boisson (f)
Getreide blé (m)
Getriebe boîte de vitesse (f)
Gewicht poids (m)
Gewinn bénéfices (m)
Gewitter orage (m)
Gewürze épices (f)
Gießkanne arrosoir (m)

Glas verre (m)
Glaser vitrier (m)
glasiert glacé
Glasmalerei peinture sur verre (f)
Glatteis verglas (m)
glauben croire
gleich pareil, même
Gleis quai (m)
Glocke cloche (f)
Glühbirne ampoule (f)
Gold or (m)
Goldbarsch rascasse du Nord (f)
Goldbrasse dorade (f)
Golf golf (m)
Golfball balle de golf (f)
Golfschläger club de golf (m)
Golftasche sac de golf (m)
Gotik gothique (f)
Gottesdienst messe (f)
Grab tombe (f)
Grafikkarte carte graphique (f)
Gramm gramme (m)
Granatapfel grenade (f)
Grapefruit pamplemousse (m)
Gratin gratin dauphinois (m)
grau gris
Graupel neige fondue (f)
Grieß semoule (f)
Grill barbecue (m)
Grippe grippe (f)
groß grand(e)
großartig merveilleux, formidable
Großbaum bôme (m)
Größe taille (f), pointure (f)
Großmutter grand-mère (f)
Großschot écoute principale (f)
Großsegel grand-voile (f)
Großvater grand-père (m)
grün vert
grüne Bohnen haricots verts (m)
grüner Salat salade verte (f)
Gruppenkarte billet de groupe (m)
Grußformel formule de salutations (f)
Gulasch ragoût (m)
Gummiband élastique (m)
Gummisohlen semelle en caoutchouc (f)
Gummistiefel bottes en caoutchouc (f)

DEUTSCH – FRANZÖSISCH — WÖRTERBUCH

Gurke concombre (m)
Gurt ceinture (f)
Gürtel ceinture (f)
guten Tag bonjour
Gymnastik gymnastique (f)

H

Haar cheveux (m)
Haarbürste brosse à cheveux (f)
Haarfestiger fixateur (m)
Haargummi gomina (f)
Haarnadeln épingle à cheveux (f)
Haarspange barrette (f)
Haarspray laque (f)
Haarspülung lavage (m)
Haarwaschmittel shampooing (m)
Hackbraten rouleau de viande hachée (m)
Hafen port (m)
Hafer avoine (f)
Haferbrei bouillie d'avoine (f)
Haftung responsabilité (f)
Hagel grêle (f)
Hahn coq (m)
Hähnchen coquelet (m)
Haifisch requin (m)
Haken hameçon (m)
halb demi
Halbpension demi-pension (f)
Hälfte moitié (f)
Halle hall (m)
Hals cou (m)
Halskette collier (m)
Hals-Nasen-Ohren-Arzt oto-rhino(-laryngologiste) (m)
Halsschmerzen mal de gorge (m)
Halstabletten pastilles contre le mal de gorge (f)
Halstuch écharpe (f), foulard (m)
Haltestelle arrêt (m)
Hammel mouton (m)
Hammer marteau (m)
Hand main (f)
Handball handball (m)
Handbesen balayette (f)
Handbremse frein à main (m)
Handcreme crème pour les mains (f)
Handelsabkommen accord (commercial) (m)
Handelsspanne marge (commerciale) (f)

Handgelenk poignet (m)
Handgepäck bagage à main (m)
Handschuhe gants (m)
Handschuhfach boîte à gants (f)
Handtasche sac à main (m)
Handtuch serviette de bain (f), serviette (f)
Handwerker artisan (m)
Handy portable (m)
Hängematte hamac (m)
hartgekochtes Ei œuf dur (m)
Hase lièvre (m)
Haselnüsse noisettes (f)
hässlich laid
Hauptsaison pleine saison (f)
Hauptschwert dérive principale (f)
Hausbursche groom (m)
Hausfrau femme au foyer (f)
Haushaltswaren magasin d'articles ménagers (m)
Hausmann homme au foyer (m)
Hausnummer numéro de la rue (m)
Hausschuhe pantoufles (f)
Haut peau (f)
Haxe jarret (m)
Hebamme sage-femme (f)
Hecht brochet (m)
Heck partie arrière (f)
Heckscheibe lunette arrière (f)
Heftklammern agrafes (f)
Heidelbeeren myrtilles (f)
Heilbutt flétan (m)
Heilpraktiker médecin en médecines douces (m)
heißen appeler
Heißluftballon montgolfière (f)
Heizdecke couverture chauffante (f)
Heizung radiateur (m), chauffage (m)
helfen aider
hell clair
Helm casque (m)
Hemd chemise (f)
Herbst automne (m)
Hering piquet de tente (m) [Zelt], hareng (m) [Fisch]
herrlich splendide, magnifique
Hersteller fabriquant (m)
hervorragend excellent

Herz cœur (m)
Herzbeschwerden mal au cœur (m)
Herzinfarkt crise cardiaque (f), infarctus (m)
Herzmuschel vénéricarde (m)
Heu foin (m)
Heuschnupfen rhume des foins (m)
heute aujourd'hui
Hexenschuss tour de rein (m), lumbago (m)
HiFi-Anlage chaîne Hi-Fi (f)
Hilfe aide (f)
Hilfsschwert dérive secondaire (f)
Himbeeren framboises (f)
hin und zurück aller retour (m)
Hinterachse essieu arrière (m)
Hirn cervelle (f)
Hirsch cerf (m)
Hitze chaleur (f)
Hoch haute pression (f)
Hochschule université (f)
Höchstwerte valeurs maximum (f)
Hochwasser marée haute (f)
Höhenunterschied dénivelé (m)
Höhenwanderung excursion en altitude (f)
Höhle grotte (f), caverne (f)
Holunder sureau (m)
Holzkohle charbon de bois (m)
Honig miel (m)
Honorar honoraires (m)
hören entendre
Hörer combiné (m)
Hörnchen croissant (m)
Hose pantalon (m)
Hosenträger bretelles (f)
Hotel hôtel (m)
hübsch mignon, beau
Hüfte hanche (f)
Hügel colline (f)
Huhn poulet (m)
Hühnerbrühe bouillon de poulet (m)
Hummer homard (m)
Hund chien (m)
Hunger faim (f)
Hupe klaxon (m)
Husten toux (f)
Hustensaft sirop contre la toux (m)
Hut chapeau (m)

deux cents vingt-sept **227**

WÖRTERBUCH — DEUTSCH – FRANZÖSISCH

I
Inbus-Schlüssel clé à six pans creux (f)
Industrie industrie (f)
Infektion infection (f)
Ingenieur ingénieur (m)
Ingwer gingembre (m)
Inline-Skater patins en ligne (m)
Innenkabine cabine interne (f)
Innenstadt centre ville (m)
innerlich à usage interne
Insektenschutz insecticide (m)
Insektenstich piqûre d'insecte (f)
Installateur plombier (m)
Internist généraliste (m)
Ischias sciatique (f)

J
ja oui
Jacke veste (f)
Jackett jaquette (f)
Jahr année (f), an (m)
Jakobsmuschel coquille Saint-Jacques (f)
Januar janvier (m)
Jazz jazz (m)
Jazzkonzert concert de jazz (m)
jedes chacune, chacun
jenes dort celui-là
jetzt maintenant
Joggen jogging (m)
Johannisbeeren groseilles rouges (f)
Jolle yole (f), youyou (m)
Journalist journaliste (m)
Jude juif (m)
Judo judo (m)
Jugendherberge auberge de jeunesse (f)
Juli juillet (m)
Juni juin (m)
Jura droit (m)
Jurist licencié en droit (m)
Juwelier bijoutier (m)

K
Kabarett cabaret (m)
Kabel câble (m)
Kabeljau morue (f)
Kabine cabine (f)
Kaffee café (m)
Kaffeemaschine cafetière (f)
Kaffeemühle moulin à café (m)
Kai quai (m)
Kajak kayac (m)
Kajüte cabine (f)
Kakao cacao (m)
Kaktusfrucht fruit du cactus (m)
Kalb veau (m)
Kalender calendrier (m)
kalorienarm pauvre en calories
kalt froid
Kamillentee camomille (f)
Kamin cheminée (f)
Kamm peigne (m)
Kammgarn tissu peigné (m)
Kamm-Muschel coquille (f)
Kanal canal (m)
Kaninchen lapin (m)
Kanne cruche (f), pot (m)
Kanu canoë (m)
Kanufahren aviron (m)
Kanzel chaire (f)
Kapaun chapon (m)
Kapelle chapelle (f)
Kapern câpre (f)
Kapitän capitaine (m)
Karabiner carabine (f)
Karambole carambolier
Karate karaté (m)
Karfreitag Vendredi saint (m)
kariert à carreaux
Karotten carottes (f)
Karpfen carpe (f)
Kartentelefon téléphone à carte (m)
Kartoffeln pommes de terre (f)
Kartoffelsalat salade de pommes de terre (f)
Käse fromage (m)
Kasse caisse (f)
Kassettenrekorder magnétophone (m)
Kastanie châtaigner (m)
Katalog catalogue (m)
Kathedrale cathédrale (f)
Katholik catholique
Katze chat (m)
kaufen acheter
Kaufhaus grand magasin (m)
Kaufmann commerçant (m)
Kaufvertrag contrat d'achat (m)
Kaution caution (f)
Kegeln quilles (f)
Kehrblech balayette (f)
Keilrahmen cadre de serrage (m)
Keilriemen courroie trapézoïdale (f)
Kellner garçon (m)
Keramik faïence (f)
Kerbel cerfeuil (m)
Kerze bougie (f)
Kerzenständer chandelier (m)
Kette chaîne (f)
Kettenschutz carter de chaîne (m)
Keuchhusten coqueluche (f)
Kichererbsen pois chiche (m)
Kiefer mâchoire (f)
Kiefernorthopäde mécanicien-dentiste (m)
Kiesstrand plage de galets (f)
Kilo kilo (m)
Kilometer kilomètre (m)
Kinder enfants (m)
Kinderarzt pédiatre (m)
Kinderbetreuung encadrement pour les enfants (m)
Kinderbett lit pour enfants (m)
Kinderbuch livre pour enfants (m)
Kinderschuhe chaussures pour enfants (f)
Kinderspielplatz aire de jeu (f)
Kinderstuhl chaise haute (f)
Kino cinéma (m)
Kirche église (f)
Kirchturm clocher (m)
Kirschen cerises (f)
Kiwi kiwis (m)
Klappstuhl chaise pliante (f)
Klapptisch table pliante (f)
Klebstoff colle (f)
Kleid robe (f)
Kleiderbügel cintre (m), portemanteau (m)
Kleiderbürste brosse pour vêtements (f)
Kleiderladen commerce d'habillement (m)
Kleiderschrank vestiaire (m)
klein petit(e)
kleiner Finger annulaire (m)
Kleingeld monnaie (f)
Klettergurt baudrier (m)
Klettern alpinisme (m)
Kletterpfad sentier (m)
Kletterschuhe chaussures pour grimpeurs (f)
Klettersteig parcours pour grimpeurs (m)

228 deux cents vingt-huit

Deutsch – Französisch — Wörterbuch

Klimaanlage air climatisé (m), climatisation (m)
Klingel sonnette (f)
Klippe rocher (m)
Kloster cloître (m)
Knäckebrot pain de seigle croustillant (m)
Knie genou (m)
Knoblauch ail (m)
Knöchel cheville (f)
Knochen os (m)
Knochenbruch fracture des os (f)
Knopf bouton (m)
Knoten nœud (m)
Koalition coalition (f)
Koch cuisinier (m)
Kochbuch livre de cuisine (m)
Kochkurs cours de cuisine (m)
Kochtopf casserole (f)
Kochwäsche lessive lavable à 90 degrés (f)
Köder appât (m)
Koffer valise (f)
Kofferraum coffre (m)
Kohl chou (m)
Kohleheizung chauffage au charbon (m)
Kohlenstifte crayons de charbon (m)
Kokosnuss noix de coco (f)
Kolben piston (m)
Kollege collègue (m)
Komödie comédie (f)
Kompass boussole (f)
Komponist compositeur (m)
Konditionen conditions (f)
Konditorei pâtisserie (f)
Kondom préservatif (m)
Konferenz conférence (f)
Konfession religion (f)
Königreich monarchie (f)
können pouvoir
Konserven conserves (f)
Konsulat consulat (m)
Kontaktlinsen lentilles (f)
kontrastarm peu contrasté
kontrastreich très contrasté
Kontrolleur contrôleur (m)
Konzert concert (m)
Konzerthalle salles des concerts (f)
Kooperation coopération (f)
Kopf tête (f)
Kopfhörer casque (m)
Kopfkissen oreiller (m)
Kopfsalat laitue (f)
Kopfschmerzen mal de tête (m)
Kopfschmerztablette cachets contre le mal de tête (m)
Koralle corail (m)
Korken bouchon (m)
Korkenzieher tire-bouchon (m)
Körpermilch lait pour le corps (m)
Kosmetiksalon institut de beauté (m)
Kosten frais (m)
Kostüm costume (m)
Kotelett côtelette (f)
Koteletten pattes (f)
Kotflügel aile (f)
Krabbe crevette (f)
Krabbencocktail cocktail de crevettes (m)
Kraftfahrzeugmechaniker mécanicien (m)
Kragen col (m)
Krampf crampe (f)
krank malade
Krankenhaus hôpital (m)
Krankenpfleger infirmier (m)
Krankenschwester infirmière (f)
Krankenwagen ambulance (f)
Kräuteressig vinaigre aromatisé (m)
Kräutertee tisane (f)
Krawatte cravate (f)
Krawattennadel épingle à cravate (f)
Krebs écrevisse (f) [Meerestier], cancer (m) [Krankheit]
Kreditkarte carte de crédit (f)
Kreide craie (f)
Kreislaufmittel médicament pour la circulation du sang (m)
Kreislaufstörung troubles de la circulation (m)
Krepp crêpé (m)
Kresse cresson (m)
Kreuz croix (f)
Kreuzer croiseur (m)
Kreuzfahrt croisière (f)
Kreuzgang cloître (m)
Kreuzung croisement (m)
Kriminalroman roman policier (m)
Kroketten croquettes (f)
Krone couronne (f) [Zahn]
Krypta crypte (f)
Küche cuisine (f)
Kuchen gâteau (m)
Küchenschwamm éponge (f)
Kugelschreiber stylo-bille (m)
Kuh vache (f)
Kühlbox glacière (f)
Kühler radiateur (m) [Auto], seau à champagne (m) [Wein]
Kühlschrank frigo (m), frigidaire (m)
Kühltasche sac thermique (m)
Kühlwasser eau de refroidissement (f)
Küken poussin (m)
Kultur culture (f)
Kümmel cumin (m)
Kundendienst service clients (m)
Kunst art (m)
Kunstfaser fibre synthétique (f)
Kunstgalerie galerie d'art (f)
Kunstgewerbe arts décoratifs (m)
Kunsthandwerk artisanat (m)
Kunstleder similicuir (m)
Künstler artiste (m)
Kupfer cuivre (m)
Kuppel coupole (f)
Kupplung embrayage (m)
Kürbis citrouille (f)
Kurs cours (m)
kurz court
Kurzschluss court-circuit (m)
kurzsichtig myope
Kurzwaren mercerie (f)
Küste côte (f)
Kutteln tripes (f)
Kutter cuner (m)

L

Lachs saumon (m)
Ladenpreis prix de vente (m)
Lähmung paralysie (f)
Lamm agneau (m)
Lampe lampe (f)
Landausflug excursion à terre (f)
Landesteg passerelle (f)
Landkarte carte (f)
Landschaft panorama (m)
Landstraße route départementale (f)
Landung atterrissage (m)

WÖRTERBUCH — DEUTSCH – FRANZÖSISCH

Landwirt agriculteur (m)
Langhaus nef (f)
Langlauf ski de fond (m)
längsgestreift à raies longitudinales
Languste langouste (f)
Laserdrucker imprimante laser (f)
Lauch poireau (m)
Lautsprecher haut-parleur (m)
Lebensmittelgeschäft épicerie (f), magasin d'alimentation (m)
Leber foie (m)
Leder cuir (m)
Lederjacke veste en cuir (f)
Ledermantel manteau en cuir (m)
Ledersohlen semelle en cuir (f)
Lederwaren maroquinerie (f)
ledig célibataire
Lee sous le vent
Lehrer enseignant (m)
Leichtathletik athlétisme (m)
Leihgebühr tarif de location (m)
Leinen lin (m)
Leinwand toile (f)
Leiter échelle (f)
Leitung ligne (f) [Telefon]
Lende longe (f)
Lendensteak bifteck de longe (m)
Lenker guidon (m)
Lenkrad volant (m)
Lenkung direction (f)
Leuchtturm phare (m)
Lichthupe clignotant (m)
Lichtmaschine dynamo (f)
Lichtschalter interrupteur (m)
Lidschatten fard à paupières (m)
lieblich doux
Liebling chéri (m), chérie (f)
Lieferant fournisseur (m)
Lieferbedingungen conditions de livraison (f)
Lieferfrist délai de livraison (m)
Liegesitz couchette (f)
Liegestuhl chaise longue (f)
Liegewagen wagon avec couchettes (m)
Lift skilift (m), remonte-pente (f)
Likör liqueur (f)

lila mauve
Lilie lis (m)
Limette limette (f)
Limonade limonade (f)
Linde tilleul (m)
Lineal règle (f)
links à gauche
Linsen lentilles (f)
Lippe lèvre (f)
Lippenstift rouge à lèvres (m)
Liter litre (m)
Literatur littérature (f)
Litschi prune chinoise (f), litchi (f)
Lizenzgebühr taxe de licence (f)
Locken boucles (f)
Lockenwickler bigoudi (m)
Löffel petite cuillère (f)
Lokomotive locomotive (f)
Lorbeer laurier (m)
Lorbeerblätter feuilles de laurier (f)
Luft air (m)
Luftballon ballon (m)
Luftfeuchtigkeit humidité (f)
Luftkissenboot aéroglisseur (m)
Luftmatratze matelas pneumatique (m)
Luftpost par avion
Luftpumpe pompe (f)
Lunge poumon (m)
Lungenentzündung pneumonie (f)
Lupe loupe (f)
Luv au vent

M

Magen estomac (m)
Magenschmerzen mal d'estomac (m)
Magnet aimant (m)
Mähdrescher moissonneuse-batteuse (f)
Mai mai (m)
Mais maïs (m)
Majoran marjolaine (f)
Makkaroni macaronis (m)
Makler courtier (m)
Makrele maquereau (m)
Maler peintre en bâtiment (m)
Malerei peinture (f)
Malkreiden pastels (m)
Malkurs cours de peinture (m)
Manager manager (m)
Mandarine mandarine (f)

Mandelentzündung infection des amygdales (f)
Mandeln amandes (f)
Mango mangue (f)
Mangold bette (f)
Mannschaft équipage (m)
Manschetten poignées (f)
Manschettenknöpfe boutons de manchette (m)
Mantel manteau (m)
Margarine margarine (f)
Margerite marguerite (f)
Marke marque (f)
Marketing marketing (m)
Markt marché (m)
Marmelade confiture (f)
März mars (m)
Masern rougeole (f)
Maßband mètre (m)
mäßig warm tempéré
Mast mât (m)
Material matériel (m)
Matratze matelas (m)
Matrose marin (m)
matt opaque
Maulbeeren baies du mûrier (f)
Maurer maçon (m)
Mayonnaise mayonnaise (f)
MD-Spieler lecteur MD (m)
Mechaniker mécanicien (m)
Medikament médicament (m)
Medizin médecine (f)
Meer mer (f)
Meerbarbe rouget (m)
Meerblick vue sur la mer (f)
Meeresfrüchte fruits de mer (m)
Meerestiere fruits de mer (m)
Meerrettich raifort (m)
Mehl farine (f)
mehr plus
Mehrwertsteuer TVA (taxe sur la valeur ajoutée) (f)
Meinung opinion (f)
Meister chef (m)
meliert mélangé
Melone melon (m)
Messe messe (f)
Messer couteau (m)
Meter mètre (m)
Meterstab mètre (m)
Metzger boucher (m), charcutier (m)
Metzgerei boucherie (f)
Miesmuschel moule (f)
Miete loyer (m)
mieten louer
Migräne migraine (f)

Deutsch – Französisch

Mikrofaser microfibre (f)
Mikrowelle four à micro-ondes (m)
Milch lait (m)
Milchgeschäft fromager (m)
Milchprodukte produits laitiers (m)
Milchtopf bouilloire (f)
Millimeter millimètre (m)
Mineralwasser eau minérale (f)
Minibar mini-bar (m)
Minute minute (f)
Minze menthe (f)
Mirabelle mirabelle (f)
Mispel nèfle (m)
mit avec
Mitarbeiter employé (m)
Mittagessen déjeuner (m)
mittags à midi
mittel moyen(ne)
Mittelalter moyen âge (m)
mittelalterlich médiéval
Mittelfinger majeur (m)
Mittelscheitel raie au milieu (f)
Mittelschiff nef centrale (f)
Mitternacht à minuit
Mittwoch mercredi (m)
Möbel meubles (m)
Mode mode (f)
Modem modem (m)
mögen plaire, aimer
Mohrrüben carottes (f)
Mokka moka (m)
Monat mois (m)
Montag lundi (m)
morgen demain
Morgenrock robe de chambre (f)
Moskitonetz voile anti-moustiques (m)
Motel motel (m)
Motor moteur (m)
Motorboot bateau à moteur (m)
Motorhaube capot (m)
müde fatigué
Müll ordures (f)
Mülltonne poubelle (f)
Mumps oreillons (m)
Mund bouche (f)
Mundwasser collutoire (m)
Münzen monnaie (f)
Münztelefon téléphone à pièces (m)
Muschel coquillage (m)
Museum musée (m)
Musical comédie musicale (f)
Musik musique (f)

Musikalienladen magasin de disques (m)
Musiker musicien (m)
Muskat noix de muscat (f)
Muskel muscle (m)
Müsli musli (m)
Muslim musulman
müssen devoir
Mutter mère (f)
Mütze bonnet (m)

N

Nabe moyeu (m)
nachher après
nachmittags dans l'après-midi
Nachnahme contre remboursement
Nachricht nouvelle (f)
Nachrichten nouvelles (f)
Nachsaison hors saison
Nachspeise dessert (m)
Nacht nuit (f)
Nachtclub boîte de nuit (f)
Nachthemd chemise de nuit (f)
Nachttisch table de chevet (f)
Nacken nuque (f)
Nagel clou (m)
Nagelfeile lime à ongles (f)
Nagellack vernis à ongles (m)
Nagellackentferner dissolvant (m)
Nagelschere ciseaux à ongles (m)
Nähnadel aiguille (f)
Nähzeug nécessaire de couture (m)
Namensschild plaquette (f)
Narkose anesthésie (f)
Narzissen narcisse (m)
Nase nez (m)
Nasenbluten soignement de nez (m), hémorragie nasale (f)
Naturpark parc naturel (m)
Naturschutzgebiet réserve naturelle (f)
Nebel brouillard (m)
Nebenkosten frais supplémentaires (m)
Nebensaison hors saison
Neffe neveu (m)
nehmen prendre
nein non
Nelke œillet (m), clou de girofle (m) [Gewürz]
Nerv nerf (m)

Netzwerkkabel câble réseau (m)
Netzwerkkarte carte réseau (f)
Neujahr nouvel an (m)
Nichte nièce (f)
Nichtraucher non-fumeur (m)
Nichtschwimmer non-nageur (m)
Niederlage défaite (f)
Nieren reins (m)
Nieselregen pluie fine (f)
noch encore
Normalbenzin essence normale (f)
Notar notaire (m)
Notausgang sortie de secours (f)
Notbremse frein de secours (m)
Notizblock bloc-notes (m)
Notizheft cahier (m)
Notruf appel d'urgence (m)
Novelle contes (m)
November novembre (m)
Nudelholz rouleau à pâtisserie (m)
Nudeln pâtes (f)
Nudelsuppe potage avec des pâtes (m)
Nuss noix (f)

O

Oberschenkel cuisse (f)
Objektiv objectif (m)
Obst fruits (m)
Obstessig vinaigre de fruits (m)
Obsthandlung fruits et légumes
Obstkuchen tarte aux fruits (f)
obwohl même si
oder ou
Öffentlicher Dienst service public (m)
Öffnungszeiten horaires d'ouverture (m)
ohne sans
Ohr oreille (f)
Ohrentropfen gouttes pour les oreilles (f)
Ohrringe boucles d'oreille (f)
Okra gombo
Oktober octobre (m)
Öl huile (f)
Ölfarben couleurs à l'huile (f)
Ölfilter filtre à l'huile (m)

WÖRTERBUCH
DEUTSCH – FRANZÖSISCH

Olivenöl huile d'olive (f)
Ölkreiden bâton de craie (m)
Omelett omelette (f)
Onkel oncle (m)
Onyx onyx (m)
Oper opéra (m)
Operation opération (f)
Operette opérette (f)
Optiker opticien (m)
Orange orange (f)
Orangensaft jus d'orange (m)
Orchidee orchidée (f)
Oregano origan (m)
Orkan ouragan (m)
Ortsgespräch communication urbaine (f)
Ostern Pâques
Österreich Autriche (f)
Ozon ozone (m)

P

Paar paire (f)
Päckchen petit paquet (m)
Packung paquet (m)
Paddel pagaie (f)
Paddelboot canoë (m)
Paket colis (m)
Palette palette (f)
paniert pané
Pannenhilfe assistance mécanique (f)
Papaya papaye (f)
Papier papier (m)
Papierkorb corbeille (f)
Papierservietten serviettes en papier (f)
Papiertaschentücher kleenex, mouchoirs en papier
Paprika poivron (m)
Parfüm parfum (m)
Park parc (m)
Parkgebühr prix du parking (m)
Parkhaus garage (m)
Parkplatz parking (m)
Parkuhr parcomètre (m)
Parlament parlement (m)
Pass col (m) [Berg], passeport (m) [Ausweis]
Passagier passager (m)
Passionsfrucht fruits de la passion (m)
Pedal pédale (f)
Pelzgeschäft magasin de fourrures (m)
Peperoni peperoni (m)
Perle perle (f)
Perlenkette colier en perles (m)

Perlhuhn pintade (f)
Perücke perruque (f)
Petersilie persil (m)
Petroleumlampe lampe à pétrole (f)
Pfandverleih mont-de-piété (m)
Pfanne poêle (f)
Pfannkuchen crêpe (f)
Pfarrer prêtre (m)
Pfeffer poivre (m)
Pfefferminztee infusion de menthe (f)
Pfeife pipe (f)
Pferd cheval (m)
Pferderennen course de chevaux (f)
Pfingsten Pentecôte (f)
Pfirsich pêche (f)
Pflaster pansement (m)
Pflaume prune (f)
Pfund demi-kilo (m)
Pfütze flaque (f)
phantastisch fantastique
Pharmazie pharmacie (f)
Philosophie philosophie (f)
Physik physique (f)
Pilger pèlerin (m)
Pilze champignons (m)
Pinienkerne pignon (m)
Pinne barre du gouvernail (f)
Pinsel pinceau (m)
Pinzette pince à épiler (f)
Pistazien pistaches (f)
Piste piste (f)
Plastikbeutel sachet en plastique (m)
Platin platine (f)
Platz place (f)
Plätzchen petits fours (m)
Plombe plomb (m)
pochiertes Ei œufs pochés (m)
Pocken variole (f)
Politik politique (f)
Polizei police (f)
Polizeirevier commissariat de police (m), poste de police (m)
Polizist policier (m)
Pommes Frites frites (f)
Popeline popeline (f)
Portal portail (m)
Portier portier (m)
Porto affranchissement (m)
Post poste (f)
Postamt bureau de poste (m)
Postanweisung mandat postal (m)

Postfach boîte postale (f)
Postkarte carte postale (f)
postlagernd poste restante (f)
Postleitzahl code postal (m)
Poularde poulet d'engrais (m)
Pralinen chocolat (m)
Präsident président (m)
Preis prix (m)
Preiselbeeren myrtilles rouges (f)
Prellung contusion (f)
Presse presse (f)
Pressekonferenz conférence de presse (f)
Pressluftflaschen bouteille à air comprimé (f)
prima remarquable, excellent
Privatstrand plage privée (f)
Privatzimmer habitant (m)
Produktion production (f)
Professor professeur (m)
Programmierer programmateur (m)
Prokurist fondé de pouvoir (m)
Propangas gaz propane (m)
Prospekt dépliant (m)
Protestant protestant (m)
Protokoll procès-verbal (m), protocole (m)
Provision commission (f)
Prozess procès (m)
Prozession procession (f)
Prozessor processeur (m)
Psychiater psychiatre (m)
Psychologe psychologue (m)
Psychologie psychologie (f)
Puder poudre (f)
Pullover pull (m)
Pulverschnee neige poudreuse (f)
Püree purée (f)
Putzlappen chiffon (m)
Putzmittel détergent (m)

Q

Qualle méduse (f)
Quark fromage blanc (m)
Quelle source (f)
quergestreift à raies transversales
Querschiff nef transversale (f)
Quitte coing (m)
Quittung bon de caisse (m), reçu (m)

DEUTSCH – FRANZÖSISCH

R

Rabatt escompte (m)
Rad roue (f)
Radfahren cyclisme (m)
Radiergummi gomme (f)
Radieschen radis (m)
Radio radio (f)
Radrennen course de bicyclettes (f)
Rambutan rambutan (f)
Rasierapparat rasoir (m)
Rasierklingen lames de rasoir (f)
Rasierpinsel blaireau (m)
Rasierschaum mousse à raser (f)
Rathaus mairie (f)
rauchen fumer
Raucher fumeur (m)
Räucherlachs saumon fumé (m)
Rauschgift drogue (f)
Rebhuhn perdrix (f)
Rechnung addition (f) [Restaurant], facture (f) [Firma]
rechts à droite
Rechtsanwalt avocat (m)
Reflektor réflecteur (m)
Reformhaus produits diététiques (m)
Regatta régate (f)
Regen pluie (f)
Regenmantel imperméable (m)
Regenschirm parapluie (m)
Regierung gouvernement (m)
Regisseur metteur en scène (m)
Reh chevreuil (m)
Reifen pneu (m)
Reinigung blanchisserie (f), pressing (f)
Reis riz (m)
Reisebett lit de camp (m), lit à emporter (m)
Reisebüro agence de voyage (f)
Reiseführer guide touristique (m)
Reisescheck chèque de voyage (m)
Reisetasche sac de voyage (m)
Reißverschluss fermeture éclair (f)
Reißzwecken petits clous (m)
Reiten équitation (f)
Relief relief (m)
Religion religion (f)
Rennrad bicyclette de course (f)
Rentner retraité (m)
reparieren réparer
Reservat réserve naturelle (f)
Reservierung réservation (f)
Restaurant restaurant (m)
Rettich radis (m)
Rettungsboot bateau de sauvetage (m)
Rettungsring bouée de secours (f)
Rettungswacht maître nageur (m)
Rezeption réception (f)
R-Gespräch appel en PCV (m)
Rhabarber rhubarbe (f)
Rheuma rhumatisme (m)
Richter juge (m)
Rind bœuf (m)
Rinderbrühe bouillon de bœuf (m)
Ring bague (f)
Ringbuch classeur (m)
Ringen catch (m)
Ringfinger index (m)
Rippe côte (f)
Roastbeef rosbif (m)
Rochen race (f)
Rock jupe (f)
Rogen œufs de poisson (m)
Roggen seigle (m)
roh cru
Rolladen volet (m)
Rollstuhl chaise roulante (f)
Rolltreppe escalier roulant (m)
rosa rose
Rose rose (f)
Rosé vin rosé (m)
Rosenkohl chou de Bruxelles (m)
Rosette rosace (f)
Rosinen raisins secs (m)
Rosmarin romarin (m)
Rösti pommes de terre à la bernoise (f)
rot rouge
Rotbarsch sébaste (m)
rote Bohnen haricots rouges (m)
Rote Rüben navet rouge (m)
Röteln rubéole (f)
Rotkohl chou rouge (m)
Rotwein vin rouge (m)
Rouge fard (m)
Rübe navet (m)
Rubin rubis (m)
Rücken dos (m)
Rückenschmerzen mal de dos (m)
Rückfahrkarte billet aller retour (m)
Rückflug vol de retour (m)
Rücklicht feux de recul (m), feu arrière (m)
Rucksack sac à dos (m)
Rückspiegel rétroviseur (m)
Ruder gouvernail (m), rame (f)
Ruderboot barque à rames (f)
Rudern aviron (m)
Rugby rugby (m)
ruhig tranquille
Rührbesen fouet (m)
Rührei œufs brouillés (m)
Rührlöffel cuillère en bois (f)
Ruine ruines (f)
Rumpsteak côte de bœuf (f)
Rundfahrt tour (m)

S

Safe coffre-fort (m)
Safran safran (m)
Säge scie (f)
Sahne crème Chantilly (f)
Sakristei sacristie (f)
Salat salade (f)
Salbei sauge (f)
Salmonellen salmonelles (f)
Salz sel (m)
Salzkartoffeln pommes de terre cuites à l'eau (f)
Samstag samedi (m)
Samt velours (m)
Sand sable (m)
Sandalen sandales (f)
Sandeimer seau (m)
Sandstrand plage de sable (f)
Saphir saphir (m)
Sardellen anchois (m)
Sardinen sardines (f)
Sarkophag sarcophage (m)
Satin satin (f)
Sattel selle (f)
Satteltaschen sac porte-outils (m)
sauer contrarié
Sauerkraut choucroute (f)
Sauger tétine (f), sucette (f)
Säuglingsnahrung nourriture pour nouveau-né (f)

deux cents trente-trois **233**

WÖRTERBUCH DEUTSCH – FRANZÖSISCH

Saugpumpe pompe d'aspiration (f)
Sauna sauna (m)
saure Sahne crème fraiche (f)
Schach échecs (m)
schade dommage
Schaf mouton (m)
Schaffner guichetier (m)
Schafskäse fromage de brebis (m)
Schal écharpe (f)
Schallplattenladen magasin de disques (m)
Schallplattenspieler tourne-disques (m)
Schalter guichet (m)
Schalthebel levier de vitesse (m)
scharf piquant
Schatten ombre (f)
Schauer ondée (f)
Schaufel pelle (f)
Scheck chèque (m)
Scheibe tranche (f)
Scheibenwischer essuie-glace (m)
Scheidenentzündung vaginite (f)
Scheinwerfer phare (m)
Scheitel raie sur le côté (f)
Schellfisch aigle fin (m)
Schere ciseaux (m)
Schiebedach toit ouvrant (m)
Schiedsrichter arbitre (m)
Schildkappe casquette (f)
Schinken jambon (m)
Schirm parapluie (m)
Schlafanzug pyjama (m)
Schlafsack sac de couchage (m)
Schlaftabletten somnifères (m)
Schlafwagen wagon-lit (m)
Schlafzimmer chambre (f)
Schlauch tuyau (m)
Schlauchboot canot pneumatique (m)
Schleuder essoreuse (f)
Schleudergang essorage (m)
schleudern essorer
Schließfach petite armoire (f)
Schlitten luge (f)
Schlittschuhe patins à glace (m)
Schloss serrure (f)
Schlosser forgeron (m)
Schlucht canyon (m)

Schlüssel clé (f)
Schlüsselbein clavicule (f)
Schmerzen douleurs (f)
Schmerztabletten cachets anti-douleur (m)
Schnaps eau de vie (f)
Schnee neige (f)
Schneeketten chaînes à neige (f)
Schneider couturier (m)
schneien neiger
Schnittlauch ciboulette (f)
Schnittwunde coupure (f)
Schnitzel escalope (f)
Schnorchel tuba (m)
Schnuller tétine (f)
Schnupfen rhume (m)
Schnur ficelle (f), corde (f)
Schnürsenkel lacets (m)
Schokolade chocolat (m)
Scholle sole (f)
Schoner schooner (m)
Schonwaschgang programme délicat (m)
Schornsteinfeger ramoneur (m)
Schrank armoire (f)
Schrauben vis (f)
Schraubendreher tournevis (m)
Schraubenschlüssel clé plate (f)
schrecklich épouvantable
Schreibtisch bureau (m)
Schreibwaren papeterie (f), articles de papeterie (m)
Schreiner menuisier (m)
Schuhbürste brosse pour chaussures (f)
Schuhcreme cirage (m)
Schuhe chaussures (f)
Schuhgeschäft magasin de chaussures (m)
Schuhmacher cordonnier (m)
Schüler écolier (m)
Schulter épaule (f)
Schuppen pellicules (f)
Schürze tablier (m)
Schüssel bol (m)
Schüttelfrost frissons (m)
Schutzblech garde-boue (m)
Schwamm éponge (f)
schwanger enceinte
Schwangerschaft grossesse (f)
Schwangerschaftstest test de grossesse (m)
Schwanz queue (f)
schwarz noir

Schwarzbrot pain noir (m)
Schwarztee thé noir (m)
schwarzweiß noir et blanc
Schwarzwurzeln scorsonère (m)
Schwein cochon (m)
Schweiz Suisse (f)
Schwellung enflure (f)
Schwert dérive (f)
Schwertfisch espadon (m)
Schwester sœur (f)
Schwiegermutter belle-mère (f)
Schwiegersohn gendre (m)
Schwiegertochter belle-fille (f)
Schwiegervater beau-père (m)
Schwierigkeitsgrad degré de difficulté (m)
Schwimmbad piscine (f)
Schwimmer flotteur (m) [Angeln], nageur (m) [Sport]
Schwimmflossen palmes (f)
Schwimmflügel brassard (m)
Schwimmreif bouée (f)
Schwimmweste gilet de secours (m), gilet de sauvetage (m)
See lac (m) [Binnensee], mer (f) [Ozean]
Seebarsch loup de mer (m)
Seegang houle (f)
Seehecht merluche (f)
seekrank mal de mer (m)
Seepferdchen hippocampe (m)
Seeschnecke escargot de mer (m)
Seespinne araignée de mer (f)
Seestern étoile de mer (f)
Seeteufel baudroie (f), lotte de mer (f)
Seezunge sole (f)
Segel voile (f)
Segelboot bateau à voile (m)
segeln faire de la voile
Segelschein permis nautique (m)
Sehne tendon (m)
sehr très
Sehstärke tension de l'œil (f)
Seide soie (f)
Seife savon (m)
Seil corde (f)
Seilbahn téléphérique (m)

234 deux cents trente-quatre

Deutsch – Französisch — WÖRTERBUCH

Seitenschiff nef latérale (f)
Seitenstechen point de côté (m)
Sekunde seconde (f)
Sellerie céleri (m)
seltsam étrange
Senf moutarde (f)
Senker plomb (m)
September septembre (m)
Serviette serviette de table (f)
Sessel fauteuil (m)
Sessellift télésiège (m)
Shorts short (m)
Sicherheitsgurt ceinture de sécurité (f)
Sicherheitskontrolle contrôle de sécurité (m)
Sicherheitsnadel épingle de nourrice (f)
Sicherung fusible (m)
Sieg victoire (f)
Silber argent (m)
Silvester Saint-Sylvestre (f)
Sirup sirop (m)
Sitz siège (m)
Skateboard planche à roulettes (f), skate-board (m)
Ski ski (m)
skifahren skier
Skilehrer moniteur de ski (m)
Skipass forfait (m)
Skischuh chaussure de ski (f)
Skistock bâton de ski (m)
Slip culotte (f)
Smaragd émeraude (f)
Snowboard snowboard (m)
Socken chaussettes (f)
Sodbrennen brûlure d'estomac (f)
Sohle semelle (f)
Sohn fils (m)
Sojasauce sauce de soja (f)
Sommer été (m)
Sonne soleil (m)
Sonnenaufgang aube (f)
Sonnenblende pare-soleil (m)
Sonnenblume tournesol (m)
Sonnenblumenkerne graines de tournesol (f)
Sonnenblumenöl huile de tournesol (f)
Sonnenbrand coup de soleil (m)
Sonnenbrille lunettes de soleil (f)
Sonnenschirm parasol (m)

Sonnenschutzmittel crème solaire (f)
Sonnenstich insolation (f)
Sonnenuntergang coucher du soleil (m)
Sonntag dimanche (m)
Soundkarte carte audio (f)
Spachtel spatule (f)
Spanferkel cochon de lait (m)
Spargel asperges (f)
später plus tard
Speck lard (m), lard fumé (m)
Speiche rayon (m) [Fahrrad]
Speisekarte menu (m)
Speisewagen wagon-restaurant (m)
Spiegel miroir (m)
Spiegelei œufs à la poêle (m)
Spiegelreflexkamera appareil photo reflex (m)
Spielcasino casino (m)
Spielkarten cartes à jouer (f)
Spielwaren magasin de jouets (m)
Spielzeug jouet (m)
Spinat épinards (m)
Spirale stérilet (m)
Spirituosen vins et liqueurs
Sport sport (m)
Sportgeschäft magasin d'articles de sport (m)
Sprachkurs cours de langue étrangère (m)
Sprechstunde horaire de visite (m)
Spritze piqûre (f)
Spülbürste brosse (f)
Spülmittel liquide vaisselle (m)
Squash squash (m)
Staatsanwalt substitut du procureur (m)
Stachelbeere groseille à maquereau (f)
Stadion stade (m)
Stadtplan carte de la ville (f), plan de la ville (m)
Staffelei chevalet (m)
Stand stand (m)
Stangenbohnen haricots grimpeurs (m)
Starthilfekabel chargeur de câble à batterie (m)
Stativ trépied (m)
Statue statue (f)
Staubsauger aspirateur (m)

Staudamm barrage (m)
Steckdose prise de courant (f)
Stecker fiche (f)
Stecknadel épingle (f)
Steckrübe navet (m)
stehlen voler
Steigeisen crampons (m)
Steinbutt turbot (m)
Steuer impôt (m)
Steuerberater conseiller fiscal (m)
steuerbord à tribord
Steuern impôts (m)
Stiefel bottes (f)
Stockfisch morue (f)
Stockwerk étage (m)
Stoffladen magasin de tissus (m)
Stoppuhr chronomètre (m)
Stöpsel bouchon (m)
Stoßdämpfer pare-chocs (m)
Stoßstange pare-chocs (m)
Strähnen mèche (f)
Strand plage (f)
Strandschuhe chaussures de plage (f)
Strandtuch drap de plage (m)
Straße route (f)
Straßenbahn tramway (m)
Streichhölzer allumettes (f)
Stroh paille (f)
Strom courant (m)
Stromanschluss branchement électrique (m)
Stromkabel câble d'alimentation (m)
Stromspannung tension électrique (f)
Strömung courant (m)
Strümpfe chaussettes (f)
Strumpfhose collant (f)
Stück morceau (m)
Student étudiant (m)
Stuhl chaise (f)
Stunde heure (f)
stündlich toutes les heures
Sturm tempête (f)
stürzen tomber
suchen chercher
Suite suite (f)
Sumpfgebiet région marécageuse (f)
Superbenzin essence Super (f)
Supermarkt supermarché (m)
Suppen soupes (f)
Surfbrett planche à surf (f)

deux cents trente-cinq **235**

WÖRTERBUCH — DEUTSCH – FRANZÖSISCH

Surfen surf (m)
süß sucré
Süßigkeiten douceurs (f)
Süßkartoffeln patates douces (f)
Süßstoff saccharine (f)
Süßwaren friandises (f)

T ....

Tabak tabac (m)
Tachometer compteur de vitesse (m)
Tag jour (m)
Tagesangebot plat du jour (m)
Tagesordnung ordre du jour (m)
Tageswanderung randonnée d'une journée (f)
täglich quotidien
tagsüber durant la journée
Taifun typhon (m)
Takelage palan (m)
Tal vallée (f)
Tamarinde tamarin (m)
Tampons tampons (m)
Tank réservoir (m)
Tankanzeige témoin du carburant (m)
Tankstelle station service (f)
Tannenzapfen pommes de pin (f)
Tante tante (f)
Tanz danse (f)
Tänzer danseur (m)
Taschendieb voleur à la tire (m), pickpocket (m)
Taschenkrebs crabe (m)
Taschenlampe torche (f), lampe de poche (f)
Taschenmesser canif (m)
Taschenrechner calculette (f)
Taschentuch mouchoir (m)
Taschenuhr montre de poche (f)
Tasse tasse (f)
Tastatur clavier (m)
Taube pigeon (m)
Tauchen plongée (f)
Taucheranzug combinaison de plongée (f)
Taucherbrille lunettes de plongée (f)
Taucheruhr montre de plongée (f)
Tauchschein brevet de plongeur (m)
Tauchsieder thermoplongeur (m)

Taufbecken fonts baptismaux (m)
Tauwetter dégel (m)
Taxifahrer chauffeur de taxi (m)
Tee thé (m)
Teelöffel cuillère à café (f)
Teich étang (m)
Telefon téléphone (m)
Telefonbuch annuaire (m)
Telefonkarte carte téléphonique (f)
Telefonnummer numéro de téléphone (m)
Telefonzelle cabine téléphonique (f)
Telegramm télégramme (m)
Teleobjektiv téléobjectif (m)
Teller assiette (f)
Tempel temple (m)
Tennis tennis (m)
Tennisball balle de tennis (f)
Tennisschläger raquette de tennis (f)
Termin échéance (f), date (f)
Terrasse terrasse (f)
Tesafilm ruban adhésif (m)
Tetanus tétanos (m)
Thermoskanne bouteille thermos (f)
Thunfisch thon (m)
Thymian thym (m)
Tief basse pression (f)
Tiefenmesser bathomètre (m)
Tiefstwerte valeurs minimum (f)
Tierarzt vétérinaire (m)
Tinte encre (f)
Tintenfisch calamar (m)
Tintenstrahldrucker imprimante jet d'encre (f)
Tisch table (f)
Tischtennis ping-pong (m)
Tischtennisball balle de ping-pong (f)
Tischtennisschläger raquette de ping-pong (f)
Tischtuch nappe (f)
Toast toast (m)
Toaster grille-pain (m)
Tochter fille (f)
Toilette toilettes (f)
Toilettenpapier papier-toilette (m)
Tomaten tomates (f)
Tomatensaft jus de tomate (m)
Tonne tonne (f)

Tönung reflet (m)
Tönungsmittel teinture pour cheveux (f)
Topf marmite (f)
Töpferei poterie (f)
Tragetasche sac (m)
Tragflächenboot hydroptère (m)
Tragödie tragédie (f)
Traktor tracteur (m)
Transportkosten frais de transport (m)
Traube raisin (m)
Traubensaft jus de raisin (m)
Treffpunkt point de rencontre (m)
Treppen marches (f)
Tretboot pédalo (m)
Trichter entonnoir (m)
Trinkgeld pourboire (m)
Trinkwasser eau potable (f)
Trockner sèche-linge (m)
Trödler antiquaire (m), brocanteur (m)
Trommelbremse frein à tambour (f)
Truthahn dindon (m)
T-Shirt tee-shirt (m)
Tür portière (f), porte (f)
Türgriff poignée de la portière (f)
Turm tour (f)
Turnen gymnastique (f)

U ....

U-Bahn métro (m)
Übelkeit nausée (f)
Überfahrt voyage (m)
Überfall agression (f)
übergeben vomir
Übergepäck bagage en excédent (m)
übermorgen après demain
Überreste ruines (f)
Überschwemmung inondation (f)
Überweisung virement (m)
Uhrmacher horloger (m)
Uhrmacherei horlogerie (f)
Umhängetasche sac en bandoulière (m)
Umkleidekabine cabine (f)
Umschulung reclassement professionnel (f)
umsteigen changer
Umzug défilé (m)
Unfall accident (m)
Universität université (f)
Unterhemd maillot de corps (m)

Deutsch – Französisch — Wörterbuch

Unterhose caleçon (m)
Unternehmer entrepreneur (m)
Unterrock jupon (m)
Unterschenkel jambe (en bas du genou) (f)
Unterschrift signature (f)
Unterwäsche lingerie (f)
Urologe urologue (m)

V

Vagina vagin (m)
Vanille vanille (f)
Vater père (m)
Vene veine (f)
Ventil vanne (f), soupape (f)
Ventilator ventilateur (m)
Venusmuschel coque (f)
Verabredung rendez-vous (m)
Veranstaltung spectacle (m)
Verband bandage (m)
Verbrechen crime (m)
Verbrennung brûlure (f)
Vereinbarung accord (m)
Verfassung constitution (f)
Vergaser carburateur (m)
vergewaltigen violer
Vergewaltigung viol (m)
Vergiftung empoisonnement (m)
Verhaftung arrestation (f)
Verhandlung négociation (f)
verheiratet marié
verkaufen vendre
Verkäufer vendeur (m)
Verlängerungskabel rallonge (f)
Verletzung blessure (f)
verlieben tomber amoureux
Verlobte fiancée (f)
Verlobter fiancé (m)
Verlust perte (f)
Vermieter locataire (m)
Vermittlung centrale (f)
Verrenkung entorse (f)
Verschluss obturateur (m)
Verschmutzung pollution (f)
Versicherung assurance (f)
Verspätung retard (m)
Verstopfung constipation (f)
Verteiler distributeur (m)
Vertrag contrat (m)
Vertragsstrafe pénalité (f)
Vertreter représentant (m)
Verwaltung administration (f)
Videokassette cassette vidéo (f)
Viruserkrankung maladie virale (f)
Visitenkarte carte de visite (f)
Vogelkunde ornithologie (f)
Volleyball volley-ball (m)
Vollkornbrot pain complet (m)
Vollkornreis riz complet (m)
Vollpension pension complète (f)
vor avant, devant
Vorderachse essieu avant (m)
Vorderlicht feu avant (m)
Vorderradgabel fourche roue avant (f)
Vorgesetzter supérieur (m)
vorgestern avant hier
Vorhang rideau (m)
Vorhängeschloss cadenas (m)
Vormittag matin (m)
Vorortzug train suburbain (m)
Vorsaison hors saison
Vorsegel voile à l'avant (f)
vorstellen présenter
Vorwahl indicatif (m)
vorzüglich excellent
Vulkan volcan (m)

W

Waage balance (f)
Wachs cire (f)
Wachsbohnen haricots verts (m)
Wachtel caille (f)
Wade mollet (m)
Waffeln gaufrette (f)
Wagenheber cric (m)
Wagennummer numéro du wagon (m)
Wahlen élections (f)
Währung devise (f)
Walkman balladeur (m)
Walnuss noix (f)
Wanderkarte carte de randonnée (f)
wandern faire des randonnées
Wanderschuhe chaussures de marche (f)
Wanderung randonnée (f), excursion (f)
Wanderweg sentier de randonnée (m)
Wanduhr horloge (f)
Warenzeichen marque commerciale (f)
warm chaud
warme Getränke boissons chaudes (f)
Wärmflasche bouillotte (f)
Warmwasser eau chaude (f)
Warnblinkanlage feux de détresse (m)
Warndreieck triangle (m)
Wartesaal salle d'attente (f)
Waschbecken lavabo (m)
Wäscheklammern pinces à linge (f)
Wäschekorb panier à linge (m)
Wäscheleine corde pour étendre le linge (f)
Wäscheständer séchoir (m)
Wäschetrockner séchoir à ligne (m)
Waschlappen gant de toilette (m)
Waschmaschine machine à laver (f)
Waschpulver lessive en poudre (f)
Waschraum lavabos (m)
Waschsalon laverie automatique (f)
Wasser eau (f)
Wasseranschluss branchement de l'eau (m)
Wasserball ballon de plage (m)
wasserdicht étanche
Wasserfall cascade (f)
Wasserfarben aquarelles (f)
Wasserflasche gourde (f)
Wasserhahn robinet (m)
Wasserkanister bidon d'eau (m)
Wassermelone pastèque (f)
Wasserpumpe pompe à eau (f)
Wasserschlauch tuyau (m)
Wasserski ski nautique (m)
Watte coton (m)
Wechselgeld monnaie (f)
Wechselkurs taux de charge (m)
Wechselstube bureau de change (m)
Wecker réveil (m)
Weg parcours (m), chemin (m)
weichgekochtes Ei œuf à la coque (m)
Weihnachten Noël (m)
Wein vin (m)
Weinberg vignoble (m)
Weinessig vinaigre de vin (m)
Weinhandlung vins et liqueurs

deux cents trente-sept

WÖRTERBUCH — DEUTSCH – FRANZÖSISCH

Weinkarte carte des vins (f)
Weinlese vendanges (f)
Weinprobe dégustation du vin (f)
Weisheitszahn dent de sagesse (f)
weiß blanc
Weißbrot pain blanc (m), baguette (f)
weiße Bohnen haricots blancs (m)
Weißkohl chou blanc (m)
Weißwein vin blanc (m)
weitsichtig presbyte
Weizen blé (m)
Welle vague (f)
Wellenreiten surf (m)
Wels silure (m)
Werkstatt garage (m)
Werkzeug outils (m)
Wertsachen objets de valeur (f)
Weste gilet (m)
Wiese pré (m)
Wildente canard sauvage (m)
Wildleder daim (m)
Wildschwein sanglier (m)
Wimperntusche rimmel (m)
Wind vent (m)
Windeln couches (f)
Windpocken varicelle (f)
Windschutz abri contre le vent (m)
Windschutzscheibe pare-brise (m)
Windsurfen planche à voile (f)
Winter hiver (m)
Wirbelsäule épine dorsale (f)
Wirbelsturm tornade (f)
Wirsing chou frisé (m)
Wirtschaft économie (f)
wissen savoir
Wissenschaftler scientifique (m)
wo où
Wochenende week-end (m)
Wochenkarte billet hebdomadaire (m)
Wohnmobil camping-car (m)
Wohnwagen caravane (f)
Wohnzimmer salle de séjour (f)
Wolfsbarsch bar (m)
Wolken nuages (m)
Wolkenkratzer gratte-ciel (m)
Wolle laine (f)

Wörterbuch dictionnaire (m)
Wunde blessure (f)
Wunsch désir (m)
Wurst saucisse (f)
Würstchen petite saucisse (f)
Wurzelbehandlung traitement des racines (m)
Wüste désert (m)

Y

Yacht yacht (m)
Yoghurt yaourt (m)

Z

Zahlungsbedingungen conditions de paiement (f)
Zahn dent (f)
Zahnarzt dentiste (m)
Zahnbrücke bridge (m)
Zahnburste brosse à dents (f)
Zahnfleisch gencive (f)
Zahnpasta dentifrice (m)
Zahnrad roue dentée (f)
Zahnschmerzen mal de dents (m)
Zahnseide fil dentaire (m)
Zahnspange appareil pour les dents (m)
Zahntechniker mécanicien-dentiste (m)
Zahnwurzel racine (f)
Zander sandre (m)
Zange pinces (f)
Zapfsäule station service (f)
Zehe orteil (m)
Zeichenblock bloc à dessin (m)
Zeigefinger auriculaire (m)
Zeiger aiguille (f)
Zeitkarte abonnement (m)
Zeitschrift magazine (m), revue (f)
Zeitung journal (m)
Zeitungshändler kiosque à journaux (m)
Zeitungsstand kiosque (m)
Zelt tente (f)
Zeltstange mât de tente (m)
Zentimeter centimètre (m)
Zentralheizung chauffage central (m)
zerbrechen casser
Zerrung élongation (f), déchirure (f)
Zicklein cabri (m)
Ziege chèvre (f)
Ziegenkäse fromage de chèvre (m)
Zigaretten cigarettes (f)
Zigarettenetui étui à cigarettes (m)
Zigarettenspitze fume-cigarette (m)
Zigarillos petits cigares (m), cigarillos (m)
Zigarren cigares (m)
Zimmer chambre (f)
Zimmermädchen personnel de service (m)
Zimmermann charpentier (m)
Zimmernummer numéro de chambre (m)
Zimmerservice service en chambre (m)
Zimt cannelle (f)
Zirkus cirque (m)
Zitrone citron (m)
Zitronenessig vinaigre de citron (m)
Zitruspresse presse-citron (m)
Zoll douane (f)
Zollbestimmungen réglementations douanières (f)
Zollerklärung déclaration douanière (f)
zollfrei exempt du droit de douane
Zollkontrolle contrôle douanier (m)
zollpflichtig passible du droit de douane
Zoo zoo (m)
Zoologie zoologie (f)
Zoom-Objektiv objectif zoom (m)
Zucchini courgettes (f)
Zucker sucre (m)
Zuckererbsen petits pois doux (m)
zuhören écouter
Zündkerze bougie (f)
Zündung allumage (m)
Zunge langue (f)
Zuschlag supplément (m)
zuviel trop
Zweibettkabine double cabine (f)
zweite deuxième
Zwieback biscotte (f)
Zwiebeln oignons (m)
Zwischenlandung escale (f)
Zwischenrippenstück entrecôte (f)
Zylinderkopf culasse de cylindres (f)

Französisch – Deutsch

A
à bâbord Backbord
à carreaux kariert
à droite rechts
à gauche links
à midi mittags
à minuit Mitternacht
à raies longitudinales längsgestreift
à raies transversales quergestreift
à travers durch
à tribord steuerbord
à usage externe äußerlich
à usage interne innerlich
abbaye (f) Abtei
abcès (m) Abszess
abonnement (m) Zeitkarte
abri contre le vent (m) Windschutz
abricot (m) Aprikose
accélérateur (m) Gaspedal
accident (m) Unfall
accord (m) Vereinbarung
accord (commercial) (m) Handelsabkommen
achat (m) Einkaufspreis
acheter kaufen
acier spécial (m) Edelstahl
acteur (m) Schauspieler
actions (f) Aktien
adaptateur (m) Adapter
addition (f) Rechnung
administration (f) Verwaltung
adresse (f) Adresse
aéroglisseur (m) Luftkissenboot
aérophagie (f) Blähungen
aéroport (m) Flughafen
affranchissement (m) Porto
agence de voyage (f) Reisebüro
agneau (m) Lamm
agrafes (f) Heftklammern, Büroklammern
agression (f) Überfall
agriculteur (m) Landwirt
aide (f) Hilfe
aider helfen
aigle fin (m) Schellfisch
aiguille (f) Nähnadel, Zeiger
ail (m) Knoblauch
aile (f) Flügel, Kotflügel
aimant (m) Magnet
air (m) Luft
air climatisé (m) Klimaanlage
aire de jeu (f) Kinderspielplatz
algues (f) Algen
Allemagne (f) Deutschland
aller gehen
aller retour (m) hin und zurück
allergie (f) Allergie
allumage (m) Zündung
allumage défectueux (m) Fehlzündung
allumettes (f) Streichhölzer
alpinisme (m) Bergsteigen, Klettern
amandes (f) Mandeln
ambassade (f) Botschaft
ambre (m) Bernstein
ambulance (f) Krankenwagen
améthyste (f) Amethyst
ami (m) Freund
amie (f) Freundin
ampoule (f) Glühbirne
amusant amüsant
an (m) Jahr
ananas (m) Ananas
anchois (m) Sardellen
ancre (f) Anker
âne (m) Esel
anesthésie (f) Betäubung, Narkose
aneth (m) Dill
angine (f) Angina
anguille (f) Aal
année (f) Jahr
annonce (f) Anzeige
annuaire (m) Telefonbuch
annulaire (m) kleiner Finger
anorak (m) Anorak
antiquaire (m) Trödler
antiquité (f) Antiquitätenhandel
antiquités (f) Antiquitäten
août (m) August
appareil photo (m) Fotoapparat
appareil photo reflex (m) Spiegelreflexkamera
appareil pour les dents (m) Zahnspange
appartement (m) Appartement
appât (m) Köder
appel d'urgence (m) Notruf
appel en PCV (m) R-Gespräch
appel téléphonique (m) Anruf
appeler heißen
appendice (m) Blinddarm
appendicite (f) Blinddarmentzündung
apprenti (m) Auszubildender
après danach, nachher
après demain übermorgen
aquarelles (f) Wasserfarben
araignée de mer (f) Seespinne
arbitre (m) Schiedsrichter
arbre (m) Baum
arc (m) Bogen
archéologie (f) Archäologie
architecte (m) Architekt
architecture (f) Architektur
argent (m) Silber, Geld
armée (f) Armee
armoire (f) Schrank
arrestation (f) Verhaftung
arrêt (m) Haltestelle, Stop
arrosoir (m) Gießkanne
art (m) Kunst
artère (f) Arterie
artichauts (m) Artischocken
articles de papeterie (m) Schreibwaren
articulation (f) Gelenk
artisan (m) Handwerker
artisanat (m) Kunsthandwerk
artiste (m) Künstler
arts décoratifs (m) Kunstgewerbe
ascenseur (m) Aufzug
asile politique (m) Asylsuchender
asperges (f) Spargel
aspirateur (m) Staubsauger
assez genug
assiette (f) Teller
assistance mécanique (f) Pannenhilfe
assurance (f) Versicherung
asthme (m) Asthma
atelier de couture (m) Schneiderei
athlétisme (m) Leichtathletik
atterrissage (m) Landung
attrape-mouches (m) Fliegenklatsche

WÖRTERBUCH — FRANZÖSISCH – DEUTSCH

au vent Luv
aube (f) Sonnenaufgang
auberge de jeunesse (f) Jugendherberge
aubergine (f) Aubergine
audience (f) Gerichtsverhandlung
aujourd'hui heute
auriculaire (m) Zeigefinger
autel (m) Altar
auteur (m) Autor
autobus (m) Bus
automne (m) Herbst
autoroute (f) Autobahn
autrefois früher
Autriche (f) Österreich
avant vorher, davor
avant hier vorgestern
avec mit
avec des motifs gemustert
aviron (m) Kanufahren, Rudern
avocat (m) Rechtsanwalt, Avocado
avoine (f) Hafer
avortement (m) Abtreibung
avril (m) April

B

badminton (m) Federball
bagage (m) Gepäck
bagage à main (m) Handgepäck
bagage en excédent (m) Übergepäck
bague (f) Ring
baguette (f) Weißbrot
baies du mûrier (f) Maulbeeren
baignoire (f) Badewanne
balais (m) Besen
balance (f) Waage
balayette (f) Kehrblech, Handbesen
balcon (m) Balkon
balladeur (m) Walkman
balle de golf (f) Golfball
balle de ping-pong (f) Tischtennisball
balle de tennis (f) Tennisball
ballet (m) Ballett
ballon (m) Luftballon, Ball
ballon de foot (m) Fußball
ballon de plage (m) Wasserball
banane (f) Banane
bandage (m) Verband
banque (f) Bank
bar (m) Wolfsbarsch
barbe (f) Bart

barbecue (m) Grill
barque (f) Boot
barque à rames (f) Ruderboot
barrage (m) Staudamm
barre du gouvernail (f) Pinne
barrette (f) Haarspange
base-ball (m) Baseball
basilique (f) Basilikum
basket (m) Basketball
basse pression (f) Tief
bateau (m) Boot
bateau à moteur (m) Motorboot
bateau à voile (m) Segelboot
bateau de sauvetage (m) Rettungsboot
bathomètre (m) Tiefenmesser
bâtiment (m) Gebäude
batiste (m) Batist
bâton de craie (m) Ölkreiden
bâton de ski (m) Skistock
batterie (f) Batterie
battu gerührt
baudrier (m) Klettergurt
baudroie (f) Seeteufel
beau hübsch
beau-père (m) Schwiegervater
belle-fille (f) Schwiegertochter
belle-mère (f) Schwiegermutter
bénéfices (m) Gewinn
bette (f) Mangold
beurre (m) Butter
biberon (m) Flasche [Baby]
bibliothèque (f) Bibliothek
bicyclette de course (f) Rennrad
bidon d'eau (m) Wasserkanister
bidon d'essence (m) Benzinkanister
bière (f) Bier
bifteck (m) Beefsteak
bifteck dans le filet (m) Filetsteak
bifteck de longe (m) Lendensteak
bigoudi (m) Lockenwickler
bijoutier (m) Juwelier
bikini (m) Bikini
billard (m) Billard
billet (m) Fahrkarte
billet aller retour (m) Rückfahrkarte

billet d'avion (m) Flugschein
billet de groupe (m) Gruppenkarte
billet hebdomadaire (m) Wochenkarte
billet journalier (m) Tageskarte
billet pour famille (m) Familienkarte
biologiste (m) Biologe
biscotte (f) Zwieback
biscuits (m) Gebäck
blaireau (m) Rasierpinsel
blanc weiß
blanchisserie (f) Reinigung
blazer (m) Blazer
blé (m) Getreide, Weizen
blesser verletzen
blessure (f) Wunde
bleu blau
bloc à dessin (m) Zeichenblock
bloc-notes (m) Notizblock
bœuf (m) Rind
boire trinken
boisson (f) Getränk
boissons alcoolisées (f) alkoholische Getränke
boissons chaudes (f) warme Getränke
boissons sans alcool (f) alkoholfreie Getränke
boîte (f) Dose
boîte à gants (f) Handschuhfach
boîte aux lettres (f) Briefkasten
boîte de nuit (f) Nachtclub
boîte de vitesse (f) Getriebe
boîte postale (f) Postfach
bol (m) Schüssel
bôme (m) Großbaum
bôme de surf (m) Gabelbaum
bon de caisse (m) Quittung
bonjour guten Tag
bonnet (f) Mütze
bonnet de bain (m) Badekappe
bosse (f) Beule
botanique (f) Botanik
bottes (f) Stiefel
bottes en caoutchouc (f) Gummistiefel
bouche (f) Mund
boucher (m) Metzger
boucherie (f) Metzgerei
bouchon (m) Korken, Stöpsel
bouclé genoppt

FRANZÖSISCH – DEUTSCH **WÖRTERBUCH**

boucles (f) Locken
boucles d'oreille (f) Ohrringe
bouée (f) Schwimmreif
bouée de secours (f) Rettungsring
bougie (f) Zündkerze, Kerze
bouilli gekocht
bouillie d'avoine (f) Haferbrei
bouilloire (f) Milchtopf
bouillon de bœuf (m) Rinderbrühe
bouillon de poulet (m) Hühnerbrühe
bouillotte (f) Wärmflasche
boulanger (m) Bäcker
boulangerie (f) Bäckerei
boussole (f) Kompass
bouteille (f) Flasche
bouteille à air comprimé (f) Pressluftflaschen
bouteille de gaz (f) Gasflasche
bouteille thermos (f) Thermoskanne
bouton (m) Knopf
boutons de manchette (m) Manschettenknöpfe
boxe (f) Boxen
bracelet (m) Armreif, Armband
branche (f) Brillenbügel
branchement de l'eau (m) Wasseranschluss
branchement électrique (m) Stromanschluss
bras (m) Arm
brassard (m) Schwimmflügel
bretelles (f) Hosenträger
brevet de plongeur (m) Tauchschein
bridge (m) Zahnbrücke
brillant brillant
briquet (m) Feuerzeug
brocanteur (m) Trödler
broche (f) Brosche
brochet (m) Hecht
brocoli (m) Brokkoli
bronches (f) Bronchien
bronchite (f) Bronchitis
brosse (f) Spülbürste
brosse à cheveux (f) Haarbürste
brosse à dents (f) Zahnbürste
brosse pour chaussures (f) Schuhbürste
brosse pour vêtements (f) Kleiderbürste
brouillard (m) Nebel
brûlure (f) Brandwunde, Verbrennung
brûlure d'estomac (f) Sodbrennen
bungalow (m) Bungalow
bureau (m) Schreibtisch
bureau de change (m) Wechselstube
bureau de poste (m) Postamt
bureau de tabac (m) Tabakladen
bureau des immigrés (m) Einwanderungsbehörde
bureau des objets trouvés (m) Fundbüro
bureau du maire (m) Bürgermeisteramt

C

cabaret (m) Kabarett
cabine (f) Umkleidekabine, Kajüte
cabine téléphonique (f) Telefonzelle
câble (m) Kabel
câble Bowden (m) Bowdenzug
câble d'alimentation (m) Stromkabel
câble de remorque (m) Abschleppseil
câble des freins (m) Bremsseil
câble réseau (m) Netzwerkkabel
cabri (m) Zicklein
cacahouètes (f) Erdnüsse
cacao (m) Kakao
cachets anti-douleur (m) Schmerztabletten
cachets contre le mal de tête (m) Kopfschmerztablette
cadeau (m) Geschenk
cadenas (m) Vorhängeschloss
cadre de serrage (m) Keilrahmen
café (m) Kaffee
café crème (m) Cappuccino
café liégeois (m) Eiskaffee
cafetière (f) Kaffeemaschine
cahier (m) Notizheft
caille (f) Wachtel
caisse (f) Kasse
calamar (m) Tintenfisch
calculette (f) Taschenrechner
caleçon (m) Unterhose
calendrier (m) Kalender
cambrioler aufbrechen
camomille (f) Kamillentee
camping (m) Campingplatz
camping-car (m) Wohnmobil
canal (m) Kanal
canard (m) Ente
canard sauvage (m) Wildente
cancer (m) Krebs
canif (m) Taschenmesser
canne à pêche (f) Angelrute
cannelle (f) Zimt
canoë (m) Kanu, Paddelboot
canot pneumatique (m) Schlauchboot
canyon (m) Schlucht
capitaine (m) Kapitän
capot (m) Motorhaube
câpre (f) Kapern
carabine (f) Karabiner
carambolier Karambole
caravane (f) Wohnwagen
carburateur (m) Vergaser
carottes (f) Mohrrüben, Karotten
carpe (f) Karpfen
carte (f) Landkarte
carte audio (f) Soundkarte
carte de crédit (f) Kreditkarte
carte de la ville (f) Stadtplan
carte de randonnée (f) Wanderkarte
carte de visite (f) Visitenkarte
carte des vins (f) Weinkarte
carte d'identité (f) Ausweis
carte postale (f) Ansichtskarten, Postkarte
carte réseau (f) Netzwerkkarte
carte téléphonique (f) Telefonkarte
carter de chaîne (m) Kettenschutz
cartes à jouer (f) Spielkarten
cascade (f) Wasserfall
casino (m) Spielcasino
casque (m) Kopfhörer, Helm
casquette (f) Schildkappe
casser zerbrechen
casserole (f) Kochtopf
cassette vidéo (f) Videokassette
catalogue (m) Katalog
catch (m) Ringen

deux cents quarante et un **241**

WÖRTERBUCH — FRANZÖSISCH – DEUTSCH

- **cathédrale** (f) Dom, Kathedrale
- **catholique** Katholik
- **caution** (f) Bürgschaft, Kaution
- **caverne** (f) Höhle
- **ceinture** (f) Gürtel, Gurt
- **ceinture de sécurité** (f) Sicherheitsgurt
- **ceinture en plomb** (f) Bleigürtel
- **céleri** (m) Sellerie
- **célibataire** ledig
- **celle** das
- **celui** das
- **celui-ci** dies da
- **celui-là** jenes dort
- **cendrier** (m) Aschenbecher
- **centimètre** (m) Zentimeter
- **centrale** (f) Vermittlung
- **centre commercial** (m) Einkaufszentrum
- **centre ville** (m) Innenstadt
- **cerf** (m) Hirsch
- **cerfeuil** (m) Kerbel
- **cerf-volant** (m) Drachen
- **cerises** (f) Kirschen
- **certain** einige
- **certaines** einige
- **cerveau** (m) Gehirn
- **cervelle** (f) Hirn
- **chacun** jedes
- **chaîne** (f) Kette
- **chaîne Hi-Fi** (f) HiFi-Anlage
- **chaînes à neige** (f) Schneeketten
- **chaire** (f) Kanzel
- **chaise** (f) Stuhl
- **chaise haute** (f) Kinderstuhl
- **chaise longue** (f) Liegestuhl
- **chaise pliante** (f) Klappstuhl
- **chaise roulante** (f) Rollstuhl
- **chaise sur le pont** (f) Deckstuhl
- **chalet de montage** (m) Berghütte
- **chaleur** (f) Hitze
- **chambre** (f) Zimmer
- **chambre pour deux personnes** (f) Doppelzimmer
- **champ** (m) Acker, Feld
- **champignons** (m) Pilze
- **chandelier** (m) Kerzenständer
- **change (de devises)** (m) Geldwechsel
- **changer** umsteigen
- **chanteur** (m) Sänger
- **chapeau** (m) Hut
- **chapelle** (f) Kapelle
- **chapon** (m) Kapaun
- **charbon de bois** (m) Holzkohle
- **charcutier** (m) Metzger
- **chargeur de câble à batterie** (m) Starthilfekabel
- **chariot** (m) Einkaufswagen
- **chariot porte-bagages** (m) Gepäckwagen
- **charpentier** (m) Zimmermann
- **chat** (m) Katze
- **châtaigner** (m) Kastanie
- **château** (m) Burg
- **chaud** warm
- **chauffage** (m) Heizung
- **chauffage au charbon** (m) Kohleheizung
- **chauffage central** (m) Zentralheizung
- **chauttage électrique** (m) Elektroheizung
- **chauffe-eau** (m) Boiler
- **chauffeur de taxi** (m) Taxifahrer
- **chaussée rétrécie** (f) Fahrbahnverengung
- **chaussettes** (f) Socken, Strümpfe
- **chaussure de ski** (f) Skischuh
- **chaussures** (f) Schuhe
- **chaussures de bain** (m) Badeschuhe
- **chaussures de marche** (f) Wanderschuhe
- **chaussures de montage** (f) Bergschuhe
- **chaussures de plage** (f) Strandschuhe
- **chaussures pour enfants** (f) Kinderschuhe
- **chaussures pour grimpeurs** (m) Kletterschuhe
- **chef** (m) Meister
- **chef de service** (m) Abteilungsleiter
- **chef d'orchestre** (m) Dirigent
- **chemin** (m) Weg
- **chemin de fer** (m) Eisenbahn
- **cheminée** (f) Kamin
- **chemise** (f) Hemd
- **chemise de nuit** (f) Nachthemd
- **chemisier** (m) Bluse
- **chêne** (m) Eiche
- **chèque** (m) Scheck
- **chèque de voyage** (m) Reisescheck
- **chercher** suchen
- **chéri** (m) Liebling
- **cheval** (m) Pferd
- **chevalet** (m) Staffelei
- **cheveux** (m) Haar
- **cheville** (f) Knöchel
- **chèvre** (f) Ziege
- **chevreuil** (m) Reh
- **chicorée** (f) Chicorée
- **chien** (m) Hund
- **chiffon** (m) Putzlappen
- **chili** (m) Chili
- **chimie** (f) Chemie
- **chimiste** (m) Chemiker
- **chirurgien** (m) Chirurg
- **chocolat** (m) Pralinen, Schokolade
- **chœur** (m) Chor
- **chorégraphe** (m) Choreograph
- **chou** (m) Kohl
- **chou blanc** (m) Weißkohl
- **chou de Bruxelles** (m) Rosenkohl
- **chou frisé** (m) Wirsing
- **chou rouge** (m) Rotkohl
- **choucroute** (f) Sauerkraut
- **chou-fleur** (m) Blumenkohl
- **Christ** (m) Christ
- **christianisme** (m) Christentum
- **chronomètre** (m) Stoppuhr
- **ciboulette** (f) Schnittlauch
- **cigares** (m) Zigarren
- **cigarettes** (f) Zigaretten
- **cigarillos** (m) Zigarillos
- **cimetière** (m) Friedhof
- **cinéma** (m) Kino
- **cintre** (m) Kleiderbügel
- **cirage** (m) Schuhcreme
- **cire** (f) Wachs
- **cirque** (m) Zirkus
- **ciseaux** (m) Schere
- **ciseaux à ongles** (m) Nagelschere
- **citron** (m) Zitrone
- **citrouille** (f) Kürbis
- **clair** hell
- **classeur** (m) Ringbuch
- **clavicule** (f) Schlüsselbein
- **clavier** (m) Tastatur
- **clé** (f) Schlüssel
- **clé à six pans creux** (f) Inbus-Schlüssel
- **clé plate** (f) Schraubenschlüssel
- **clignotant** (m) Lichthupe
- **climatisation** (f) Klimaanlage

FRANZÖSISCH – DEUTSCH — WÖRTERBUCH

cloche (f) Glocke
clocher (m) Kirchturm
cloître (m) Kloster, Kreuzgang
clou (m) Nagel
clou de girofle (m) Nelken [Gewürz]
club de golf (m) Golfschläger
coalition (f) Koalition
cochon (m) Schwein
cochon de lait (m) Spanferkel
cocktail de crevettes (m) Krabbencocktail
code confidentiel (m) Geheimzahl
code postal (m) Postleitzahl
cœur (m) Herz
coffre (m) Kofferraum
coffre-fort (m) Safe
cognac (m) Branntwein
coiffeur (m) Friseur
coing (m) Quitte
col (m) Pass, Kragen
colier en perles (m) Perlenkette
colis (m) Paket
collant (m) Strumpfhose
colle (f) Klebstoff
collègue (m) Kollege
collier (m) Halskette
colline (f) Hügel
collutoire (m) Mundwasser
collyre (m) Augentropfen
coloré farbig
combien wie viel
combien de temps wie lang
combinaison de plongée (f) Taucheranzug
combiné (m) Hörer
comédie (f) Komödie
comédie musicale (f) Musical
comité consultatif (m) Beirat
comité municipal (m) Bürgerinitiative
commande (f) Auftrag
commander bestellen
comme wie
comment was, wie
commerçant (m) Kaufmann
commerce au détail (m) Einzelhandel
commerce d'électroménagers (m) Elektrogeschäft
commerce d'habillement (m) Kleiderladen

commerce d'ordinateurs (m) Computerladen
commissariat de police (m) Polizeirevier
commission (f) Provision
communication extra urbaine (f) Ferngespräch
communication urbaine (f) Ortsgespräch
compartiment (m) Abteil
compartiment pour bagages (m) Gepäckablage
complet (m) Anzug
compositeur (m) Komponist
comprendre verstehen
comptable (m) Buchhalter
compte (m) Rechnung
compte-tours (m) Drehzahlmesser
compteur de vitesse (m) Tachometer
concert (m) Konzert
concombre (m) Gurke
conditions (f) Konditionen
conditions commerciales (f) Geschäftsbedingungen
conditions de livraison (f) Lieferbedingungen
conditions de paiement (f) Zahlungsbedingungen
conducteur (m) Fahrer
conférence (f) Konferenz
conférence de presse (f) Pressekonferenz
confiture (f) Marmelade
connaissance (f) Bekannter
connaître kennenlernen
conseil d'administration (m) Vorstand
conseil de surveillance (m) Aufsichtsrat
conseiller fiscal (m) Steuerberater
conserves (f) Konserven
constipation (f) Verstopfung
constitution (f) Verfassung
consulat (m) Konsulat
contes (m) Novelle
continent (m) Festland
contrarié sauer
contrat (m) Vertrag
contrat d'achat (m) Kaufvertrag
contre remboursement Nachnahme
contrôle de sécurité (m) Sicherheitskontrolle
contrôle douanier (m) Zollkontrolle
contrôleur (m) Kontrolleur

contusion (f) Prellung
coopération (f) Kooperation
copie (f) Abzug
coq (m) Hahn
coque (f) Venusmuschel
coquelet (m) Hähnchen
coqueluche (f) Keuchhusten
coquillage (m) Muschel
coquille (f) Kamm-Muschel
coquille Saint-Jacques (f) Jakobsmuschel
corail (m) Koralle
corbeille (f) Papierkorb
corde (f) Seil, Schnur
corde pour étendre le linge (f) Wäscheleine
cordonnier (m) Schuhmacher
cornet (m) Eiswaffel
corn-flakes (m) Cornflakes
costume (m) Kostüm
côte (f) Küste, Rippe
côte de bœuf (f) Rumpsteak
côte rocheuse (f) Felsküste
côtelette (f) Kotelett
coton (m) Baumwolle, Watte
cou (m) Hals
coucher du soleil (m) Sonnenuntergang
couches (f) Windeln
couchette (f) Liegesitz
coude (m) Ellbogen
couleurs à l'huile (f) Ölfarben
couloir (m) Gang
coup de soleil (m) Sonnenbrand
coupole (f) Kuppel
coupure (f) Schnittwunde
courant (m) Strömung, Strom
courgettes (f) Zucchini
couronne (f) Krone [Zahn]
courroie trapézoïdale (f) Keilriemen
cours (m) Kurs
cours de cuisine (m) Kochkurs
cours de langue étrangère (m) Sprachkurs
cours de peinture (m) Malkurs
course automobil (f) Autorennen
course de bicyclettes (f) Radrennen
course de chevaux (f) Pferderennen
court kurz

WÖRTERBUCH FRANZÖSISCH – DEUTSCH

court-circuit (m) Kurzschluss
courtier (m) Makler
cousin (m) Cousin
cousine (f) Cousine
couteau (m) Messer
couteau à viande (m) Fleischmesser
couturier (m) Schneider
couverts (m) Besteck
couverture (f) Bettdecke
couverture chauffante (f) Heizdecke
couvreur (m) Dachdecker
crabe (m) Taschenkrebs
craie (m) Kreide
crampe (f) Krampf
crampons (m) Steigeisen
cravate (f) Krawatte
crayon (m) Abdeckstift, Bleistift
crayon de couleur (m) Farbstift
crayons couleur (m) Buntstifte
crayons de charbon (m) Kohlenstifte
crème Chantilly (f) Sahne
crème fraîche (f) saure Sahne
crème pour bébés (f) Babycreme
crème pour les mains (f) Handcreme
crème solaire (f) Sonnenschutzmittel
crêpe (f) Pfannkuchen
crêpé (m) Krepp
cresson (m) Kresse
crevette (f) Krabbe, Garnele
cric (m) Wagenheber
crime (m) Verbrechen
crise cardiaque (f) Herzinfarkt
croire glauben
croisement (m) Kreuzung
croiseur (m) Kreuzer
croisière (f) Kreuzfahrt
croissant (m) Hörnchen
croix (f) Kreuz
croquettes (f) Kroketten
cru roh
cruche (f) Kanne
crypte (f) Krypta
cuillère à café (f) Teelöffel
cuillère en bois (f) Rührlöffel
cuir (m) Leder
cuisine (f) Küche
cuisinier (m) Koch
cuisse (f) Oberschenkel

cuit à la vapeur gedünstet
cuit au four gebacken
cuivre (m) Kupfer
culasse de cylindres (f) Zylinderkopf
culotte (f) Slip
culture (f) Kultur
cumin (m) Kümmel
cuner (m) Kutter
cure-pipe (m) Pfeifenreiniger
cutter (m) Bleistiftspitzer
cyclisme (m) Radfahren
cystite (f) Blasenentzündung

D

d'autres andere
daim (m) Wildleder
dans in
dans l'après-midi nachmittags
danse (f) Tanz
danseur (m) Tänzer
date (f) Termin, Datum
dattes (f) Datteln
dé à coudre (m) Fingerhut
de nouveau wieder
débutant (m) Anfänger
décapsuleur (m) Flaschenöffner
décembre (m) Dezember
déchirure (f) Zerrung
déclaration (f) Aussage
déclaration douanière (f) Zollerklärung
décollage (m) Abflug
décorateur (m) Ausstatter, Dekorateur
défaite (f) Niederlage
défilé (m) Umzug
dégel (m) Tauwetter
degré de difficulté (m) Schwierigkeitsgrad
dégustation du vin (f) Weinprobe
dehors aus
déjeuner (m) Mittagessen
délai (m) Frist
délai de livraison (m) Lieferfrist
demain morgen
demander fragen
démarreur (m) Anlasser
demi halb
demi-kilo (m) Pfund
demi-pension (f) Halbpension
démocratie (f) Demokratie
dénivelé (m) Höhenunterschied

dent (f) Zahn
dent de sagesse (f) Weisheitszahn
dentier (m) Gebiss
dentifrice (m) Zahnpasta
dentiste (m) Zahnarzt
déodorant (m) Deodorant
départ (m) Abfahrt
dépliant (m) Prospekt
dépôt de bagages (m) Gepäckaufbewahrung
déprimé deprimiert
député (m) Abgeordneter
dérailleur (m) Gangschaltung
dérive (f) Schwert
dérive principale (f) Hauptschwert
dérive secondaire (f) Hilfsschwert
derrière dahinter
descente (f) Abstieg, Abfahrtski
désert (m) Wüste
désinfectant (m) Desinfektionsmittel
désir (m) Wunsch
dessert (m) Nachspeise
destinataire (m) Empfänger
détachant (m) Fleckenwasser
détergent (m) Putzmittel
deuxième zweite
dévaliser ausrauben
devant vor
développement (m) Entwicklung
devise (f) Währung
devoir müssen
diabète (m) Diabetes
diamant (m) Diamant
diarrhée (f) Durchfall
dictionnaire (m) Wörterbuch
Diesel (m) Diesel
dimanche (m) Sonntag
dindon (m) Truthahn
dîner (m) Abendessen
diphtérie (f) Diphtherie
dire sagen
directeur (m) Direktor
directeur exécutif (m) Geschäftsführer
direction (f) Lenkung
discothèque (f) Diskothek
dispositions douanières (f) Zollbestimmungen
disque dur (m) Festplatte
dissolvant (m) Nagellackentferner
distributeur (m) Verteiler

FRANZÖSISCH – DEUTSCH — WÖRTERBUCH

distributeur automatique de billets (m) Fahrkartenautomat
docteur (m) Arzt
doigt (m) Finger
dommage schade
donner geben
dorade (f) Goldbrasse
dos (m) Rücken
douane (f) Zoll
double cabine (f) Zweibettkabine
doublure (f) Futter
douceurs (f) Süßigkeiten
douche (f) Dusche
douleurs (f) Schmerzen
doux lieblich
douzaine (f) Dutzend
drame (m) Drama
drap (m) Bettlaken
drap de plage (m) Strandtuch
drogue (f) Rauschgift
droguiste (m) Drogist
droit (m) Jura, geradeaus
droit de préemption (m) Vorkaufsrecht
dune (f) Düne
durant la journée tagsüber
dynamo (f) Lichtmaschine

E

eau (f) Wasser
eau chaude (f) Warmwasser
eau de refroidissement (f) Kühlwasser
eau de vie (f) Schnaps
eau minérale (f) Mineralwasser
eau potable (f) Trinkwasser
échappement (m) Auspuff
écharpe (f) Halstuch, Schal
échéance (f) Termin
échecs (m) Schach
échelle (f) Leiter
éclair (m) Blitz
écolier (m) Schüler
économie (f) Wirtschaft
économiste (m) Betriebswirt
écoute principale (f) Großschot
écouter zuhören
écran (m) Bildschirm
écrevisse (f) Krebs [Meerestier]
écrire schreiben
écrivain (m) Schriftsteller
écrou (m) Schraubenmutter
édifice (m) Bauwerk, Gebäude

église (f) Kirche
égouttoir à vaisselle (m) Geschirrständer
élastique (m) Gummiband
élections (f) Wahlen
électricien (m) Elektriker
électricité (f) Elektrizität
élongation (f) Zerrung
embarcadère (m) Anlegeplatz
embrayage (m) Kupplung
émeraude (f) Smaragd
employé (m) Angestellter, Mitarbeiter
employé du bâtiment (m) Bauarbeiter
empoisonnement (m) Vergiftung
encadrement pour les enfants (m) Kinderbetreuung
enceinte schwanger
encre (f) Tinte
endive (f) Endiviensalat
enfants (m) Kinder
enflé geschwollen
enflure (f) Schwellung
enregistrement (m) Anmeldung
enseignant (m) Lehrer
entendre hören
en-tête (m) Briefkopf
entonnoir (m) Trichter
entorse (f) Verrenkung
entrecôte (f) Zwischenrippenstück
entrée (f) Eintritt, Eingang, Einreise
entrelardé gespickt
entrepreneur (m) Unternehmer
enveloppe (f) Briefumschlag
épaule (f) Schulter, Bug
épi (m) Ähre
épicerie (f) Lebensmittelgeschäft
épices (m) Gewürze
épinards (m) Spinat
épine dorsale (f) Wirbelsäule
épingle (f) Anstecknadel, Stecknadel
épingle à cheveux (f) Haarnadeln
épingle à cravate (f) Krawattennadel
épingle de nourrice (f) Sicherheitsnadel
éponge (f) Küchenschwamm, Schwamm

épouse (f) Ehefrau
épouvantable schrecklich
époux (m) Ehemann
équipage (m) Besatzung, Mannschaft
équitation (f) Reiten
érable (m) Ahorn
escale (f) Zwischenlandung
escalier roulant (m) Rolltreppe
escalope (f) Schnitzel
escargot de mer (m) Seeschnecke
escompte (m) Rabatt
escroc (m) Betrüger
espadon (m) Schwertfisch
essais (m) Sachbuch
essayer anprobieren
essence (f) Benzin
essence normale (f) Normalbenzin
essence Super (f) Superbenzin
essieu arrière (m) Hinterachse
essieu avant (m) Vorderachse
essorage (m) Schleudergang
essorer schleudern
essoreuse (f) Schleuder
essuie-glace (m) Scheibenwischer
estomac (m) Magen
estragon (m) Estragon
et und
étage (m) Stockwerk, Etage
étanche wasserdicht
étang (m) Teich
été (m) Sommer
étiquette (f) Etiketten
étoile de mer (f) Seestern
étouffée geschmort
étrange seltsam
étranger (m) Ausländer
étroit eng
étudiant (m) Student
étui (pour lunettes) (m) Brillenetui
étui à cigarettes (m) Zigarettenetui
étui de l'appareil photo (m) Fototasche
excellent hervorragend
excursion (f) Wanderung
excursion à terre (f) Landausflug
excursion en altitude (f) Höhenwanderung
excursion sur le fleuve (f) Flussfahrt

WÖRTERBUCH — FRANZÖSISCH – DEUTSCH

exempt du droit de douane zollfrei
expéditeur (m) Absender
expert EDP (m) EDV-Fachmann
exportation (f) Ausfuhr
exposant (m) Aussteller
exposition (f) Ausstellung
express Eilbrief, Espresso

F

fabriquant (m) Hersteller
facture (f) Rechnung
faïence (f) Keramik
faim (f) Hunger
faire tun
faire des randonnées wandern
faire une couleur färben
faisan (m) Fasan
fantastique phantastisch
farci gefüllt
fard (m) Rouge
fard à paupières (m) Lidschatten
farine (f) Mehl
fatigué müde
fausse couche (f) Fehlgeburt
fauteuil (m) Sessel
fax (m) Fax
femme (f) Ehefrau
femme au foyer (f) Hausfrau
fenêtre (f) Fenster
fenouil (m) Fenchel
fer à repasser (m) Bügeleisen
ferme (f) Bauernhof
fermé geschlossen
fermeture éclair (f) Reißverschluss
ferry-boat (m) Fähre, Autofähre
festival (m) Festival
fête folklorique (f) Folklore
feu (m) Feuer, Ampel
feu arrière (m) Rücklicht
feu avant (m) Vorderlicht
feuilles de laurier (f) Lorbeerblätter
feutre (m) Filzstift, Filz
feux clignotants (m) Blinklicht, Blinker
feux de détresse (m) Warnblinkanlage
feux de recul (m) Rücklicht
feux de stop (m) Bremslicht
février (m) Februar
fiancé (m) Verlobter
fiancée (f) Verlobte

fibre synthétique (f) Kunstfaser
ficelle (f) Bindfaden, Schnur
fiche (f) Stecker
fièvre (f) Fieber
figues (f) Feigen
fil (m) Faden
fil dentaire (m) Zahnseide
fille (f) Tochter
film (m) Film
fils (m) Sohn
filtre à l'huile (m) Ölfilter
filtre d'évacuation (m) Abflusssieb
filtre ultra violet (m) UV-Filter
fixateur (m) Fixiermittel, Haarfestiger
fixation des skis (f) Bindung
flageolet (m) Buschbohnen
flan à la vanille (m) Vanillepudding
flan au chocolat (m) Schokoladenpudding
flanelle (f) Flanell
flaque (f) Pfütze
flash (m) Blitzlicht
fléchettes (f) Dart
flet (m) Flunder
flétant (m) Heilbutt
fleuriste (m) Blumengeschäft
fleuve (m) Fluss
flotteur (m) Schwimmer [Angeln]
foie (m) Leber
foin (m) Heu
foncé dunkel
fonctionnaire (m) Beamter
fondé de pouvoir (m) Generalbevollmächtigter, Prokurist
fontaine (f) Brunnen
fonts baptismaux (m) Taufbecken
football (m) Fußball [Spiel]
forcer aufbrechen
forfait (m) Skipass
forgeron (m) Schlosser
format (m) Format
formidable großartig
formulaire d'entrée (m) Einreiseformular
formule de salutations (f) Grußformel
forteresse (f) Festung
fouet (m) Rührbesen
fouilles (f) Ausgrabungen
foulard (m) Halstuch

four à micro-ondes (m) Mikrowelle
four électrique (m) Elektroherd
fourche roue avant (f) Vorderradgabel
fourchette (f) Gabel
fourneau à gaz (m) Gaskocher
fournisseur (m) Lieferant
fracture des os (f) Knochenbruch
frais (m) Kosten
frais de transport (m) Frachtkosten
frais supplémentaires (m) Nebenkosten
fraises (f) Erdbeeren
framboises (f) Himbeeren
frein (m) Bremse
frein à main (m) Handbremse
frein à tambour (m) Trommelbremse
frein de secours (m) Notbremse
freiner bremsen
freins (m) Bremsen
frère (m) Bruder
friandises (f) Süßwaren
frigidaire (m) Kühlschrank
frigo (m) Kühlschrank
frise (f) Fries
frissons (m) Schüttelfrost
frit frittiert
frites (f) Pommes Frites
froid kalt
fromage (m) Käse
fromage blanc (m) Quark
fromage de brebis (m) Schafskäse
fromage de chèvre (m) Ziegenkäse
fromage frais (m) Frischkäse
fromage râpé (m) geriebener Käse
fromager (m) Milchgeschäft
frottis (m) Abstrich
fruit du cactus (m) Kaktusfrucht
fruité fruchtig
fruits (m) Obst
fruits de la passion (m) Passionsfrucht
fruits de mer (m) Meeresfrüchte
fruits et légumes Obsthandlung, Gemüsehandlung
frustré frustriert
fumé geräuchert

FRANZÖSISCH – DEUTSCH — WÖRTERBUCH

fume-cigarette (m) Zigarettenspitze
fumer rauchen
fumeur (m) Raucher
furoncle (m) Furunkel
fusible (m) Sicherung

G

galerie (f) Empore, Galerie
galerie d'art (f) Kunstgalerie
gant de toilette (m) Waschlappen
gants (m) Handschuhe
garage (m) Garage, Werkstatt, Parkhaus
garantie (f) Garantie
garçon (m) Kellner
garde-boue (m) Schutzblech
gare (f) Bahnhof
garniture (f) Dichtung
garniture de frein (f) Bremsbelag
garnitures (f) Beilagen
gâteau (m) Kuchen
gaufrette (f) Waffeln
gaz butane (m) Butangas
gaz propane (m) Propangas
gel (m) Frost
gencive (f) Zahnfleisch
gendre (m) Schwiegersohn
généraliste (m) Internist
génial toll
genou (m) Knie
géologie (f) Geologie
germaniste (m) Germanistik
gilet (m) Weste
gilet de sauvetage (m) Schwimmweste
gilet de secours (m) Schwimmweste
gingembre (m) Ingwer
glace (f) Eis
glacé glasiert
glacière (f) Kühlbox
glaçon (m) Eiswürfel
golf (m) Golf
gombo Okra
gomina (f) Haargummi
gomme (f) Radiergummi
gothique (m) Gotik
gourde (f) Wasserflasche
goûter schmecken
gouttes pour les oreilles (f) Ohrentropfen
gouvernail (m) Ruder
gouvernement (m) Regierung
graines de tournesol (f) Sonnenblumenkerne
gramme (m) Gramm
grand magasin (m) Kaufhaus
grand(e) groß
grande surface (f) Einkaufszentrum
grand-mère (f) Großmutter
grand-père (m) Großvater
grand-voile (f) Großsegel
gratin dauphinois (m) Gratin
gratte-ciel (m) Wolkenkratzer
graveur de CD-ROM (m) CD-Brenner
grêle (f) Hagel
grenade (f) Granatapfel
grillé gegrillt
grille-pain (m) Toaster
grippe (f) Grippe
gris grau
groom (m) Hausbursche
groseille à maquereau (f) Stachelbeere
groseilles rouges (f) Johannisbeeren
grossesse (f) Schwangerschaft
grotte (f) Höhle
groupe sanguin (m) Blutgruppe
guichet (m) Schalter, Fahrkartenschalter
guichetier (m) Schaffner
guide (m) Bergführer
guide touristique (m) Reiseführer
guidon (m) Lenker
gymnastique (f) Gymnastik, Turnen
gynécologue (m) Frauenarzt

H

habitant (m) Privatzimmer
haché gehackt
hall (m) Halle
hamac (m) Hängematte
hameçon (m) Haken
hanche (f) Hüfte
handball (m) Handball
hareng (m) Hering [Fisch]
haricots (m) Bohnen
haricots blancs (m) weiße Bohnen
haricots grimpeurs (m) Stangenbohnen
haricots rouges (m) rote Bohnen
haricots verts (m) Wachsbohnen, grüne Bohnen
haute pression (f) Hoch
haut-parleur (m) Lautsprecher
hématome (m) Bluterguss
hémorragie (f) Blutung
hémorragie nasale (f) Nasenbluten
hêtre (m) Buche
heure (f) Stunde
heure d'arrivée (f) Ankunftszeit
heure de décollage (f) Abflugzeit
hier gestern
hippocampe (m) Seepferdchen
histoire (f) Geschichte
hiver (m) Winter
hockey sur glace (m) Eishockey
homard (m) Hummer
homme au foyer (m) Hausmann
honoraires (m) Honorar
hôpital (m) Krankenhaus
horaire (m) Fahrplan
horaire de visite (m) Sprechstunde
horaire du vol (m) Flugplan
horaires d'ouverture (m) Öffnungszeiten
horloge (f) Wanduhr
horloger (m) Uhrmacher
horlogerie (f) Uhrmacherei
hors saison Vorsaison, Nebensaison
hôtel (m) Hotel
hôtelier (m) Gastwirt
houle (f) Seegang
huile (f) Öl
huile de tournesol (f) Sonnenblumenöl
huile d'olive (f) Olivenöl
huîtres (f) Austern
humidité (f) Luftfeuchtigkeit
hydroptère (m) Tragflächenboot
hypertension (f) Bluthochdruck

I

immigration (f) Einwanderung
imperméable (m) Regenmantel
importation (f) Einfuhr
impôt (m) Steuer
impôts (m) Steuern
impressionnant eindrucksvoll

WÖRTERBUCH — FRANZÖSISCH – DEUTSCH

imprimante jet d'encre (f) Tintenstrahldrucker
imprimante laser (f) Laserdrucker
imprimé (m) Drucksache
incroyable erstaunlich
index (m) Ringfinger
indicatif (m) Vorwahl
industrie (f) Industrie
infarctus (m) Herzinfarkt
infection (f) Infektion
infection des amygdales (f) Mandelentzündung
infirmier (m) Krankenpfleger
infirmière (f) Krankenschwester
inflammation (f) Entzündung
inflammation de la vessie (f) Blasenentzündung
informations (f) Auskunft
infusion de menthe (f) Pfefferminztee
ingénieur (m) Ingenieur
injecteur (m) Einspritzpumpe
inondation (f) Überschwemmung
insecticide (m) Insektenschutz
insolation (f) Sonnenstich
institut de beauté (m) Kosmetiksalon
institutrice (f) Erzieherin
interprète (m) Dolmetscher
interrupteur (m) Lichtschalter
intestin (m) Darm
invitation (f) Einladung
irruption cutanée (f) Ausschlag
issue (f) Einmündung
ivoire (m) Elfenbein

J
jambe (m) Bein, Beinscheibe
jambe (en bas du genou) (f) Unterschenkel
jambon (m) Schinken
jante (f) Felge
jantes (f) Felgen
janvier (m) Januar
jaquette (f) Jackett
jardin (m) Garten
jardin botanique (m) Botanischer Garten
jardinier (m) Gärtner
jarret (m) Haxe
jaune gelb
jaunisse (f) Gelbsucht
jazz (m) Jazz
jeudi (m) Donnerstag
jogging (m) Joggen
jouet (m) Spielzeug
jour (m) Tag
jour d'arrivée (m) Anreisetag
jour de départ (m) Abreisetag
journal (m) Zeitung
journaliste (f) Journalist
judo (m) Judo
juge (m) Richter
juif (m) Jude
juillet (m) Juli
juin (m) Juni
jumelles (f) Fernglas
jupe (f) Rock
jupon (m) Unterrock
jus de fruits (m) Fruchtsaft
jus de pomme (m) Apfelsaft
jus de raisin (m) Traubensaft
jus de tomate (m) Tomatensaft
jus d'orange (m) Orangensaft

K
karaté (m) Karate
kayac (m) Kajak
kilo (m) Kilo
kilomètre (m) Kilometer
kilomètre carré (m) Quadratkilometer
kiosque (m) Zeitungsstand
kit de réparation des pneus (m) Flickzeug
kiwis (m) Kiwi
klaxon (m) Hupe
kleenex Papiertaschentücher

L
là dort
lac (m) See [Binnensee]
lacets (f) Schnürsenkel
laid hässlich
laine (f) Wolle
laissez lassen
lait (m) Milch
lait pour le corps (m) Körpermilch
laitue (f) Kopfsalat, Eissalat
lames de rasoir (f) Rasierklingen
lampe (f) Lampe
lampe à pétrole (f) Petroleumlampe
lampe de poche (f) Taschenlampe
langouste (f) Languste
langue (f) Zunge
lapin (m) Kaninchen
laque (f) Haarspray
lard (m) Speck
lard fumé (m) Speck
large weit
laurier (m) Lorbeer
lavabo (m) Waschbecken
lavabos (m) Waschraum
lavage (m) Haarspülung
lavage à sec (m) chemische Reinigung
laver à 90 degrés kochen
laverie automatique (f) Waschsalon
lave-vaisselle (m) Geschirrspülmaschine
laxatif (m) Abführmittel
lecteur CD (m) CD-Spieler
lecteur de CD-ROM (m) CD-ROM-Laufwerk
lecteur DVD (m) DVD-Spieler
lecteur laser (m) Diskman
lecteur MD (m) MD-Spieler
légumes (m) Gemüse
lentilles (f) Linsen, Kontaktlinsen
lessive en poudre (f) Waschpulver
lessive lavable à 90 degrés (f) Kochwäsche
lettre (f) Brief
lettre recommandée (f) Einschreiben
levier de vitesse (m) Schalthebel
lèvre (f) Lippe
libraire (m) Buchhändler
librairie (f) Buchhandel
libre frei
licencié en droit (m) Jurist
lieu d'exécution (m) Erfüllungsort
lièvre (m) Hase
ligne (f) Leitung [Telefon], Angelschnur
lime à ongles (f) Nagelfeile
limette (f) Limette
limonade (f) Limonade
lin (m) Leinen
lingerie (f) Unterwäsche
liqueur (f) Likör
liquidation (f) Ausverkauf
liquide du frein (m) Bremsflüssigkeit
liquide vaisselle (m) Spülmittel
lis (m) Lilie
lit (m) Bett

FRANZÖSISCH – DEUTSCH WÖRTERBUCH

lit à deux places (m) Doppelbett
lit à emporter (m) Reisebett
lit à une place (m) Einzelbett
lit de camp (m) Reisebett
lit pour enfants (m) Kinderbett
litchi (f) Litschi
litre (m) Liter
littérature (f) Literatur
livre de cuisine (m) Kochbuch
livre illustré (m) Bilderbuch
livre pour enfants (m) Kinderbuch
livre spécialisé (m) Fachbuch
locataire (m) Vermieter
location de bateaux (f) Bootsverleih
locomotive (f) Lokomotive
loi (f) Gesetz
long lang
longe (f) Lende
lotte de mer (f) Seeteufel
louer mieten
loup de mer (m) Seebarsch
loupe (f) Lupe
loyer (m) Miete
luge (f) Schlitten
lumbago (m) Hexenschuss
lundi (m) Montag
lunette arrière (f) Heckscheibe
lunettes de plongée (f) Taucherbrille
lunettes de soleil (f) Sonnenbrille

M
macaronis (m) Makkaroni
machine à laver (f) Waschmaschine
mâchoire (f) Kiefer
maçon (m) Maurer
magasin d'alimentation (m) Lebensmittelgeschäft
magasin d'articles de sport (m) Sportgeschäft
magasin d'articles ménagers (m) Haushaltswaren
magasin de chaussures (m) Schuhgeschäft
magasin de disques (m) Musikalienladen, Schallplattenladen
magasin de fourrures (m) Pelzgeschäft
magasin de jouets (m) Spielwaren
magasin de souvenirs (m) Andenkenladen
magasin de tissus (m) Stoffladen
magasin de vêtements d'occasion (m) Secondhand-Laden
magasin pour bicyclettes (m) Fahrradhandlung
magazine (m) Zeitschrift
magnétophone (m) Kassettenrekorder
magnétoscope (m) Videorecorder
magnifique herrlich, erstaunlich
mai (m) Mai
maillot de corps (m) Unterhemd
main (f) Hand
mairie (f) Rathaus
maïs (m) Mais
maison de vacances (f) Ferienhaus
maison natale (f) Geburtshaus
maître nageur (m) Rettungswacht
majeur (m) Mittelfinger
mal au cœur (m) Herzbeschwerden
mal de dents (m) Zahnschmerzen
mal de dos (m) Rückenschmerzen
mal de gorge (m) Halsschmerzen
mal de mer (m) seekrank
mal de tête (m) Kopfschmerzen
mal de ventre (m) Bauchschmerzen
mal d'estomac (m) Magenschmerzen
malade krank
maladie virale (f) Viruserkrankung
manager (m) Manager
manches (f) Ärmel
mandarine (f) Mandarine
mandat (m) Geldanweisung
mandat postal (m) Postanweisung
manger essen
mangue (f) Mango
manteau (m) Mantel
manteau en cuir (m) Ledermantel
maquereau (m) Makrele
marchandises à déclarer (f) anmeldepflichtige Waren
marché (m) Markt
marché aux puces (m) Flohmarkt
marches (f) Treppen
mardi (m) Dienstag
marée basse (f) Ebbe
marée haute (f) Flut, Hochwasser
margarine (f) Margarine
marge (commerciale) (f) Handelsspanne
marguerite (f) Margerite
mari (m) Ehemann
marié verheiratet
marin (m) Matrose
marjolaine (f) Majoran
marketing (m) Marketing
marmite (f) Topf
maroquinerie (f) Lederwaren
marque (f) Marke
marque commerciale (f) Warenzeichen
mars (m) März
marteau (m) Hammer
mascara (m) Augenbrauenstift
mât (m) Mast
mât de tente (m) Zeltstange
matelas (m) Matratze
matelas pneumatique (m) Luftmatratze
matériel (m) Material
matin (m) Vormittag
maussade diesig
mauve lila
mayonnaise (f) Mayonnaise
mécanicien (m) Kraftfahrzeugmechaniker, Mechaniker
mécanicien-dentiste (m) Kiefernorthopäde, Zahntechniker
mèche (f) Strähnen
médecin en médecines douces (m) Heilpraktiker
médecine (f) Medizin
médicament (m) Medikament
médicament pour la circulation du sang (m) Kreislaufmittel
médiéval mittelalterlich
méduse (f) Qualle
mélangé meliert
melon (m) Melone
mémoire de travail (f) Arbeitsspeicher
menthe (f) Minze
menu (m) Speisekarte
menuisier (m) Schreiner

WÖRTERBUCH — FRANZÖSISCH – DEUTSCH

mer (f) Meer, See
mercerie (f) Kurzwaren
merci danke
mercredi (m) Mittwoch
mère (f) Mutter
merluche (m) Seehecht
merveilleux großartig
messe (f) Messe, Gottesdienst
mètre (m) Meter, Maßband
mètre carré (m) Quadratmeter
métro (m) U-Bahn
metteur en scène (m) Regisseur
meubles (m) Möbel
microfibre (f) Mikrofaser
miel (m) Honig
mignon hübsch
migraine (f) Migräne
millimètre (m) Millimeter
mini-bar (f) Minibar
minute (f) Minute
mirabelle (f) Mirabelle
miroir (m) Spiegel
mode (f) Mode
modem (m) Modem
modifier ändern
mois (m) Monat
moissonneuse-batteuse (f) Mähdrescher
moitié (f) Hälfte
moka (m) Mokka
mollet (m) Wade
monarchie (f) Königreich
moniteur de ski (m) Skilehrer
monnaie (f) Wechselgeld, Kleingeld
montagne (f) Berg
mont-de-piété (m) Pfandverleih
montée (f) Aufstieg
montgolfière (f) Heißluftballon
montre de plongée (f) Taucheruhr
montre de poche (f) Taschenuhr
montre-bracelet (f) Armbanduhr
monture (f) Fassung
monument (m) Denkmal
morceau (m) Stück
morsure (f) Bisswunde
morue (f) Kabeljau, Stockfisch
motel (m) Motel
moteur (m) Motor
mouchoir (m) Taschentuch

mouchoirs en papier (m) Papiertaschentücher
moule (f) Miesmuschel
moulin à café (m) Kaffeemühle
mousse à raser (f) Rasierschaum
moustaches (f) Schnurrbart
moutarde (f) Senf
mouton (m) Hammel, Schaf
moyen âge (m) Mittelalter
moyen(ne) mittel
moyeu (m) Nabe
mûres (f) Brombeeren
muscle (m) Muskel
musée (m) Museum
musicien (m) Musiker
musique (f) Musik
musli (m) Müsli
musulman Muslim
myope kurzsichtig
myrtilles (f) Heidelbeeren
myrtilles rouges (f) Preiselbeeren
mystérieux unheimlich

N

nageur (m) Schwimmer
nappe (f) Tischtuch
narcisse (f) Narzissen
nausée (f) Übelkeit
navet (m) Rübe, Steckrübe
navet rouge (m) Rote Rüben
navette (f) Autoreisezug
navire à vapeur (m) Dampfer
navire marchand (m) Frachtschiff
ne pas repasser bügelfrei
nécessaire de couture (m) Nähzeug
nécessaire pour pipe (m) Pfeifenbesteck
nef (f) Langhaus
nef centrale (f) Mittelschiff
nef latérale (f) Seitenschiff
nef transversale (f) Querschiff
nèfle (m) Mispel
négociation (f) Verhandlung
neige (f) Schnee
neige fondue (f) Graupel
neige poudreuse (f) Pulverschnee
neiger schneien
nerf (m) Nerv
neveu (m) Neffe
nez (m) Nase
nièce (f) Nichte

Noël (m) Weihnachten
nœud (m) Knoten
nœud papillon (m) Fliege
noir schwarz
noir et blanc schwarzweiß
noisettes (f) Haselnüsse
noix (f) Walnuss, Nuss
noix de coco (f) Kokosnuss
noix de muscat (f) Muskat
noix de pecan (f) Pekannüsse
noix du Parà (f) Paranüsse
non nein
non débutant (m) Fortgeschrittener
non-fumeur (m) Nichtraucher
non-nageur (m) Nichtschwimmer
notaire (m) Notar
nourriture pour nouveau-né (f) Säuglingsnahrung
nouvel an (m) Neujahr
nouvelles (f) Nachrichten
novembre (m) November
nuages (m) Wolken
nuageux bewölkt
nuit (f) Nacht
numéro de chambre (m) Zimmernummer
numéro de la rue (m) Hausnummer
numéro de téléphone (m) Telefonnummer
numéro direct (m) Durchwahl
numéro du vol (m) Flugnummer
numéro du wagon (m) Wagennummer
nuque (f) Nacken

O

objectif (m) Objektiv
objectif grand-angle (m) Weitwinkelobjektiv
objectif zoom (m) Zoom-Objektiv
objets de valeur (m) Wertsachen
obturateur (m) Verschluss
occupé besetzt
octobre (m) Oktober
œil (m) Auge
œillet (m) Nelke
œuf à la coque (m) weichgekochtes Ei
œuf dur (m) hartgekochtes Ei
œufs à la poêle (m) Spiegelei

FRANZÖSISCH – DEUTSCH **WÖRTERBUCH**

œufs brouillés (m) Rührei
œufs de poisson (m) Rogen
œufs pochés (m) pochiertes Ei
offre (f) Angebot
oie (f) Gans
oignons (m) Zwiebeln
ombre (f) Schatten
omelette (f) Omelett
oncle (m) Onkel
onctveux vollmundig
ondée (f) Schauer
onyx (m) Onyx
opaque matt
opéra (m) Oper
opération (f) Operation
opérette (f) Operette
opinion (f) Meinung
opticien (m) Optiker
or (m) Gold
orage (m) Gewitter
orange (f) Orange, orange
orchidée (f) Orchidee
ordre du jour (m) Tagesordnung
ordures (f) Müll
oreille (f) Ohr
oreiller (m) Kopfkissen
oreillons (m) Mumps
orge (m) Gerste
origan (m) Oregano
ornithologie (f) Vogelkunde
orteil (m) Zehe
os (m) Knochen
oto-rhino(-laryngologiste) (m) Hals-Nasen-Ohren-Arzt
ou oder
où wo
oublier vergessen
oui ja
ouragan (m) Orkan
outils (m) Werkzeug
ouvre-boîtes (m) Dosenöffner
ouvre-bouteilles (m) Flaschenöffner
ovaire (m) Eileiter
ozone (m) Ozon

P
pagaie (f) Paddel
pages jaunes (f) Branchenverzeichnis
paiement comptant (m) Barzahlung
paille (f) Stroh
pain (m) Brot
pain blanc (m) Weißbrot
pain complet (m) Vollkornbrot
pain de seigle croustillant (m) Knäckebrot
pain noir (m) Schwarzbrot
paire (f) Paar
palan (m) Takelage
palette (f) Palette
palmes (f) Schwimmflossen
pamplemousse (f) Pomelo, Grapefruit
pané paniert
panier (m) Einkaufskorb
panier à linge (m) Wäschekorb
panorama (m) Landschaft
pansement (m) Pflaster
pantalon (m) Hose
pantoufles (f) Hausschuhe
papaye (f) Papaya
papeterie (f) Schreibwaren
papier (m) Papier
papier à lettres (m) Briefpapier
papier aluminium (m) Alufolie
papier cadeau (m) Geschenkpapier
papier pour peinture à l'eau (m) Aquarellpapier
papiers de la voiture (m) Autopapiere
papier-toilette (m) Toilettenpapier
Pâques Ostern
paquet (m) Packung
par avion Luftpost
parachutisme (m) Fallschirmspringen
paragraphe (m) Paragraph
paralysie (f) Lähmung
parapente (m) Drachenfliegen
parapluie (m) Regenschirm, Schirm
parasol (m) Sonnenschirm
parc (m) Park
parc naturel (m) Naturpark
parce que weil
parcomètre (m) Parkuhr
parcours (m) Weg
parcours pour grimpeurs (m) Klettersteig
pardon entschuldigung
pare-brise (m) Windschutzscheibe
pare-chocs (m) Stoßstange, Stoßdämpfer
pareil gleich
pare-soleil (m) Sonnenblende
parfum (m) Geschmacksrichtung, Parfüm
parfumerie (f) Parfümerie
parking (m) Parkplatz
parlement (m) Parlament
parler sprechen
part de bénéfices (f) Tantiemen
partenaire (commercial) (m) Geschäftspartner
participation (f) Beteiligung
partie arrière (f) Heck
pas trop gras fettarm
passage piéton (m) Fußgängerüberweg
passager (m) Passagier
passé à la poêle angebraten
passeport (m) Pass
passerelle (f) Landesteg
passible du droit de douane zollpflichtig
pastels (m) Malkreiden
pastèque (f) Wassermelone
pastilles contre le mal de gorge (f) Halstabletten
patates douces (f) Süßkartoffeln
pâtes (f) Nudeln
patinage artistique (m) Eislaufen
patins à glace (m) Schlittschuhe
patins en ligne (m) Inline-Skater
pâtisserie (f) Konditorei
pattes (f) Koteletten
paupière (f) Augenlid
pauvre en calories kalorienarm
pauvre en cholestérol cholesterinarm
peau (f) Haut
pêche (f) Pfirsich
pêche (f) Angeln
pédale (f) Pedal
pédalo (m) Tretboot
pédiatre (m) Kinderarzt
peigne (m) Kamm
peignoir (m) Bademantel
peinture (f) Malerei
pèlerin (m) Pilger
pelle (f) Schaufel
pellicule (f) Film [Foto]
pellicules (f) Schuppen
pénalité (f) Vertragsstrafe
pendentif (m) Anhänger
pension complète (f) Vollpension
Pentecôte (f) Pfingsten
peperoni (m) Peperoni
perceuse (f) Bohrer
perche (f) Barsch

deux cents cinquante et un **251**

WÖRTERBUCH — FRANZÖSISCH – DEUTSCH

perdre connaissance bewußtlos
perdrix (f) Rebhuhn
père (m) Vater
perle (f) Perle
permanente (f) Dauerwelle
permis de pêche (m) Angelschein
permis nautique (m) Segelschein
perruque (f) Perücke
persil (m) Petersilie
personnel de service (m) Zimmermädchen
perte (f) Verlust
petit déjeuner (m) Frühstück
petit pain (m) Brötchen
petit paquet (m) Päckchen
petit(e) klein
petite armoire (f) Schließfach
petite cuillère (f) Löffel
petite saucisse (f) Würstchen
petite-fille (f) Enkelin
petit-fils (m) Enkel
petits cigares (m) Zigarillos
petits clous (m) Reißzwecken
petits fours (m) Plätzchen
petits oignons (m) Frühlingszwiebel
petits pois (m) Erbsen
petits pois doux (m) Zuckererbsen
peu wenig
peu contrasté kontrastarm
phare (m) Scheinwerfer, Leuchtturm
pharmacie (f) Pharmazie, Drogerie, Apotheke
philosophie (f) Philosophie
photo (f) Abzug
photographe (m) Fotogeschäft, Fotograf
physique (f) Physik
pickpocket (m) Taschendieb
pièce jointe (f) Anlage
pièces de rechange (f) Ersatzteile
pied (m) Fuß
pigeon (m) Taube
pignon (m) Pinienkerne
piles (f) Batterien
pince à épiler (f) Pinzette
pinceau (m) Pinsel
pinces (f) Zange
pinces à linge (f) Wäscheklammern
ping-pong (m) Tischtennis

pintade (f) Perlhuhn
pipe (f) Pfeife
piquant scharf
piquet de tente (m) Hering [Zelt]
piqûre (f) Spritze
piqûre d'insecte (f) Insektenstich
piscine (f) Schwimmbad
pistaches (f) Pistazien
piste (f) Piste
pistolet (m) Bettpfanne
piston (m) Kolben
place (f) Platz
place à côté de la fenêtre (f) Fensterplatz
place près du couloir (f) Gangplatz
plage (f) Strand
plage de galets (f) Kiesstrand
plage de sable (f) Sandstrand
plage privée (f) Privatstrand
plainte (f) Anzeige [Polizei]
plaire mögen
plan de la ville (m) Stadtplan
planche à repasser (f) Bügelbrett
planche à roulettes (f) Skateboard
planche à surf (f) Surfbrett
planche à voile (f) Windsurfen
plaquette (f) Namensschild
plat du jour (m) Tagesangebot
platine (m) Platin
plats à base d'œufs (m) Eiergerichte
pleine saison (f) Hauptsaison
pleuvoir regnen
plomb (m) Plombe, Senker
plombier (m) Installateur
plongée (f) Tauchen
pluie (f) Regen
pluie fine (f) Nieselregen
plus tard später
pneu (m) Reifen
pneumonie (f) Lungenentzündung
poêle (f) Bratpfanne
poêle à gaz (m) Gasherd
poids (m) Gewicht
poignée de la portière (f) Türgriff
poignées (f) Manschetten
poignet (m) Handgelenk

point de côté (m) Seitenstechen
point de rencontre (m) Treffpunkt
pointillé gepunktet
pointure (f) Größe
poire (f) Birnen
poireau (m) Lauch
pois chiche (m) Kichererbsen
poisson (m) Fisch
poisson bleu (m) Blaufisch
poissonnerie (f) Fischhandlung
poitrine (f) Brust
poivre (m) Pfeffer
poivron (m) Paprika
police (f) Polizei
politique (f) Politik
pollution (f) Verschmutzung
pommade contre les brûlures (f) Brandsalbe
pomme (f) Apfel
pommes de pin (f) Tannenzapfen
pommes de terre (f) Kartoffeln
pommes de terre à la bernoise (f) Rösti
pommes de terre cuites à l'eau (f) Salzkartoffeln
pommes de terre cuites au four (f) gebackene Kartoffeln
pommes de terre en papillote (f) Folienkartoffeln
pommes de terre sautées (f) Bratkartoffeln
pompe (f) Luftpumpe
pompe à eau (f) Wasserpumpe
pompe d'aspiration (f) Saugpumpe
pompe de la bicyclette (f) Fahrradpumpe
pont (m) Deck, Brücke
port (m) Hafen
portable (m) Handy
portail (m) Portal
porte (f) Tür
porte d'embarquement (f) Flugsteig
porte-documents (m) Aktentasche
portefeuille (f) Brieftasche
portemanteau (m) Kleiderbügel
porte-monnaie (m) Geldbeutel
porteur (m) Gepäckträger

FRANZÖSISCH – DEUTSCH **WÖRTERBUCH**

portier (m) Portier
portière (f) Tür
posemètre (m) Belichtungsmesser
poste (f) Post
poste de police (m) Polizeirevier
poste restante (f) postlagernd
pot (m) Kanne
potage avec des pâtes (m) Nudelsuppe
potage du jour (m) Tagessuppe
poterie (f) Töpferei
poubelle (f) Mülltonne
pouce (m) Daumen
poudre (f) Puder
poulet (m) Huhn
poulet d'engrais (m) Poularde
poulet rôti (m) Brathähnchen
poumon (m) Lunge
pourboire (m) Trinkgeld
pourquoi warum
poussin (m) Küken
pouvoir können
pré (m) Wiese
presbyte weitsichtig
présenter vorstellen
préservatif (m) Kondom
président (m) Präsident
presse (f) Presse
presse-citron (m) Zitruspresse
pressing (m) Reinigung
prêter ausleihen
prêtre (m) Geistlicher, Pfarrer
printemps (m) Frühling
prise de courant (f) Steckdose
prise en charge (w) Übernahme
prison (f) Gefängnis
prix (m) Preis
prix à l'unité (m) Stückpreis
prix de vente (m) Ladenpreis
prix du parking (m) Parkgebühr
procès (m) Prozess
processeur (m) Prozessor
procession (f) Prozession
procès-verbal (m) Protokoll
production (f) Produktion
produit pour désinfecter (m) Desinfektionsmittel
produits biologiques (m) Biokost
produits diététiques (m) Reformhaus
produits laitiers (m) Milchprodukte
professeur (m) Professor
programme délicat (m) Schonwaschgang
protestant (m) Protestant
protocole (m) Protokoll
proue (m) Bug [Schiff]
prune (f) Pflaume
prune chinoise (f) Litschi
psychiatre (m) Psychiater
psychologie (f) Psychologie
psychologue (m) Psychologe
pull (m) Pullover
purée (f) Püree
pyjama (m) Schlafanzug

Q
quai (m) Kai, Bahnsteig
quand wann, als
que als
queue (f) Schwanz
qui wer
quilles (f) Kegeln
quincaillerie (f) Eisenwaren
quoi was
quotidien täglich

R
race (f) Rochen
racine (f) Zahnwurzel
raconter erzählen
radiateur (m) Heizung, Kühler
radio (f) Radio
radis (m) Radieschen, Rettich
ragoût (m) Gulasch
raie au milieu (f) Mittelscheitel
raie sur le côté (f) Scheitel
raifort (m) Meerrettich
raisin (m) Traube
raisins secs (m) Rosinen
rallonge (f) Verlängerungskabel
rambutan (f) Rambutan
rame (f) Ruder
ramoneur (m) Schornsteinfeger
randonnée (f) Wanderung
randonnée d'une journée (f) Tageswanderung
rapide (m) D-Zug
raquette de ping-pong (f) Tischtennisschläger
raquette de tennis (f) Tennisschläger
rascasse du Nord (f) Goldbarsch
rasoir (m) Rasierapparat
rayon (m) Abteilung, Speiche
réception (f) Rezeption
recevoir bekommen
reçu (m) Quittung, Empfangsbestätigung
réduction (f) Ermäßigung
référence (f) Bezug
réflecteur (m) Reflektor
reflet (m) Tönung
régate (f) Regatta
région marécageuse (f) Sumpfgebiet
règle (f) Lineal
reins (m) Nieren
relief (m) Relief
religion (f) Konfession, Religion
remarquable prima
remise des bagages (f) Gepäckausgabe
remonte-pente (m) Lift
remorquer abschleppen
rendez-vous (m) Verabredung
rendez-vous d'affaire (m) Geschäftstermin
réparer reparieren
répéter wiederholen
répondeur automatique (m) Anrufbeantworter
représentant (m) Vertreter
requin (m) Haifisch
réservation (f) Reservierung
réserve de propriété (f) Eigentumsvorbehalt
réserve naturelle (f) Reservat, Naturschutzgebiet
réserver reservieren
réservoir (m) Tank
résidence hôtel (f) Ferienanlage
responsabilité (f) Haftung
ressac (m) Brandung
restaurant (m) Restaurant
restrictions à l'importation (f) Einfuhrbeschränkungen
retard (m) Verspätung
retraité (m) Rentner
rétroviseur (m) Rückspiegel
rétroviseur extérieur (m) Außenspiegel
réveil (m) Wecker
revue (f) Zeitschrift
rhubarbe (f) Rhabarber
rhumatisme (m) Rheuma

WÖRTERBUCH — FRANZÖSISCH – DEUTSCH

rhume (m) Erkältung, Schnupfen
rhume des foins (m) Heuschnupfen
rideau (m) Vorhang
rimmel (m) Wimperntusche
rincer spülen
ris (m) Bries
riz (m) Reis
riz complet (m) Vollkornreis
robe (f) Kleid
robe de chambre (f) Morgenrock
robinet (m) Wasserhahn
rocher (m) Klippe
roman (m) Romanik
roman policier (m) Kriminalroman
romantique romantisch
romarin (m) Rosmarin
rosace (f) Rosette
rosbif (m) Roastbeef
rose (f) Rose, rosa
rôti gebraten, Braten
roue (f) Rad
roue de secours (f) Ersatzrad
roue dentée (f) Zahnrad
rouge rot
rouge à lèvres (m) Lippenstift
rougeole (f) Masern
rouget (m) Meerbarbe
rouleau de viande hachée (m) Hackbraten
route (f) Straße
route départementale (f) Landstraße
route nationale (f) Bundesstraße
ruban adhésif (m) Tesafilm
rubéole (f) Röteln
rubis (m) Rubin
ruelle (f) Gasse
rugby (m) Rugby
ruines (f) Überreste, Ruine
ruisseau (m) Bach

S

s'il vous plaît bitte
sable (m) Sand
sac (m) Tragetasche
sac à dos (m) Rucksack
sac à main (m) Handtasche
sac de couchage (m) Schlafsack
sac de golf (m) Golftasche
sac de voyage (m) Reisetasche
sac en bandoulière (m) Umhängetasche
sac porte-outils (m) Satteltaschen
sac thermique (m) Kühltasche
saccharine (f) Süßstoff
sachet en plastique (m) Plastikbeutel
sachet pour aliments (m) Frischhaltefolie
sac-poubelle (m) Abfallbeutel
sacristie (f) Sakristei
safran (m) Safran
sage-femme (f) Hebamme
saignement (m) Blutung
Saint-Sylvestre (f) Silvester
salade (f) Salat
salade composée (f) gemischter Salat
salle d'attente (f) Wartesaal
salle de bains (f) Bad
salle de séjour (f) Wohnzimmer
salles des concerts (f) Konzerthalle
salmonelles (f) Salmonellen
samedi (m) Samstag
sandales (f) Sandalen
sandre (m) Zander
sang (m) Blut
sangle pour les pieds (f) Fußschlaufe
sanglier (m) Wildschwein
sans ohne
sans plomb bleifrei
sapeurs-pompiers (m) Feuerwehr
saphir (m) Saphir
sarcophage (m) Sarkophag
sardines (f) Sardinen
satin (m) Satin
sauce de soja (f) Sojasauce
saucisse (f) Wurst
sauge (f) Salbei
saumon (m) Lachs
saumon fumé (m) Räucherlachs
sauna (m) Sauna
savoir wissen
savon (m) Seife
schooner (m) Schoner
sciatique (f) Ischias
scie (f) Säge
science-fiction (f) Science Fiction
scientifique (m) Wissenschaftler
scorsonère (f) Schwarzwurzeln
sculpture (f) Bildhauerei
seau (m) Eimer, Sandeimer
seau à champagne (m) Kühler [Wein]
sébaste (m) Rotbarsch
sec trocken
sèche-cheveux (m) Föhn
sèche-linge (m) Trockner
séchoir (m) Wäscheständer
séchoir à ligne (m) Wäschetrockner
seconde (f) Sekunde
secrétaire médicale (f) Arzthelferin
sédatif (m) Beruhigungsmittel
seigle (m) Roggen
sel (m) Salz
selle (f) Sattel
semelle (f) Sohle
semelle en caoutchouc (f) Gummisohlen
semelle en cuir (f) Ledersohlen
semoule (f) Grieß
sens unique (m) Einbahnstraße
sentier (m) Kletterpfad, Fußweg
sentier de randonnée (m) Wanderweg
sentir fühlen, riechen
septembre (m) September
seringue jetable (f) Einwegspritzen
serrure (f) Schloss
service clients (m) Kundendienst
service de remorquage (m) Abschleppdienst
service en chambre (m) Zimmerservice
service public (m) Öffentlicher Dienst
serviette de bain (f) Handtuch, Badetuch
serviette de table (f) Serviette
serviettes en papier (f) Papierservietten
serviettes hygiéniques (f) Binden
seulement nur
shampooing (m) Haarwaschmittel
short (m) Shorts
si wenn
siège (m) Sitz
signature (f) Unterschrift
silure (m) Wels
similicuir (m) Kunstleder
sirop (m) Sirup

FRANZÖSISCH – DEUTSCH WÖRTERBUCH

sirop contre la toux (m) Hustensaft
skate-board (m) Skateboard
ski (m) Ski
ski de fond (m) Langlauf
ski nautique (m) Wasserski
skier skifahren
slip de bain (m) Badehose
sœur (f) Schwester
soie (f) Seide
soif (f) Durst
soignement de nez (m) Nasenbluten
soir (m) Abend
soldes (m) Ausverkauf
sole (f) Seezunge, Scholle
soleil (m) Sonne
sommet de la montage (m) Bergspitze
somnifères (m) Schlaftabletten
sonnette (f) Klingel
sortie (f) Ausfahrt, Ausgang Ausreise
sortie de secours (f) Notausgang
soupape (f) Ventil
soupes (f) Suppen
source (f) Quelle
sourcil (m) Augenbraue
sous le vent Lee
soutien-gorge (m) Büstenhalter
spatule (f) Spachtel
spectacle (m) Veranstaltung
sport (m) Sport
stade (m) Stadion
stand (m) Stand
station service (f) Zapfsäule, Tankstelle
statue (f) Statue
stérilet (m) Spirale
stipulation (f) Vertragsabschluss
stylo-bille (m) Kugelschreiber
stylo-plume (m) Füller
substitut du procureur (m) Staatsanwalt
sucette (f) Sauger
sucre (m) Zucker
sucré süß
Suisse (f) Schweiz
suite (f) Suite
supérieur (m) Vorgesetzter
supermarché (m) Supermarkt
supplément (m) Zuschlag
sur auf
sureau (m) Holunder
surf (m) Surfen

T

table (f) Tisch
table de chevet (f) Nachttisch
tableau (m) Gemälde
tablier (m) Schürze
tailladé Geschnetzeltes
taille (f) Größe
talon (m) Ferse, Absatz
tamarin (m) Tamarinde
tante (f) Tante
tarif (m) Gebühr
tarif de location (m) Leihgebühr
tarte aux fruits (f) Obstkuchen
taux de charge (m) Wechselkurs
taxe de licence (f) Lizenzgebühr
tee-shirt (m) T-Shirt
teintes pastel (f) Pastellfarben
teinture pour cheveux (f) Tönungsmittel
télécommande (f) Fernbedienung
télémètre (m) Entfernungsmesser
téléphérique (m) Seilbahn
ttélésiège (m) Sessellift
télex (m) Telex
témoin du carburant (m) Tankanzeige
tempéré mäßig warm
tempête (f) Sturm
temple (m) Tempel
tenailles (f) Beißzange
tendon (m) Sehne
tension de l'œil (f) Sehstärke
tension électrique (f) Stromspannung
tente (f) Zelt
terme (m) Frist
terminus (m) Endstation
test de grossesse (m) Schwangerschaftstest
tétanos (m) Tetanus
tête (f) Kopf
tétine (f) Sauger, Schnuller
thé (m) Tee
thermoplongeur (m) Tauchsieder
thon (m) Thunfisch
thym (m) Thymian
ticket d'embarquement (m) Bordkarte
tilleul (m) Linde
timbre (m) Briefmarke

tire-bouchon (m) Korkenzieher
tisane (f) Kräutertee
tissu peigné (m) Kammgarn
tissu-éponge (m) Frottee
titre (m) Anrede
toast (m) Toast
toile (f) Leinwand
toit ouvrant (m) Schiebedach
tombe (f) Grab
tomber stürzen
tomber amoureux verlieben
tonalité libre (f) Amtszeichen
tonne (f) Tonne
tonnerre (m) Donner
torche (f) Taschenlampe
tornade (f) Wirbelsturm
tour (f) Turm, Rundfahrt
tour de rein (m) Hexenschuss
tourne-disques (m) Schallplattenspieler
tournesol (m) Sonnenblume
tournevis (m) Schraubendreher
toux (f) Husten
tracteur (m) Traktor
tragédie (f) Tragödie
train direct (m) Eilzug
train suburbain (m) Vorortzug
traitement des racines (m) Wurzelbehandlung
traiteur (m) Feinkostgeschäft
tramway (m) Straßenbahn
tranche (f) Scheibe
tranquille ruhig
transfusion de sang (f) Bluttransfusion
traumatisme crânien (m) Gehirnerschütterung
travailleur (m) Arbeiter
travaux en cours Baustelle
trépied (m) Stativ
très sehr
très contrasté kontrastreich
triangle (m) Warndreieck
tribunal compétent (m) Gerichtsstand
tripes (f) Kutteln
tromper betrügen
troubles de la circulation (m) Kreislaufstörung
truite (f) Forelle
tuba (m) Schnorchel
turbot (m) Steinbutt

WÖRTERBUCH — FRANZÖSISCH – DEUTSCH

tuyau (m) Wasserschlauch, Schlauch
TVA (taxe sur la valeur ajoutée) (f) Mehrwertsteuer
typhon (m) Taifun

U
ulcère (m) Geschwür
unité (f) Einheit
université (f) Hochschule
urinoir (m) Bettpfanne
urologue (m) Urologe
usine (f) Fabrik
utérus (m) Gebärmutter

V
vache (f) Kuh
vagin (m) Vagina
vaginite (f) Scheidenentzündung
vague (f) Welle
vaisselle (f) Geschirr
valeurs maximum (f) Höchstwerte
valeurs minimum (f) Tiefstwerte
valise (f) Koffer
vallée (f) Tal
vanne (f) Ventil
varicelle (f) Windpocken
variole (f) Pocken
veau (m) Kalb
veine (f) Vene
velours (m) Samt, Cord
vendanges (f) Weinlese
vendeur (m) Verkäufer
vendredi (m) Freitag
Vendredi saint (m) Karfreitag
vénéricarde (m) Herzmuschel
vent (m) Wind
vente au détail (f) Einzelhandel
ventilateur (m) Ventilator
ventre (m) Bauch
verglas (m) Glatteis
vernis à ongles (m) Nagellack
verre (m) Glas
vert grün
vésicule biliaire (f) Gallenblase
vessie (f) Blase
veste (f) Jacke
veste en cuir (f) Lederjacke
vestiaire (m) Garderobe, Kleiderschrank
vêtements délicats (m) Buntwäsche
vétérinaire (m) Tierarzt
viande (f) Fleisch
victoire (f) Sieg
vieille ville (f) Altstadt
vignoble (m) Weinberg
vin (m) Wein
vin blanc (m) Weißwein
vin rosé (m) Rosé
vin rouge (m) Rotwein
vinaigre (m) Essig
vins et liqueurs Weinhandlung, Spirituosen
viol (m) Vergewaltigung
violer vergewaltigen
virement (m) Überweisung
vis (f) Schrauben
visage (m) Gesicht
visiteurs professionnels (m) Fachbesucher
vitre (f) Fensterscheibe
vitrier (m) Glaser
voile (m) Segel
voile à l'avant (f) Vorsegel
voile anti-moustiques (m) Moskitonetz
voiture (f) Auto
vol (m) Flug, Diebstahl
vol de correspondance (m) Anschlussflug
vol de retour (m) Rückflug
volaille (f) Geflügel
volant (m) Federball, Lenkrad
volcan (m) Vulkan
volet (m) Rolladen
voleur (m) Dieb
voleur à la tire (m) Taschendieb
volley-ball (m) Volleyball
volume illustré (m) Bildband
vomir übergeben
vote (m) Abstimmung
voyage (m) Überfahrt
vue sur la mer (f) Meerblick

W
wagon avec couchettes (m) Liegewagen
wagon-lit (m) Schlafwagen
wagon-restaurant (m) Speisewagen
week-end (m) Wochenende

Y
yacht (m) Yacht
yaourt (m) Yoghurt
yole (f) Jolle
youyou (m) Jolle

Z
zone piétonne (f) Fußgängerzone
zoo (m) Zoo
zoologie (f) Zoologie

© 2001 Koval Verlag GmbH, Weilerbachstraße 44, D-74434 Unterfischach
Internet: www.koval.de
E-Mail: leserservice@koval.de
ISBN 3-931464-82-2
Alle Rechte vorbehalten, auch die der fotomechanischen Wiedergabe und der Speicherung in elektronischen Medien
Redaktion: Rudi Kost, Robert Valentin
Zeichnungen: Karl-Heinz Brecheis
Satz: Koval Verlag
Druck: Freiburger Graphische Betriebe, Freiburg
Gedruckt auf chlorfreiem Papier